ZUM BUCH:

Clara Viebig erweist sich in diesem Roman wiederum als Erzählerin von Rang. »Töchter der Hekuba« spielt in einem noch dörflich geprägten Vorort von Berlin während des Ersten Weltkrieges und schildert die Nöte von Frauen verschiedenster Temperamente und Gesellschaftsschichten: die Angst um den Mann oder Sohn an der Front, die Sorge um das immer knapper werdende tägliche Brot, die schwere Arbeit in Lazarett oder Munitionsfabrik. Doch auch Lebensgier und Amüsierwille gehören mit zum realistisch gezeichneten Bild einer aus den Fugen geratenen Welt, in der die Frauen auf sich allein gestellt sind.

ZUR AUTORIN:

Clara Viebig gehört zu den erfolgreichsten Schriftstellerinnen der ersten Hälfte des zwanzigsten Jahrhunderts. Die Autorin, 1860 in Trier geboren und 1952 in Berlin gestorben, läßt sich voll Einfühlungsvermögen und Leidenschaft auf die Schicksale ihrer Figuren ein, wobei sie sich an spätnaturalistischen Erzähltechniken orientiert.

Clara Viebig, die mit einem jüdischen Verleger verheiratet war, durfte im nationalsozialistischen Deutschland nicht mehr publizieren und geriet so zu Unrecht nahezu in Vergessenheit.

Clara Viebig

TÖCHTER DER HEKUBA

Roman

Moewig bei Ullstein

Ungekürzte Ausgabe

Umschlagentwurf:
Hansbernd Lindemann
unter Verwendung eines Gemäldes
von Max Liebermann,
»Die Bleiche« (Ausschnitt)
Archiv für Kunst und Geschichte
Alle Rechte vorbehalten
Copyright © by Erb Verlag GmbH,
Düsseldorf
Printed in Germany 1994
Druck und Verarbeitung:
Ebner Ulm
ISBN 3 8118 2831 2

Juni 1994
Gedruckt auf alterungs-
beständigem Papier mit
chlorfrei gebleichtem Zellstoff

Von derselben Autorin
in der Reihe
Moewig bei Ullstein:

Das Kreuz im Venn (62550)
Kinder der Eifel (62695)

Die Deutsche Bibliothek –
CIP-Einheitsaufnahme

Viebig, Clara:
Töchter der Hekuba / Clara Viebig. –
Ungekürzte Ausg. – Rastatt: Moewig bei
Ullstein, 1994
    ISBN 3-8118-2831-2

1

Die Frau saß aufrecht im Bett. Sie horchte. Es war nichts zu hören. Wie war das früher anders gewesen! Da hatten die Söhne schon am Morgen das Haus mit Gepolter erfüllt, mit soviel frischem Leben. Jetzt war es still. Sie waren fort. Daß Heinz ging, war selbstverständlich, er hätte ohnehin gerade dienen müssen. Und er hatte immer den Wunsch gehabt, Offizier zu werden – was denn auch sonst? Besondere Talente hatte er nicht, fürs Studium keine Neigung; aber Mut, Tatkraft, körperliche Gewandtheit hatte er, gute Haltung und ein hübsches Gesicht. Als er das erste Mal heim kam über den Sonntag aus Spandau – als Fahnenjunker bei der Artillerie –, war etwas wie Stolz in ihr Herz gekommen. Wenn alle so aussahen wie Heinz und sich so leicht in die Anstrengungen des Dienstes schickten, dann konnte es Deutschland nicht fehlgehen. Unwillkürlich richtete sich die Frau höher auf; sie wendete den Kopf zum Nachttisch, auf dem neben ihrem Bett, in einem Rahmen vereint, die Bilder ihrer zwei Söhne standen. Ihr Mann hatte jeden von ihnen kurz vor dem Ausrücken noch photographieren lassen, die Mutter dann Weihnachten, am ersten Weihnachtsfest ohne die Kinder, damit überrascht. Es war gut von ihm gemeint gewesen, er gedachte sie zu erfreuen, aber sie hatte weinen müssen, so sehr weinen, daß er anfangs besorgt war, dann aber ärgerlich wurde: War es denn nicht selbstverständlich, daß die Söhne draußen waren, gesunde, kräftige Menschen? Wenn alle Mütter ihre Söhne nun hätten zurückhalten wollen, was dann? Und die Jungen lebten ja noch, ganz wohlbehalten.

Ja, Gott sei Dank, aber, aber – sie hatte selbst nicht mehr recht gewußt, was sie sagen wollte. Ach, daß ihr Jüngster auch gegangen war! Erst achtzehn; er hätte es noch nicht nötig gehabt. Aber der allgemeine Taumel hatte ihn mitgerissen. Aus der Schule kam er, die Bücher schleuderte er von sich, daß die zerfledderten Blätter umherflogen – wieder hatte ihn heute ein Lehrer gefragt: „Wie, Bertholdi, Sie sind noch immer hier? Sie sind doch groß und stark." Diese Schulmeister, oh diese Schulmeister! Die Bitten, die Vorhaltungen der Mutter: ‚Geh nicht! Du bist noch zu jung, du erträgst die Strapazen nicht', waren ganz vergebens. Sie waren eben alle nicht bei Sinnen gewesen, die Söhne nicht, die Lehrer nicht, die Väter nicht – alle nicht. Nur die Mütter sahen, wie es wirklich war; die ahnten, wie es kommen würde. Gekommen war.

Fröstelnd zog sich Hedwig Bertholdi die Decke höher an den Hals. Ihre Schultern beugten sich ganz nach vornüber, es legte sich ihr wie mit Eisengewicht ins Genick. Das war die Faust des Krieges.

Falsche Propheten, die damals verheißen hatten: Wenn der erste Schnee fällt, läuten die Glocken Frieden. Es war mehr daraus geworden, als nur ein kurzer Marsch durch Feindesland, als ein keckes Draufgehen, ein rascher Sieg. Der Schnee war gefallen und geschmolzen, Grün war ersprossen und erstorben – Frühling, Sommer, Herbst – Tag um Tag, Woche um Woche, Monat um Monat. Und wiederum war es Winter geworden, Frühling und Sommer. Nur die Natur hatte ihr Kleid verändert, unverändert stand noch der Krieg. Breit, groß, unerbittlich; jetzt schon fast mit grausamer Selbstverständlichkeit. Es roch nach Blut.

Die Frau schauderte. Ihre feinen Nasenflügel bebten. Durch die geöffnete Balkontür kam von der Straße der Duft der Linden herauf. Sie roch ihn nicht. Die Knie hochziehend, stützte sie beide Ellenbogen auf und barg das Gesicht in den Händen.

Ein Schmetterling wehte herein als flüchtiger Gast, eine Biene irrte ins Zimmer, beladen mit Blütenstaub, und umsummte sie. In der großen Linde, die breitgeästet im Vorgarten schattete, jagten sich zwitschernd ein paar Finken. Jenseits der Villenstraße in dem alten Park gurrten die Waldtauben.

So einsam! Mit einem Aufseufzen ließ die Frau die Hände vom Gesicht und strich sich die Haare zurück, die ihr, zu Zöpfen geflochten, wie einem jungen Mädchen herunterhingen. Der Kopf tat ihr weh, sie hatte schlecht geschlafen und gar keine Lust, aufzustehen. Die Mädchen besorgten ja alles, es war jetzt auch wirklich unwesentlich, was auf den Tisch kam und ob eine Stunde früher aufgeräumt wurde oder später.

Wann sie wohl wiederkamen?! Unruhig, wie suchend, wandte Frau Bertholdi den Kopf hin und her. Oh Gott, wie lange sollte sie denn noch warten? Nun wartete sie schon ein ganzes Jahr. Warten, immer warten. Täglich auf den Briefboten warten: Brachte er einen Brief von Heinz? Einen Brief von Rudolf? Einen Wisch, mit Bleistift geschrieben, verlöscht, kaum leserlich. Und doch immer und immer wieder gelesen, weggelegt, wieder hervorgeholt, jedes Wort herausbuchstabiert, überlegt, bedacht, daran herumgedeutet wie Schriftgelehrte an Hieroglyphen. Dieses langsame Entziffernmüssen hatte etwas so Peinvolles für das Herz, das dem Auge vorauseilt. Und wenn kein solcher Zettel kam? Dann wurden die Minuten Stunden, die Stunden Tage, die Tage Wochen – nein, Jahre.

Wie abwehrend streckte Hedwig Bertholdi beide Hände

vor sich. Die weiten Ärmel des Nachthemds fielen von ihren zarten Gelenken zurück. Mit einem sich selber bemitleidenden Lächeln sah die Frau auf ihre Arme: Die waren sehr dünn geworden. Um Gottes willen, nur nicht noch einmal dieses schlimmste Warten wie letzthin! Da hatten sie alle beide nicht geschrieben, fast drei Wochen war von keinem eine Nachricht gekommen; nicht von Heinz aus den Argonnen und nicht von Rudolf, der im Osten stand. Sie war darüber schier vergangen, aß nicht, schlief nicht, die Kleider hingen ihr. Vergebens hatte ihr Mann sie zu beruhigen versucht: „Es ist Sperre. Andere haben auch keine Nachricht." Was gingen sie andere an? Ihr Mann sprach immer mit einer gewissen Bewunderung von der Nachbarin, der Witwe Krüger; aber das war eben eine Frau aus Bauerngeschlecht, so viel robuster. –

Der Garten der Frau Krüger stieß von hinten an das Bertholdische Grundstück. Er war noch ganz ländlich, mit Kartoffeln und Gemüse bestellt, ein Überbleibsel aus der Dorfzeit des Vororts. Der Mann lebte schon lange nicht mehr. Frau Krügers einziger Sohn Gustav war im Krieg. Sein Regiment war mit bei Dixmuiden gewesen – lauter junge Soldaten, die noch nicht wissen, was Krieg ist. Was eine Schlacht ist. Sie waren hineingelaufen wie Schafe, die ins Feuer rennen, ahnungslos, daß es sie verbrennt. Es waren ihrer viele gewesen. Frau Krüger hatte emsig die Verlustlisten studiert, ihres Sohnes Name hatte nicht darin gestanden. Darum war sie getrost.

Dreiviertel Jahr war schon verflossen seit Dixmuiden. Frau Bertholdi zog die Augenbrauen hoch: Wie konnte man nur so ruhig sein? Wenn sie dächte, sie sollte so lange warten wie die Frau Krüger! Keine Nachricht erhalten, nur immer warten, warten, bis –

Sie schreckte zusammen. Es hatte geklopft. Erschrocken sah sie nach der Tür.

Das Mädchen war es. „Gnädige Frau", sagte die junge Person mit den blanken Augen und lächelte, „ich wollte ja nur fragen, ob gnädige Frau etwas wünschen? Der Herr hat gesagt, wir sollen nachsehen, wenn's zehn ist. Der Herr wollte nicht stören, gnädige Frau schliefen noch."

„Ich schlief nicht." Die Frau sagte es förmlich verletzt: Wie konnte er annehmen, sie schliefe? Nur die Augen hatte sie geschlossen gehalten, als er noch einmal den Kopf in ihr Zimmer steckte.

„Der Herr läßt grüßen", sagte das Mädchen wieder. „Er ist in die Stadt gefahren. Es ist ein Brief gekommen heut morgen." Man sah ihr die Wichtigkeit an. „‚Heeressache' stand drauf."

„Heeressache?!" Die Frau fuhr auf.

Das Mädchen sah sie ganz mitleidig an. „Gnädige Frau sind immer gleich so ängstlich. Nein, was Schlimmes ist es nicht, der Herr war ganz vergnügt, als er fortging."

Vergnügt – er konnte vergnügt sein?! Ein etwas verbitterter Zug kam in das schmale Gesicht der Frau.

„Soll ich jetzt das Frühstück heraufbringen?"

„Nein, danke, Emilie. Ich habe keinen Hunger."

Das Mädchen zögerte noch. „Gnädige Frau, und dann ist die Frau Krüger unten. Sie wollte sehr gern den Herrn sprechen. Wir sind alle ganz aufgeregt. Wir meinen auch: *Er* ist es!"

„Wer denn?" Frau Bertholdi wandte kaum den Kopf; es war ihr ja alles so gleichgültig, sie war nur ärgerlich über die Störung.

„Nun, der Gustav, der Krüger ihr Sohn. Sie hat doch ewig lange nichts von ihm gehört. Nun hat sie 'n Bild unten, ein

Bild von Gefangenen. Da ist ihr Gustav mit bei. Sie möchte es der gnädigen Frau auch gern mal zeigen."

Gustav Krüger – nicht möglich?! Nun war Hedwig doch nicht ganz teilnahmslos mehr. Sie verließ das Bett und warf einen Morgenrock über. „Lassen Sie Frau Krüger heraufkommen."

Die Krüger stand auf der Schwelle des Schlafzimmers. Ihre in die Breite gegangene Gestalt und das ganz ergraute Haar ließen sie älter erscheinen, als sie in Wirklichkeit war. Man sah es ihr nicht an, daß sie erregt war. Ihre tiefe Stimme klang ruhig: „Sie haben ihn doch auch gekannt, Frau Bertholdi, schon als er noch 'n Junge war; er ist ja ungefähr in einem Alter mit Ihrem Heinz. Nu sehn Sie mal, is er das nich?!" Rasch trat sie näher und hielt ein Blatt, das sie bis dahin in den Falten ihres Rockes gehalten, der andern dicht vors Gesicht.

Es war eine illustrierte Zeitung:

„Deutsche Gefangene auf Korsika"

(nach einer englischen Aufnahme).

„Da ist er! Da, da!" Die Krüger tippte mit dem Finger auf einen der Gefangenen. An dem Zittern dieses Fingers merkte man nun doch, daß sie erregt war. „Und so natürlich! So stand er immer: den Kopf vor, den Rücken 'n bißchen krumm. Ich habe immer gesagt: Du mußt dir grader halten." Die tiefe Stimme wurde leise: „Und wenn er auch jetzt gefangen ist, wenigstens kommt er doch wieder!"

Hedwig Bertholdi wurde verlegen. Sie hatte vergeblich in dem Gefangenen Gustav Krüger zu erkennen gesucht. In der Haltung mochte etwas Ähnliches sein. Das war aber auch alles. Die Gesichter waren sämtlich unklar, hellere Flecke; einer sah wie der andere aus. Sie schwieg.

Der Blick der Krüger hob sich jetzt von dem Blatt und bohrte sich in ihr Gesicht. „Sie meinen doch auch, das is er?"

„Es wäre wohl möglich – es ist möglich", verbesserte sich Hedwig rasch. Sie suchte nach Worten. „Es ist schwer, auf solchem Bilde mit Bestimmtheit jemanden herauszufinden. Ich kenne ja auch Ihren Sohn nicht so genau, wie Sie ihn kennen."

„Ich bin die Mutter", sagte die Frau kurz. Und dann, wie um sich selber noch mehr zu vergewissern, hielt sie sich das Bild dicht vor die Augen und trat dann, als sei es ihr noch nicht hell genug, ans Fenster.

Der Sommersonnenschein flutete herein und umwob die dunkelgekleidete Gestalt mit goldenem Geflimmer. So stand sie ganz regungslos ein paar Minuten mitten in der größten Helle und starrte in die illustrierte Zeitung.

Hedwig zog ihr Morgenkleid fester um sich, es fröstelte sie auf einmal, obgleich es heiß war: Die Frau täuschte sich – sie täuschte sich sicherlich – aber wer konnte den Mut haben, ihr das zu sagen?!

„Also Sie meinen, er is es nich!" sagte plötzlich die Krüger und trat vom Fenster weg. Nun stand sie im Schatten im schwarzen Kleid mit blassem Gesicht. Ihre Stimme war tonlos.

Hedwig wehrte: „Oh nein – ich meinte ja nur – ich dachte – Sie müssen das natürlich besser wissen!"

„Ich weiß es." Die Stimme der Krüger hatte jetzt wieder Klang. „Das is mein Junge. Mein guter alter Junge!" Sie preßte die Zeitung an ihre Brust. „'ne Mutter täuscht sich nich. Nein!" Sie lächelte beruhigt, ganz überzeugt. Dieses Lächeln verschönte ihr breites, alltägliches Gesicht.

Hedwig wagte nichts darauf zu erwidern – die Krüger täuschte sich auch doch wohl nicht, eine Mutter erkennt ihr Kind nach noch so langer Zeit, und wo es auch sei. Sie hielt der anderen die Hand hin. „Dann freuen Sie sich, Frau Krüger! Aber warum hat Ihr Gustav nur so lange nichts von sich hören lassen? Das ist doch sehr unrecht von ihm."

„Unrecht – unrecht?!" Die Frau grollte. „Freilich unrecht. Aber wer sagt denn, daß er alleine unrecht hat. Ich hab' auch unrecht gehabt." Sie trat Hedwig näher. „Ich will Ihnen sagen, Frau Bertholdi, warum der Junge so lange nicht geschrieben hat. Ich – ich bin schuld dran. Der Gustav hatte nämlich hier eine. Und als er von der Garnison noch mal hier war auf Urlaub, wollte er sich kriegstrauen lassen mit ihr. Sie war in der Hoffnung. Ich hab's nicht zugegeben. ‚Wer weiß, ob das Kind von dir is', hab' ich gesagt. Sie war eigentlich sonst ganz ordentlich – fleißig war sie –, aber ich bitt' Sie, Frau Bertholdi, man will doch nich, daß 'n junger Mensch, der doch mal was hat, sich eine an den Hals hängt, die nischt is und nischt hat. Besonders hübsch war se auch nich und älter als er. Ich begreif' ja den Gustav nich –" sie verbesserte sich rasch – „hab' ihn nich begriffen. Er is eben so anständig. Den ganzen Urlaub haben wir uns deswegen rumgehabt. 's war schon nich mehr schön. Zuletzt hatt' ich ihm die Sache doch ausgeredet. Aber froh is er nich drüber gewesen. Am Morgen, als er fortmachte, hat er mir nich mal die Hand gegeben. Und darum hat er auch nich geschrieben – an keinen." Sie atmete tief auf: „Gott sei Dank, daß er lebt! Daß er nich für immer von mir gegangen is im Bösen." Ihre Hände schlangen sich ineinander wie beim Beten: „Gott sei Dank!"

„Aber, Frau Krüger, haben *Sie* ihm denn gar nicht geschrieben?"

„I, wo wer' ich!" Die Krüger warf den Kopf in den Nacken. „Wenn *er* nich schreibt! Aber nu wer' ich an ihn schreiben, ja ja. Herr Bertholdi wird gewiß so gut sein, mir sagen, wie ich's anfangen soll. Korsika – auf Korsika – ach Gott, das is wohl sehr weit? Mein Junge, mein guter alter Junge!" Es zuckte in ihrem Gesicht als wolle sie weinen; aber es kamen keine Tränen. „Wenn man böse auseinandergegangen is mit einem, dann is das Warten auf ihn noch viel schrecklicher. Das glauben Sie man!"

Langsam ging die Krüger von der Bertholdischen Villa die Straße hinunter. Die Sonne stand hoch, die Hitze war lähmend. Sie schlich im Schatten. Und doch hätte sie eigentlich gehen sollen wie eine ganz Junge, laufen, fliegen – ihr Gustav, ihr Gustav lebte ja! Ein schwerer Gang stand ihr noch bevor. Den mußte sie machen. Als sie mit Frau Bertholdi gesprochen hatte, war ihr das gekommen wie in einer plötzlichen Aufwallung: Sie mußte zu dem Mädchen hingehen. Sich einmal nach dem umsehen, sich selber überzeugen, wie es ihm ging, damit sie es dem Sohn schreiben konnte. Und lieber wollte sie dann gleich gehen, sofort. –

Es war ein weiter Weg von hier bis dahin. Früher hatte die Hieselhahn ganz in der Nachbarschaft gewohnt, nicht weit vom alten Kirchhof, hinten heraus in der Blumen- und Kränzebinderei. Da hatte der Gustav sie auch kennengelernt. Dann war sie fortgezogen. Jetzt sollte sie entgegengesetzt wohnen, ganz draußen, da, wo die Villen ein Ende haben und Arbeiterwohnungen, in gleichförmigen Bauten, aus Feldern ragen, die nicht mehr Äcker, aber auch noch nicht Gärten sind. Frau Krüger hatte hier nie etwas zu suchen gehabt, nun aber suchte sie von Haus zu Haus. Sie schwitzte, sie hinkte schon. Die Füße taten ihr weh. Dieses Gehen in der Mittagsglut machte sie sehr müde. Hier war gar kein Schatten, die Bäumchen, die zur Seite der Straße angepflanzt waren, standen noch jung und klein. Es wäre ihr sonst nie eingefallen, um diese Stunde ihren schattigen Garten oder ihr kühles Zimmer zu verlassen, in dem der Tisch schon gedeckt stand, und das behagliche breite Sofa, das zu einem Mittagsschläfchen einlud. Aber heute ging es nicht anders, sie hatte Versäumtes nachzuholen; sie wollte wiedergutmachen. Wenn sie dem Gustav schreiben konnte, daß sie die Gertrud aufgesucht hatte, freundlich mit ihr gewesen war, daß sie das Kind gesehen hatte – sein Kind –, dann würde er sich freuen. Sie würde einen Brief von ihm bekommen, einen versöhnlichen Brief, und sie würde, sie würde – ja, was würde sie denn? Das wußte sie jetzt selber noch nicht. Das würde sich finden.

Mit einer Entschlossenheit, die ihre Müdigkeit überwand, suchte die Mutter weiter. Sie fand die Hieselhahn nicht. Wohnte die vielleicht auch hier nicht mehr? Schon gingen die Häuser zu Ende. Endlich erfuhr sie vom Postboten, der des Weges kam: „Hieselhahn – Fräulein Hieselhahn –? Ach so, die mit dem Kind! Die wohnt noch weiter draußen, in dem kleinen Gehöft an dem Kartoffelland, bei Streckenarbeiter Dombrowski." –

Frau Krüger stieß die vermorschte Lattentür auf und betrat den eingefriedeten Hof. Es sah hier recht einfach aus, ziemlich armselig. Geringes Ackergerät stand umher; eine Schubkarre, Schippe, Besen, ein paar schadhafte Körbe. An der offengebliebenen Tür eines leeren Bretterschuppens, den kläglich miauend eine Katze umschlich, hing ein verschlissener Männerrock, den Wind und Wetter zur Vogelscheuche gemacht hatten, und ein alter Filzhut, der nur eine Krempe, aber keinen Kopf mehr hatte. Dieser zerwehte Rock, der durchlöcherte Hut, der leere Schuppen hatten etwas Trauriges und Verlassenes, obgleich die Sonne hell schien. Frau Krüger fühlte eine Beklemmung: *So* sah es hier aus? Nur das Geschnatter einer Gans, die jetzt heranwatschelte, und ein mauseriges Huhn, das im Sand kratzte, beruhigten sie; das war doch etwas einigermaßen Vertrauenerweckendes.

Eine Frauengestalt, die Ärmel hochgestreift, die Füße in Holzpantinen, stand an einer Bütte vor der Haustür und spülte Kinderwäsche. Sie mußte sich tief bücken, Schweißtropfen perlten ihr hinab ins Waschfaß, aber sie hatte flinke Hände. Und fleißig war sie.

Das war die Hieselhahn! Frau Krüger erkannte sie sofort, obgleich sie sie nur flüchtig ein paarmal gesehen hatte. Sie blieb ganz still stehen und sah der Fleißigen zu. Sehr armselige Hemdchen, aus schon dünn getragenem altem Zeug zusammengenäht, ein paar winzige Jäckchen und Windeln!

Frau Krüger wischte sich den Schweiß ab: War das unerträglich heiß heute! Und zu Hause hatte sie noch so viele gute Kindersachen!

Aus dem niedrigen Fenster zu ebener Erde erscholl jetzt eine kräftige Kinderstimme, ein lautes, ungestümes Geschrei.

„Ja ja, na, warte man, du!" Die Waschende hob den Kopf, da begegnete ihr Blick dem fest auf ihr ruhenden Auge der Krüger. Sie stutzte; sie schien einen Augenblick nachzudenken, dann flog ein rasches Rot über ihr Gesicht. Etwas Feindseliges kam in ihren Ausdruck. „Sie wünschen?"

Frau Krüger wußte sofort: Die hat dich erkannt, und böse ist sie dir auch noch. Hatte die Hieselhahn nicht Groll in den Augen – etwas Herausforderndes –, oder war es nur Abwehr? Aber das half ja jetzt alles nicht, jetzt mußte sie gutmachen, sie kam wegen Gustav, ja, wegen Gustav, und – wegen...

Das Kindergeschrei erhob sich immer stärker, und mitten in das Geschrei hinein sagte die Krüger, sagte es ganz ruhig, aber das Herz schlug ihr dabei: „Ist das der Kleine? 'ne gute Lunge. 'is doch 'n Junge, was?"

„Jawohl", sagte die junge Mutter kurz und kehrte sich ab, um ins Haus zu gehen.

Da faßte die alte Mutter einen starken Entschluß: Sie durfte sich nicht an der Abwehr der anderen kehren, sie mußte der sagen, was sie zu sagen hatte, die mußte hören. Und mit einem großen Schritt war sie bei dem Mädchen und faßte es beim Handgelenk: „Sie, wissen Sie was? Der Gustav lebt!"

„Was geht mich das an?" Die Hieselhahn wollte gleichgültig tun, aber dann wurde sie doch totenblaß. Sie strebte nicht mehr fort, sie blieb stehen. Mit weitgeöffneten, fast angstvollen Augen starrte sie seine Mutter an: Warum, warum kam die und sagte ihr, ihr das?! Wollte die sie wieder beleidigen, ihr wieder wehe tun wie damals? Oh, sie wußte sehr wohl, die mochte sie nicht leiden, die hatte es hintertrieben, daß Gustav ehrlich an ihr gehandelt hatte. Aus sich selber hätte der ja niemals gesagt: „Das Kind ist nicht von mir." Er wußte es ja, daß sie keinen andern angesehen hatte, seit er mit ihr verkehrt, daß sie nicht einmal den Kopf nach einem andern gedreht hatte. Was kam nun seine Mutter und sagte ihr: ‚Er lebt?' Für sie war er tot, doch tot, und wenn auch Nachricht von ihm gekommen wäre.

Gertrud Hieselhahn setzte die Zähne fest aufeinander, ein Weinen wollte ihr kommen, aber sie zwang es nieder. Was, auch noch weinen? Hatte sie nicht schon genug geweint, als er sie sitzen ließ? Und genug heimlich geweint, als sie von anderen hörte, Gustav Krüger werde vermißt seit Dixmuiden, seine Mutter habe gar keine Nachricht von ihm? Nun, jetzt würde sie doch nicht etwa weinen vor Freude, daß er noch am Leben war! Was ging sie das an? Tot oder lebendig, ihr konnte es gleich sein! Das Mädchen machte ein steinernes Gesicht, es strebte sich loszumachen, aber die Hand der Krüger hielt sie fest.

„Hören Sie denn nicht, verstehen Sie denn nicht?! Der Gustav!" Die Hand der Mutter schüttelte die nassen verwaschenen Finger. „Der Gustav ist noch am Leben. Er ist nicht tot. Er ist nur gefangen. Und ich kann ihm schreiben – ich schreib noch heute – soll ich ihn grüßen von Ihnen? Was – was sagen Sie nu?!"

Gertrud hatte einen unwillkürlichen Ausruf getan in Freude und Schmerz. Nun sagte sie langsam, sich mit der freien Hand an die Stirn fassend und die Augen schließend, als schwindle es ihr: „Woher wissen Sie das?"

„Woher? Hier, sehn Sie mal!" In triumphierender Freude zog die Mutter aus ihrer Tasche das Blatt. Und wie sie es vordem Frau Bertholdi getan hatte, so hielt sie es jetzt der Hieselhahn dicht vors Gesicht: „Kennen Se ihn wieder, kennen Se ihn? Der da, der so krumm dasteht! Er hat sich nie gerade gehalten. Und abgefallen is er auch mächdig. Gefangen – na, denn kann's einen ja auch nich verwundern. Aber sein altes liebes Gesicht is es doch noch. Der Gustav!"

Ihr Finger, mit dem sie immer wieder auf die jugendlich-schmächtige Gestalt eines Gefangenen, der, den Kopf gesenkt, betrübt dastand, getupft hatte, fuhr jetzt, wie liebevoll streichelnd, übers Papier. „Der Gustav – das ist er! Erkennen Sie ihn?"

„Den da kenn' ich nicht." Gertrud schüttelte ernst den Kopf. „Sie irren sich wohl."

„Ich, mich irren?!" Nun lachte Frau Krüger förmlich hell auf. Und dann sah sie das Mädchen mißbilligend, verächtlich fast, von der Seite an. „Wenn Sie ihn auch nich erkennen, ich erkenn' ihn." Sie fühlte sich plötzlich ernüchtert, in ihrem ehrlichen Entgegenkommen zurückgestoßen, verletzt. Es bröckelte etwas von ihrer Freude ab. Ja, was so'n Mädchen Liebe nennt! Die erkannte ihn ja nicht einmal! Am liebsten hätte sie sich gleich umgedreht und wäre fortgegangen – was wußte die denn, wie ihr zumute war –, aber das Geschrei des Kindes hielt sie fest. Am Ende mußte sie sich das doch einmal ansehen; wer weiß, vielleicht hatte es gar keinen Zug von ihm! Ein häßlicher Verdacht stieg wieder in ihr auf. Sie hatte damals nicht ohne Grund den Sohn gewarnt, die Hieselhahn sollte früher einmal etwas flott gewesen sein. Jetzt sah sie freilich nicht danach aus. Kümmerlich, recht blaß. Der täte schon eine gute Pflege not. Es war nicht angenehm, das dem Gustav zu schreiben. „Kann ich den Kleinen mal sehen?" fragte sie kleinlaut.

Das Mädchen antwortete nicht, es zuckte die Achseln. Aber dann machte es doch eine einladende Handbewegung. Es ließ die Frau vor sich ins Haus treten.

Die Stube war sehr bescheiden eingerichtet: ein Bett, ein Tisch, ein paar Stühle, ein Schrank, am Fenster die Nähmaschine und neben dem Bett in einem alten Kinderwagen das Kleine.

Es hatte aufgehört zu schreien, als ob es den Eintritt der Mutter schon wahrnehme. Die Augen in dem runden Köpfchen guckten groß und blau. Die Krüger bekam einen förmlichen Schreck: Die Hieselhahn hatte braune Augen, das aber waren Gustavs Augen, auffallend große Sterne, von langen dunklen Wimpern umsäumt. Sie war früher oft auf Gustavs Augen angesprochen worden, als sie ihn noch auf dem Arme trug. Und dieses Kind hatte dieselben hübschen Augen, die er als Kind gehabt und die er auch jetzt noch hatte. Sie beugte sich über das Bettchen; sie hatte den Wunsch, den Jungen einmal herauszunehmen, auf ihrem Arm zu halten.

Aber das Mädchen kam ihr zuvor. Es stieß den Wagen mit dem Fuß in die Ecke und sagte unwirsch: „Schreihals!"

Dann kehrte es sein wieder rot gewordenes Gesicht der unwillkommenen Besucherin zu: „Was wünschen Sie eigentlich?"

Die Krüger wurde ganz verlegen, der Ton der Hieselhahn war so abweisend-barsch. Aber recht hatte die ja eigentlich: Warum sollte sie besonders höflich und freundlich sein? „Na, wegen Gustav – ich wollte – ich dachte doch, Sie würden sich auch freuen, daß er noch am Leben is."

„Wer sagt Ihnen denn so sicher, daß er noch am Leben ist? Das Bild da?" Mit einer grausamen Deutlichkeit sprach die Hieselhahn jedes Wort aus. „Ich glaube noch nicht dran. Glaube überhaupt nicht dran. Glaube überhaupt nichts in der Welt mehr. Wenn man einmal so geglaubt hat wie ich, und es war dann doch nichts, dann glaubt man nicht mehr." Ein verbitterter Zug grub sich um ihren Mund, sie kreuzte die Arme über der Brust und sah finster drein.

Die arme Person! Gustavs Mutter fühlte plötzlich großes Mitleid. Alles, was sie damals nicht empfunden hatte, als sie den Sohn von dem Mädchen abzubringen suchte, das empfand sie jetzt. Sie streckte die Hand aus. „Fräulein Hieselhahn", sagte sie versöhnlich, „ich bin gekommen in meiner großen Freude. Seit Oktober voriges Jahr habe ich auf Nachricht von meinem Sohn gewartet, nu weiß ich endlich, daß er noch am Leben is – und ich bin so froh, so dankbar, so – so –" Sie stockte einen Augenblick, überlegte: nicht zuviel versprechen. Aber dann stieß es sie förmlich vorwärts, rasch schloß sie: „Ich will dem Gustav 'ne Freude machen. Und das wird ihn freuen: Kommen Sie zu mir, heute, morgen, wann Sie wollen! Holen Sie sich was von Gustavs Kinderwäsche – und auch sonst noch was. Und nu darf ich wohl mal den Kleinen aufnehmen?"

Ohne erst Antwort abzuwarten, trat sie rasch zum Wagen,

nahm das strampelnde Kind heraus und hob es mit beiden Armen hoch. Der Kleine krähte. „Na siehste, da biste ja! Du bist aber schon 'n Kerl. Ei, du, du!"

So hatte die Krüger mit ihren Kindern, von denen nur der Gustav noch am Leben war – die zwei andern waren klein gestorben –, dereinst auch geschäkert. Es wurde alles wieder wach, wieder lebendig. „Wie alt is er denn jetzt? So'n strammer Junge!" Sie war entzückt.

„Erst vier Monat!" Nun lag doch ein gewisser Stolz im Ton der jungen Mutter, der klang nicht mehr so abweisend. Sie wurde gesprächiger. „Er war gleich von Anfang an so kräftig. Die Hebamme sagte: ‚Sicher acht Pfund.' Das macht die gute Luft hier draußen; viel anderes kann ich ihm ja auch nicht geben."

„Nähren Sie selber?"

„Das kann ich nicht. Ich hab' meine Beschäftigung. Die Frau, bei der ich hier wohne, sieht nach dem Kind. Es ist 'n Zufall, daß ich heute zu Hause bin. Ich bekomme Milch für den Jungen."

„Die zahle ich", sagte Frau Krüger rasch. Das war doch das mindeste, was sie tun konnte; sie hätte gern mehr, viel mehr getan. Sie wußte nur nicht, wie sie's anfangen sollte, sie traute sich nicht. Die Hieselhahn war ihr nicht recht verständlich. War die nun böse auf Gustav, so böse noch auf ihn, daß sie nichts mehr von ihm wissen wollte? Oder war es nur der Groll gegen sie, seine Mutter? Oder hatte sie den Gustav schon vergessen und verschmerzt? Die war so gleichgültig, seltsam teilnahmslos. Aber gleichviel, es war ihre, der Mutter, Pflicht, Gustav zu Gefallen freundlich zu sein. Und sie legte das Kind rasch hin, deckte es zu und streckte der anderen die Hand hin: „Na, denn will ich jetzt mal gehen, Fräulein. Aber nich wahr, Sie besuchen mich bald? Es wird mir sehr freuen!" Sie wartete auf eine Antwort. Die kam nicht. Sie mußte schon direkt fragen: „Sie kommen doch?"

„Nein." Das klang wieder eisig; so wie zu Anfang. „Wir beide haben nichts miteinander zu tun. Wenn der Gustav was will, kann er ja kommen. Oder er soll schreiben an mich. Aber er kommt nicht wieder. Er kann auch nicht mehr schreiben. Ich weiß es." Sie legte wie vordem die Hand über die Augen, als schwindle es ihr.

Was hatte die Hieselhahn eigentlich damit sagen wollen? Die Mutter grübelte darüber nach, als sie durch die Sommerhitze nach Hause schlich. Sie fühlte ihre Füße wie Bleigewichte, und es wurmte sie, daß die Person sie hatte so abfallen lassen. Und was sollte das heißen: Er kommt nicht wieder, er kann auch nicht schreiben mehr –?! Glaubte die vielleicht nicht, daß er noch am Leben war? Oder wollte sie nur damit sagen: Er kommt nicht zu *mir*? Ja, so war's, das nur meinte sie. Denn der Gustav war ja am Leben, Gott sei Dank! Und es konnte nicht mehr lange dauern, ein Jahr war schon Krieg, bald kam der Friede und brachte allen Gefangenen die Freiheit. Und den Gustav nach Haus!

Gertrud Hieselhahn hatte den Besuch nicht hinausbegleitet, ihre Füße waren wie angewurzelt. Sie stand, wo sie stand, gleichsam festgewachsen an die nackte Diele. Ihre Augen blickten wie geistesabwesend in die leere Luft. War die Frau, seine Mutter, verrückt, daß sie glaubte, *er* wäre das? Der Mann auf dem Bild, der Gefangene, der so zur Erde blickte? Das konnte auch nur eine denken, die den Gustav nicht so liebte, wie sie ihn geliebt hatte. Sie, die sein Gesicht – jeden Zug – seine Stirn, seine Nase, seinen Mund, seine Augen noch so genau in der Erinnerung hatte, als hätte sie ihn gestern zuletzt gesehen. Sie wußte ganz genau: Das war er nicht. Ein anderer war es, von Statur und Haltung ihm vielleicht ein wenig ähnlich, aber ein ganz, ganz fremdes Gesicht. Denn wenn er auch schlecht gegen sie gehandelt hatte, wenn sie auch hundertmal an ihn gedacht hatte in tiefem Groll, sie würde ihn doch erkennen, allüberall. Seine Mutter, die täuschte sich; sie aber würde ihn noch erkennen nach vielen, vielen Jahren, erkennen am Ende ihres Lebens, wenn sie schon alt war, eisgrau.

Gertrud Hieselhahn weinte, bittere enttäuschte Tränen. Einen Augenblick hatte sie doch geglaubt, er sei noch am Leben, es hatte sie durchzuckt mit einem freudigen Schrekken, der sie schwach machte. Nun war's doppelt schwer. Nun fühlte sie erst, daß sie ihn noch immer liebhatte – trotz allem. Sie nahm das Kind aus dem Wagen und küßte es heftig, ihre Tränen machten das kleine Köpfchen ganz naß. Sie sank mit ihm auf den nächsten Stuhl.

So fand Frau Dombrowski sie, die mit ihren zwei Kindern, die sich hinter dem Rücken der Mutter heimlich knufften, von ihrem Stück Land kam. Sie war heiß und müde. Seit ihr Mann im Krieg war, mußte sie sich allein um den Acker kümmern; es war zwar nur ein kleines Stück, was sie besaßen, aber es machte doch Arbeit, zumal sie noch Wasch- und Reinemachstellen hatte.

„Na, Fräulein, is's Essen fertig? Noch nich? Aber nu!" Sie war ungehalten, das Fräulein hatte heute doch mal dafür sorgen wollen. Nun waren die Kartoffeln wohl geschält, aber sie standen noch nicht auf dem Feuer. „Ich sage schon", fuhr sie los, „alles wird auch von unsereinem verlangt, und Sie sitzen da und –." Sie verstummte, als sie die Tränen der anderen sah. Es war etwas in der Haltung des Mädchens, das so ganz zusammengesunken dasaß, das Kind an sich pressend, was sie mitleidig stimmte. „Na, was is Ihnen denn?" Gutmütig fing sie an zu trösten: „Gottchen, nu weinen Se doch nich. Noch immer wegen Ihrem Liebsten? Fräuleinchen, sind Sie aber dumm! Sie kriegen noch zehne für einen. Da sagen se immer, die Männer wären jetzt rar – ach was! Wenn se jetzt auf Urlaub kommen, sind se rein doll. Ich sage Ihnen, Fräulein, ich könnt' Ihnen erzählen. Wenn *ich* so wollte!" Sie lachte und reckte mit einem gewissen Wohlbehagen ihre üppige Gestalt.

Es war ein leises Befremden in dem Blick, mit dem Gertrud jetzt die Frau ansah: Oh, die Dombrowski! Aber recht hatte sie, es hatte keinen Sinn, es war dumm, dem einen, dem einzigen nachzuweinen. Entschlossen richtete sie sich auf und wischte ihr Gesicht und das naßgeweinte Köpfchen des Kindes ab. Es war an ihrer Brust still geworden und eingeschlafen. Behutsam legte sie es in den Wagen und wehrte dann den Kindern, die wieder hinausgelaufen waren und jetzt draußen vorm Fenster mit der eisernen Schippe und dem Besen wie mit Waffen aufeinander losschlugen. „Wollt ihr das wohl lassen! Um Gottes willen, ihr haut euch ja noch tot!"

Die Dombrowski lachte: „Aber lassen Se se doch, Fräuleinchen. Das schadet ja nischte." Sie nahm die Ungezogenheit ihrer Sprößlinge sehr ruhig.

Früher war der Vater dazwischengefahren, da war der Junge ganz ordentlich und das Mädchen auch lange nicht so unartig. Aber nun war der Vater im Krieg. Selbst die Lehrerin wurde des Knaben nicht mehr Meister, wenn sie ihn auch mindestens viermal die Woche nachsitzen ließ. Das Fräulein hatte sich schon ein paarmal die Mutter kommen lassen: „Ich bitte Sie, Frau Dombrowski, halten Sie doch darauf, daß Ihr Erich seine Aufgaben macht. Er tut rein nichts zu Hause. Und freche Antworten gibt er!" Es zuckte nervös im Gesicht der blassen, angestrengten Lehrerin. „Keiner ist so ungezogen wie Ihr Junge, er steckt mir die ganze Klasse an. Gott, ich sage, es ist wirklich nicht auszuhalten mit dem Bengel!"

„Aber Fräuleinchen!" Die Dombrowski blieb gelassen. „Regen Se sich man nich auf! Das is nu nich anders. Davor is Krieg. Was soll ich denn machen, wenn der Erich nu nich gut tun will? Ich gehe auf Arbeit, ich muß auf Arbeit gehen, von den paar lumpigen Kröten Kriegsunterstützung kann man doch nicht existieren. Schlimm genug is es, daß man noch nich mal sagen darf, daß man was zuverdient – was die sich eigentlich denken! Das 's doch 'ne Ungerechtigkeit: Frauen, die arbeiten gehen, müssen sich fürchten, daß se de Unterstützung entzogen kriegen, andere sind stinkfaul und die – na, aber ich bin nu mal so, ich arbeite ganz gerne. Das is man nu mal so gewöhnt von Jugend an: Wochentags-Arbeit und sonntags – na sonntags –!" Sie lachte; aber dann seufzte sie: „Ja, sonntags, da hat man nu auch gar nischte." Ihre Augen, die wie schwarze Beeren in dem tiefgebräunten Gesicht funkelten, trübten sich.

Die Dombrowski war wirklich eine hübsche Frau, und sie hatte auch gar nicht so unrecht, es war schwer für Mütter, die auf Arbeit gingen, zugleich sorgsam auf ihre Kinder zu achten. Die Lehrerin lenkte ein. „Ja, ja. Aber das könnten Sie doch wenigstens, mir den Jungen morgens sauber in die Schule schicken. Ich muß ihn erst immer an die Pumpe führen."

„Na, denn dreckt er eben unterwegs wieder ein!" Die Dombrowski war nicht aus der Fassung zu bringen.

Es brachte sie auch heute nicht aus der Fassung, als jetzt ihre beiden wieder heulend in die Stube hereingestürzt kamen. Erich hatte Minna mit der Schippe gegen die Nase gestoßen, daß ein Bächlein von Blut heruntertroff, und war dann doch selber von Entsetzen ergriffen, als er sah, was er angerichtet hatte. Sie schrien beide und schimpften zwischen ihrem Heulen gegeneinander an. Gertrud war erschrocken zugesprungen und wusch dem Mädchen das Blut ab.

Frau Dombrowski sagte nur: „Erich, wart' mal, ich schreibe es Vatern. Der kommt und nimmt dich mit in'n Schützengraben. Da fressen dich die Ratten. Oder die schwarzen Franzosen kommen und holen dich; die fressen auch Kinder!" Sie hatte ihren Spaß darüber, daß der Junge sie mit weit aufgerissenen Augen anstarrte.

„Frißt unser Vater auch Kinder?" fragte er langsam.

„Das nich", sagte die Mutter lachend. „Der is doch nich schwarz. Aber fuchtig kann der auch werden, wenn ihm was nich paßt." Es flog wie ein leiser Schatten über ihr lachendes Gesicht.

Sie mochte wohl daran denken, daß er sie einmal geschlagen hatte. Und nur wegen einer Kleinigkeit. Er war eines Sonntagabends mit ihr in einem Lokal gewesen, da hatten verschiedene Männer am Nebentisch gesessen, und der eine von ihnen, ein hübscher Mensch, hatte Blicke mit ihr gewechselt. Das war alles. Aber ihr Stanislaus konnte so was nicht leiden. Eifersüchtig war der, oje!

Minka Dombrowski blickte einen Augenblick nachdenklich: Wie hatte er doch gesagt, als er von ihr fortmußte?: ‚Minka, ich sag' dir, wenn du mir nich treu bleibst!' Er hatte gezittert dabei, der arme Kerl. ‚Minka, ich sag' dir, dann –' Sie hatte ihn gar nicht ausreden lassen. Sie hatte ihm rasch die Hand vor die Augen gelegt, die anfingen unruhig umherzurollen, und war dann so zärtlich, so heiß gewesen, daß sie im besten Einvernehmen schieden.

Auf der Bahn beim Abschied hatte keine so sehr geweint wie Minka Dombrowski und keine so lange nachgewinkt.

2

Wenn Frauen sich jetzt auf der Straße trafen, standen sie noch länger beisammen als zu früheren Zeiten. Abends war am Bahnhof der Heeresbericht angeschlagen, da sammelten sie sich in Gruppen. Die Ehefrauen sprachen von ihren Ehemännern, die Mädchen von ihren Liebsten; da war keine, die nicht einen draußen gehabt hätte. Aber Gertrud Hieselhahn stand nicht bei ihnen; sie kam abends von Berlin, dort arbeitete sie bei einem großen Unternehmer – alles Militärsachen. Es war jetzt so viel zu tun, daß sie morgens schon eine Stunde früher anfingen und abends eine Stunde später aufhörten. Immer mehr Leute wurden eingezogen, immer neue eingekleidet, immer wieder rückten welche aus.

Es würden bald keine Männer mehr hier sein, stellte Minka Dombrowski fest. Sie holte das Fräulein manchmal abends vom Bahnhof ab; es hatte sich ein gewissermaßen freundschaftliches Verhältnis zwischen ihr und ihrer Mieterin herausgebildet. Sie bewunderte das Fräulein, das so viel feiner war als sie, sich besser kleidete, besser sprach, sich besser zu benehmen wußte, und Gertrud wiederum vergaß nicht, daß die Dombrowski sich keinen Augenblick besonnen hatte, sie, die Ledige, die ein Kind erwartete, zu dem kein Vater sich bekannte, bei sich aufzunehmen. Sie würde auch nicht so viel verdienen können, wenn die Dombrowski nicht so und so oft von der Arbeit nach Hause liefe, um nach dem Kindchen zu sehen, sie nahm es sogar an schönen Tagen, wenn sie auf ihrem Stück Land arbeitete, mit hinaus, hatte es bei sich stehen im Wagen.

Müde kam Gertrud heute zurück, müder noch als sonst. Es war so voll in der dritten Klasse, sie mußte stehen. Es war heiß im Wagen, und sie erzählten alle so viel. Fing eine nur an mit einem Wort, war gleich eine allgemeine Unterhaltung im Gang. Hier hatte jede ihr Schicksal.

Die alte Frau in der Ecke hatte Sohn und Enkel im Feld; sie selber erzählte nichts, aber die Nachbarin, die mit ihr nach Berlin gefahren war, weil die Großmutter den Enkel, der durchkommen sollte auf einem Transport nach Rußland, gern noch einmal auf dem Bahnhof sehen wollte, war gesprächiger. Sie hatten leider den Jungen nicht herausgefunden, obgleich sie erst vier Stunden auf dem Potsdamer Bahnhof gewartet hatten und dann noch vier Stunden auf dem Schlesischen.

„Wir sind ganz alle davon, nich wahr, Sie?" Sie stieß die Alte an.

Die nickte nur und wischte sich den Schweiß ab. Ihre welke Hand mit dem Taschentuch zitterte und sank ihr dann matt in den Schoß.

Die Gesprächige erzählte umständlich weiter, wie sehr sich die Großmutter gefreut hätte. „Sie hängt so sehr an dem Jungen – se hat schon die ganze Nacht nich schlafen können vor Aufregung. Es is zu traurig. Wir haben gewartet und gewartet, und nu hat se'n doch nich zu sehen gekriegt. Siebzig is se und schlagrührig, wer weiß auch, ob se noch lebt, bis er wiederkommt."

„Mein zweiter ist auch draußen", mischte sich eine andere ein, eine Dame in Trauer; man sah es ihren Augen an, daß sie viel geweint hatten. „Meinen Ältesten habe ich schon verloren, der war an dem Unglückstag mit bei Dixmuiden. Mein dritter wird jetzt auch eingezogen. Nun kann ich nur dasitzen und warten, bis wieder ein Brief, den ich ins Feld schickte, an mich zurückkommt: ,Gefallen.'" Sie sagte es mit verzweifelter Bitterkeit.

Ein Sturm erhob sich: Wie konnte sie nur so sprechen?! Sie schrien alle auf sie ein.

Selbst die schlagrührige Alte tat jetzt den Mund auf. „Warten – wir wollen noch 'n bißchen warten", stammelte sie.

Die Nachbarin tippte sich auf die Stirn: „Se is schon 'n bißchen kind'sch. Un nu ganz verwirrt durch die lange Warterei."

„Ich warte auch so", sagte die junge Frau, die ein kleines Kind auf dem Schoß hielt und eines vor sich stehen hatte, das in dem überfüllten Wagen sich ängstlich an ihre Knie drückte. „Auf Nachricht von meinem Mann. In der Zeitung hab' ich gelesen, die Engländer wären nördlich von Ypern in unsere Schützengräben eingedrungen. Gerade da liegt mein Mann. Wenn ihm nur nichts passiert ist! Nachts tue ich kein Auge zu. Immerzu denk' ich: Wie geht es ihm? Wenn ich nur erst Nachricht hätte!" Man sah ihr die Unruhe an, ihr noch jugendlich-rundes Gesicht hatte einen gespannten ängstlichen Ausdruck.

„Ja, das Warten ist schrecklich", sagte irgend jemand. „Das Allerschrecklichste."

Ach ja! Sie seufzten alle.

Auch Gertrud kannte das Warten und seine Qual. Auch sie hatte gewartet, erst mit heimlicher Ungeduld, daß er nochmals auf Urlaub kommen sollte, ehe er ausrückte, sie zu seiner Frau machen, ehe er ins Feld zog. Ihr hoffendes Warten war vergeblich gewesen, er hatte nicht auf ihre Bitte gehört. Und dann hatte sie trotzdem wieder gewartet: auf eine Karte, einen Brief, ein Lebenszeichen von ihm – auch *das* Warten war vergeblich gewesen. Er kam nicht mehr wieder, was auch seine Mutter sagte! Ein tiefer Seufzer, der wie ein Stöhnen klang, entrang sich ihr; alle blickten auf sie.

„Sie können wohl nicht mehr stehen?" Ein junges Mädchen, das bis dahin anscheinend teilnahmslos in seiner Ecke gesessen hatte, stand auf und gab ihr seinen Platz.

Sie setzte sich. Dankbar lächelte sie das Mädchen an, das nun vor ihr stand. Wie mager die war! Unter der leichten weißen Bluse zeichneten sich die Arme dünn ab, und der Hals, der sich aus dem Ausschnitt reckte, war gleichfalls sehr dünn. Und die Augen waren übergroß und weit. Die wartete sicherlich, der sah man es an. Unwillkürlich fragte Gertrud: „Sie haben wohl auch jemanden draußen?"

Die andere nickte hastig, ein tiefes Rot flammte über das bleichsüchtige Weiß ihrer Haut. „Meinen Bräutigam!"

Nun wendeten sich ihr alle Blicke zu: schwer für ein Mädchen, den Bräutigam draußen! „Wo steht er denn?"

Sie lächelte: „Ach, immer da, wo es am tollsten zugeht. Erst an der Weichsel und dann tief in Rußland – und dann in Frankreich – und jetzt – jetzt – na, jetzt ist er mit vor Przemysl."

„Na, so was!" Das allgemeine Interesse war erregt. Erst in Rußland, dann in Frankreich und nun wieder in Galizien! Der wurde ja ordentlich herumgeworfen.

Selbst die Dame in Trauer erkundigte sich näher: „Bei welchem Truppenteil steht Ihr Herr Bräutigam denn?"

Die Braut schien die Frage zu überhören. Mit einer Lebhaftigkeit, die seltsam von ihrer vorherigen Teilnahmslosigkeit abstach, erzählte sie jetzt: „Oh, mein Bräutigam ist sehr tüchtig. Der hat Mut. Er hat aber auch schon lange das Kreuz. Und nun ist er eingegeben fürs Kreuz Erster."

Voller Bewundern blickten alle.

„Mein Mann hat auch 's Kreuz", sagte die junge Frau, die das Kind auf dem Schoß hielt, leise, „aber nur 's Kreuz Zweiter."

„Ist Ihr Herr Bräutigam denn Offizier?" fragte die Dame in Trauer.

„Nein, das nicht." Eine gewisse Unsicherheit kam in den Blick des Mädchens. „Gefreiter."

Dann war das doppelt anzuerkennen: gemeiner Soldat und das Kreuz Erster! Die Bewunderung stieg noch.

Und wie getragen von dieser allgemeinen Bewunderung flammte die Braut immer höher auf, ihre unscheinbare Gestalt schien zu wachsen, ihr mageres Gesicht wurde ordentlich hübsch. Sie war so stolz auf ihn, so überaus glücklich trotz aller Schwere der Zeit. „Und was er für Briefe schreibt! Hochinteressant. Wenn ich vom Amt komme – ich bin Telephonistin –, warte ich's kaum ab, bis ich sie lesen kann!"

„Schreibt er denn so oft?"

„Ja, sehr oft!"

„Dann sind Sie aber glücklich dran", seufzte die junge Frau, die nach einer Nachricht ihres Mannes von Ypern bangte.

„Ich schreibe ihm aber auch täglich!"

Die Glückliche, daß die das konnte! Es stieg wie Neid in Gertrud auf. Sie las in den Augen des unscheinbaren Mädchens lauter Genugtuung, lauter Befriedigung. Die war vielleicht die einzige im Wagen, diejenige von all den Wartenden hier, die nicht mürbe darüber geworden war, nicht niedergeschlagen und verbittert.

Als sie ausstiegen, gab Gertrud ihr die Hand. Nun das Mädchen nicht mehr von dem Bräutigam sprach, war es wieder blaß, still und unscheinbar wie vordem. „Fräulein, ich wünsche Ihnen alles Gute. Sie haben viel Glück. Unsereiner ist nicht so gut dran." Es stieg feucht in Gertruds Augen, sie kam sich gegenüber dieser glücklichen Braut noch verlassener als sonst vor, und trotzdem zog es sie zu jener so hin, als sei die auch eine Leidensgefährtin. Sie nannte ihren Namen und ihre Wohnung. „Wenn's Ihnen nichts ausmacht, Fräulein, besuchen Sie mich doch mal. Ich bin abends meist von achte an zu Hause und sonntags den ganzen Tag."

Die andere errötete schüchtern, lächelte und flüsterte, jetzt so bescheiden: „Gerne!" –

Die Dombrowski, die Gertrud abholte, kannte das Mädchen von Ansehen. „Ach die! Das ist die Tochter von Dietrichs aus 'm Zigarrenladen; da wohnt se bei ihrer Mutter. Der Vater war an der Post; der is vor zwei Jahren gestorben."

„Die ist verlobt?"

„Das weiß ich nich", sagte die Dombrowski. „Kann sein. Ich würd' mir ja nich mit die verloben, wenn ich 'n Mann wäre. Schön is anders!" Sie lachte, ihre dunklen Beerenaugen funkelten. „Fräuleinchen, heut wär's schön, wenn wir noch 'n kleinen Bummel machen könnten, was?"

„Ich bin müde." Gertrud gähnte abgespannt. Sie bemerkte es nicht, wie die Augen der anderen suchend herumspazierten; sie dachte nur an das Kind und wie sie es heut finden würde. Es hatte gestern abend so geschrien, sie hatte es auf der Straße, ein gutes Ende noch vom Hause weg, schon gehört. Und sie war gelaufen, gestürzt.

Sie wollte jetzt weiter eilen, aber die Dombrowski hielt sie am Ärmel zurück: „Noch 'n Augenblick. Da steht die Exzellenz, die Frau General von Voigt, bei die wasch' ich." Sie war ordentlich stolz auf ihre Beziehungen. „Die muß ich sprechen. Morgen soll ich bei die ihre Tochter kommen. Bei die Italjänerin. Da putz' ich Fenster."

Die einzige Tochter des Generals von Voigt hatte vor vier Jahren den italienischen Leutnant Rossi geheiratet. Sie hatte ihn kennengelernt, als sie mit ihren Eltern in Italien reiste. Herr von Voigt, damals noch Oberst, hatte kein Arg dabei gehabt, daß sie den jungen Offizier immer wieder trafen: in Venedig, in Mailand, sogar in Florenz. Da der Italiener kein Deutsch sprach und der Deutsche kein Italienisch, mußte Lili Dolmetscher spielen, oder die Unterhaltung wurde französisch geführt. Der junge Mann war sehr liebenswürdig, trotz seiner etwas nachlässigen Haltung sehr schneidig; es machte dem deutschen Offizier Spaß, wie genau der kleine italienische Leutnant über die österreichischen Grenzbefestigungen Bescheid wußte. Er sprach mit einer gewissen Nichtachtung von Österreichs Kraft und Wehrmacht, von Deutschland dagegen mit großem Respekt. Der Oberst fand Gefallen an ihm – ein intelligenter netter Mensch –, bis plötzlich der Nebel zerriß, den der Wirbel der Reiseeindrücke und das Entrücktsein aus dem gewohnten Alltag ihm vor die Augen gelegt hatten. Was, seine Tochter, die Tochter eines preußischen Offiziers, wollte einen Italiener heiraten? Lili war verrückt! Sie reisten schleunigst mit der Tochter nach Hause.

Aber Lili von Voigt hatte auf ihrem Willen bestanden. Die Mutter hatte die Zukunft dieses schönen verwöhnten Kindes nie anders gesehen als im Hause eines reichen Mannes; der Vater sah sie an der Seite eines jungen Kameraden, dessen Leben er vom Kadettenkorps an verfolgen konnte – die Gedanken der Tochter aber flogen Tag und Nacht über die Grenze hin, zu ihm, der sie mit seinen dunklen Augen, die ihr ein Abgrund von Tiefe schienen, gefangen hatte.

Sie hatte es durchgesetzt, den Wünschen der Eltern entgegen. Hoch über dem Hafen von Spezia, über dessen Kriegsschiffe sie wegsahen in das wunderbare Blau des Mittelmeeres, hatten sie in einem rosa Landhaus gewohnt, mitten in einem Garten, dessen Hänge von Rosen und Orangen dufteten. Es war wie ein Traum gewesen, ein Traum von Duft und Farbe, von Schönheit und Glück. –

Und nun war sie doch wieder zu Hause bei den Eltern. „Ich liebe meinen Mann, ich liebe auch Italien – trotz allem", sagte sie zur Mutter. „Sagt nichts auf Italien, ich ertrage es nicht."

Es mußte schrecklich sein für die Tochter! Mit einem kummervollen Blick sah Frau von Voigt in das Gesicht der jungen Frau, dessen schöne Weichheit harte Linien bekommen hatte. Nein, sie würden sich ja beherrschen, nichts sagen, obgleich es schwer war zu dieser Zeit, die ganz erfüllt war von der Empörung über die Treulosigkeit des einstigen Bundesgenossen. Es war entsetzlich schwer, zumal für ihren Mann! Frau von Voigt zitterte innerlich vor einem Ausbruch des Generals. Die drei, die einst so innig zusammen gelebt hatten, saßen sich jetzt frostig und schweigsam bei den Mahlzeiten gegenüber. Ach, wenn doch ihr Mann schon lieber wieder draußen wäre! Wenn die Frau auch die Strapazen für ihn fürchtete, es war doch besser für ihn, für sie alle, als dieser jetzige unerträgliche Zustand.

Er, innerlich wütend, war von einer Förmlichkeit gegen die Tochter wie zu einer Fremden. Es war unerträglich. Aber nur so konnte er sich bezwingen und das zurückdrängen, was ihn jetzt ganz und gar erfüllte: dieses verdammte Italien!

Seine Frau fühlte es ihm an: Er sehnte sich ungeduldig, fortzukommen. Aber der General mußte warten, bis seine neue Division zusammengestellt war. Ein Glück, daß er so wenig zu Hause war! Für die Mutter war das Zusammenleben mit der Tochter auch nicht leicht – Lili war gereizt. Sie wußte oft nicht, sollte sie fragen: ‚Was schreibt dein Mann?', oder sollte sie nicht fragen.

Die junge Frau hatte auf der Reise nach Deutschland über die Schweiz den italienischen Gesandten in Bern aufgesucht. Ihre schönen verängstigten Augen hatten rührender zu ihm

33

gesprochen als ihre Lippen; er vermittelte ihr den Briefwechsel mit dem Leutnant Rossi.

Ach, wie sie sich nach ihm sehnte! Sie waren unendlich glücklich gewesen. Nun schrieb er, ganz entflammt, von der Front: Sieg, Sieg! Er schrieb immer von Erfolgen: Italien würde sich binnen kurzem jene alten Gebiete zurückerobert haben, die unerlöst unter Österreichs Herrschaft schmachteten. Er war vollständig von Italiens gerechter Sache überzeugt, er brauchte große Worte. Die junge Frau sah ihn im Geiste vor sich mit dem geröteten Gesicht, die Augen aufgeregt, in einer Begeisterung, die sie nicht teilen konnte, teilen durfte. Oder doch, hätte sie die nicht teilen müssen? War sie jetzt nicht auch Italienerin? Ach, die vier Jahre höchsten Glücks im schönsten Lande der Erde hatten doch nicht das Land aus ihrer Seele verdrängen können, in dem sie geboren war. Sie hatte das vordem nie gewußt. Aber als ihr Mann zu ihr ins Zimmer gestürmt war, leidenschaftlich erregt durch den schmerzlichen Gedanken der Trennung von ihr, und doch jubelnder Genugtuung voll: ‚Krieg, Krieg, wir gehen gegen Österreich!' – da wußte sie: Österreich und Deutschland stehen jetzt zusammen. Und sie fühlte plötzlich, daß sie *doch* nicht Italienerin geworden war.

Es schnürte ihr die Kehle zu und preßte ihr das Herz zusammen, wenn sie in den italienischen Zeitungen lesen mußte, wie schlecht es um Deutschland stehe. Es grämte sie weit weniger, daß sie nun einsam vom Fenster ihres rosa Hauses hinaus in das wunderbare Blau des Mittelmeeres starrte, als daß sie denken mußte: Deutschland, wie geht es Deutschland?! Die Eltern hatten nicht geschrieben: ‚Komm', sie hörte jetzt überhaupt nichts von ihnen, sie wartete auch gar nicht darauf, sie wartete nicht einmal mehr eine Antwort ihres Mannes ab, sie reiste nach Deutschland. Wie auf der

Flucht. Eine plötzliche unbändige Sehnsucht hatte sie getrieben, die Widrigkeiten einer sehr erschwerten Reise machten ihr gar nichts aus – nur nach Deutschland!

Und nun, da sie hier war, hatte sie doch nicht das große Gefühl, das sie erwartet hatte. Nicht die Beruhigung: zu Hause. Warum hielt der Vater sich so zurück? Warum sprach er nicht ganz unumwunden? Er hatte doch früher niemals mit seiner Meinung zurückgehalten. Die Zeitungen, die er sonst immer liegen ließ, nahm er jetzt an sich; sie vergaß, daß sie selbst gewünscht hatte: kein Wort gegen Italien. Und warum fragte die Mutter nicht nach Enrico? Die mußte doch wissen, daß sie heute einen Brief von ihm bekommen hatte. Einen ausführlichen Brief.

Sie saß auf ihrem Zimmer – es war noch dasselbe Zimmer mit den weißen Möbeln und den duftigen Mullgardinen, in dem sie als Mädchen so gern gewohnt hatte –, aber jetzt gefiel es ihr nicht mehr. Sie fühlte sich beengt. Wo war das blaue Meer, auf das sie hinausgeblickt hatte, weit, weit – wo der Garten voller Orangendüfte? Ach, war das doch schön gewesen! Mit umflorten Augen las sie wieder den Brief ihres Mannes. Er stand nicht weit von Roncegno – das kannte sie. Da war sie mit der Mutter auch einmal gewesen, als es noch österreichisch war. Sie hatte in Levico das Eisenwasser getrunken. Es war im zeitigen Frühjahr gewesen, oben auf den Bergen Winter, aber unten im Tal unzählige tiefdunkle große Veilchen, und die Fluren strahlend im Blütenschnee der Obstbäume. Als ob das nun bereits alles wieder Italien gehörte, so schrieb ihr Mann.

Der Leutnant Rossi schrieb nicht, wie man an eine Frau schreibt. So schwer er sich auch von ihr getrennt hatte – unten am Berg war er umgekehrt, war noch einmal durch den Garten zu ihr hinaufgestürzt, hatte sie an der Haustür noch einmal an sich gerissen und noch einmal heiß und lange geküßt –, jetzt war er ganz Soldat. Er schilderte ihr seine Stellung, schrieb militärische Einzelheiten, soviel er davon berichten durfte. Gestern hatten sie einen Vorstoß gemacht im Felsgebiet, eine stark befestigte Stellung des Feindes genommen – fünfzig Gefangene, viele Tote –, aber es mußte noch ganz, ganz anders kommen. ‚Evviva Italia!‘ – hatte er das damals nicht gerufen, als unten im Hafen die Kriegsschiffe die Flagge hißten, jubelnd gerufen? Sie hörte es ihn jetzt wieder rufen. Aus jeder Zeile dieses Briefes rief es, aus jedem Wort. Für ihn gab es nur das eine, das einzige: Italien und Italiens Sieg.

Die junge Frau schloß die Augen. Sie beschwor sich sein Bild herauf: Er stand wieder vor ihr, jung, hübsch, liebenswert, sie sah in die Tiefe seiner dunklen Augen – warum sprach er nicht von Liebe? Nur von Krieg, Krieg. Hatte er denn ganz vergessen, daß seine Frau Deutsche war? Wußte er nicht, wie schwer es für sie sein mußte, schier unerträglich, ihn auf der anderen Seite zu sehen? War denn alles, was sie damals geglaubt hatte: ‚dein Volk, mein Volk, mein Land, dein Land‘, jetzt nicht mehr so? War das geträumt gewesen? Aus grausamer Wirklichkeit baute sich eine Mauer auf und wuchs schnell höher und höher. Hob sich ein Bollwerk, weit mächtiger als die Alpen, zwischen Italien und Deutschland, zwischen ihm und ihr. Ob er das auch so fühlte? Da – nur ganz zuletzt, ein paar Worte der Liebe. Als ob die ihm zum Schluß nur gerade noch einfielen! Sie verletzten mehr, als daß sie wohltaten. Der Brief fiel aus ihrer Hand zu Boden; sie ließ ihn liegen.

Langsam fingen ihre Tränen an zu rinnen und tropften ihr auf die Hände, die sie wie hilflos vor sich auf dem Schoß hielt. Ach nein, sie verstand ihren Mann nicht mehr, und er verstand sie nicht mehr. Wie durfte er ihr, gerade ihr *so* schreiben? – Evviva Italia! – Er mußte doch wissen, daß es sie verletzte, wenn er Italien bejubelte. Oh, dieses heimtückische, verräterische, treulose Land! In ihrer Erregung konnte sie nicht genug der verdammenden Worte finden. Dieses Land, das es nicht wert war, daß die Natur ihm so viel Schönheit gespendet hatte.

Wie eine Verzweifelte sprang sie auf. Mit unruhigen Schritten ging sie im Zimmer auf und ab. Und dabei weinte sie immerfort. Verstand sie denn niemand mehr? Konnte denn keiner begreifen, wie ihr zumute war? Losgelöst von der alten Heimat, verpflanzt in eine neue Heimat, und dann wieder losgelöst von der neuen Heimat und wiederum in die alte zurückgepflanzt! Solch eine arme Pflanze hat gar keine rechte Heimat, die ist nirgendwo zu Hause.

Ihr Mann schickte keinen Gruß an die Eltern – er erwähnte sie nicht einmal in seinem Brief. War er so gleichgültig? Oder war er böse auf die, weil er wohl glaubte, sie seien die Veranlassung, daß seine Frau Italien verlassen hatte?

Sie stand still und reckte ihre schlanke Gestalt, trotzig hob sie den Kopf; sie biß sich auf die Lippe und unterdrückte ein Schluchzen, ihre Tränen hörten auf zu rinnen: o nein, die waren nicht schuld. Die hatten sie nicht kommen heißen. Sie, sie allein hatte es gewollt, ganz von selber; es hatte sie niemand beeinflußt. Da, da ganz tief innen – ihre Hand krampfte das Kleid über der Brust zusammen –, da saß etwas, das hatte sie getrieben. Was sollte sie am blauen Meer unter der leuchtenden Sonne? Wenn der Himmel über Deutschland so trübe war, dann mußte auch sie unter diesem trüben Himmel sein.

3

Die Linden in den Straßen des Vororts hatten längst abgeblüht. Die breiten Wipfel in dem Park, der Bertholdischen Villa gegenüber, standen in jenem tiefen Grün, das, übersatt an Farbe, deutlich spricht: Grüner kann ich nicht werden, nun gilbe ich bald.

Frau Hedwig Bertholdi war ganz allein. Ihr Mann war auch fort. Er war zwar schon achtundvierzig, aber er hatte ein Gut besessen, das er der Erziehung seiner Söhne wegen verkauft hatte, und dieses Leben als Landwirt hatte ihn frisch erhalten. Er war wie ein um zehn Jahre Jüngerer; es hatte ihn längst gewurmt, daß er, Reserveoffizier, Hauptmann, so völlig tatenlos drinnen saß, während sein Jüngster, als gemeiner Soldat noch dazu, draußen war. Er hatte sich gemeldet. Als die große Linde vorm Haus noch blühte, war der ersehnte Brief gekommen – ‚Heeressache'. Nun durfte er doch wenigstens Rekruten drillen, in einem Winkel an der Grenze von Russisch-Polen. „Und wenn ich denn auch keinen Pulverdampf rieche, so höre ich doch wenigstens, wenn der Wind günstig steht, das dumpfe Rollen der Geschütze", schrieb er an seine Frau.

Nun war er doch endlich zufrieden! Hedwig senkte den Kopf: Wieviel besser es die Männer hatten. Sogar die an der Front, trotz aller Strapazen, trotz der Todesgefahr. Sie seufzte. Die Frauen hatten es schwerer. Da saßen sie nun alle – wohin sie blickte: Frauen, Frauen – ach Gott, sie hatte gar nicht gewußt, daß es so viele Frauen gab – und dachten nichts anderes, sprachen nichts anderes als: Krieg, Krieg. Und mußten doch den Tag hinleben im Kleinkram ihres Daseins und sich heimlich verzehren bei Tag und bei Nacht in der Sorge um die draußen.

Ihr Leben hatte sich bis dahin ganz um das der Söhne gewunden; erst, als die noch klein waren, in kleinen Sorgen, als sie größer wurden, in größeren Sorgen. Jetzt zuletzt in der schwersten Sorge: um ihr Dasein überhaupt. Nun war noch eine Sorge hinzugekommen – nein, eigentlich keine Sorge, ihr Mann war ja außer Gefahr –, aber doch eine ständige Besorgnis. Wie würde es mit seinem Rheumatismus werden? Der plagte ihn von Zeit zu Zeit. Und dann: Würde es ihn nicht gelüsten an die Front? Würde es nicht auch ihn treiben, und er es am Ende auch durchsetzen, hinauszukommen? Sie überdachte die Jahre ihrer Ehe: Bald würden sie silberne Hochzeit feiern, es wäre doch bitter, wenn sie die nicht feiern könnten. Nicht feiern, was man so feiern nennt, nein, still begehen in einem Zurückblicken auf die Vergangenheit. Von der Liebe, mit der man sich heiratet, bröckelt freilich manches ab, die Sinne werden ruhiger, die Jahre der Gewöhnung stumpfen ab, aber jetzt stieg ihr doch etwas wie ein warmes Rot in die Wangen, wenn sie an ihren Mann dachte. Es war auch so schwer, sich selber um alles kümmern zu müssen. Nun merkte sie erst, wieviel er ihr abgenommen, wie er ihr das Leben eigentlich sehr angenehm gestaltet hatte. Das äußere Leben wenigstens. Innerlich war es oft unbefriedigend gewesen; sie hätte ihn anders gewünscht, geistig angeregter und anregender. Freudig hatte sie den Umzug in die unmittelbare Nähe der Weltstadt begrüßt, da würde vieles anders werden. Er war derselbe geblieben. Sie hatte die Söhne gehabt; all deren Interessen geteilt, mit ihnen gelernt, als sie noch klein waren, mit ihnen gestrebt, als sie größer wurden. Jeder von den beiden hatte seine eigenen Ideen, seine Ansichten, seine Ideale; sie hatte sich redlich bemüht, daran teilzunehmen. Und sie hatte doch nicht immer ganz mitkönnen: Die waren eben jung, jung und töricht – und sie?!

Hedwig sah sich in ihrem einsamen Zimmer in dem Spiegel. Ihr Mann sagte immer, sie sähe noch wie ein Mädchen aus. Tat sie das? Ja, wenn sie sich am Abend ihr reiches Haar in Zöpfe flocht. Aber jetzt?! Sie sah rasch weg und seufzte dann auf: Man alterte rasch in dieser Zeit. Gut, wenn man miteinander altert. Miteinander – nur nicht allein sein!

Sie warf einen scheuen Blick um sich. Das Zimmer war groß, in seiner Tiefe hinter den breiten geschnitzten Schränken lauerten Schatten. Jeden Abend leuchtete sie die Winkel ab: Da konnte sich gut jemand verstecken. Und wenn einer in die große Linde im Vorgarten kletterte und auf dem breiten Ast, der sich bis zum Balkon streckte, weiter rutschte, war es ein leichtes, sich ins Zimmer zu schwingen. Früher war ihr nie ein Gedanke der Furcht gekommen, da schlief ihr Mann neben ihr, jetzt fuhr sie zusammen bei einem Knacken in den Möbeln und wagte es nicht mehr, wie sie gewohnt war, nachts ein Fenster offen zu lassen. Die Läden mußten fest geschlossen werden. Und dann lag sie doch noch stundenlang mit weiten Augen, die Arme hinterm Kopf verschränkt, und wachte. Gab es hier noch viele Frauen, denen es so ging wie ihr?

Hedwig Bertholdi hatte sich bis dahin nicht um andere gekümmert, sie war ganz ausgefüllt gewesen, nun mußte sie an die Krüger denken und an deren Sohn: Wie mochte es wohl mit dem geworden sein? Ihr Mann hatte, ehe er fortging, deswegen noch an das Genfer Rote Kreuz geschrieben. Ob die Krüger nun endlich etwas erfahren hatte? Sie ließ sich gar nicht sehen. Ihr ländlicher Garten lag still, man sah jetzt nur zuweilen eine Dame darin wandeln in den Abendstunden. Das war die Tochter von Exzellenz von Voigt, die ‚Italjänerin‘, wie ihr Mädchen sagte. Sie ging eigentlich nicht durch den Garten, sie schlich nur. Es war sehr still drüben.

Das Krügersche Haus war kein moderner und auch weiter kein geschmackvoller Bau; noch ein Haus aus alter dörflicher Zeit. Vor fünfzig Jahren mochte es wohl als etwas Besseres gegolten haben. Es war niedrig, langgestreckt und durch den dichten Efeu, der es umrahmte, ein wenig düster. Aber die kleinen blankgeputzten Fenster, die mit hellgestrichenen Läden aus dem fast schwarzen Efeu heraussahen, gaben ihm etwas Sauberes. Der pausbäckige Junge, der früher, als der alte Krüger noch lebte, im Buschwerk des Vorgärtchens sonntags einen Wasserstrahl geblasen hatte, saß jetzt auf dem Trockenen, aber er erinnerte an bessere Zeiten.

Daß Lili den Einfall haben konnte, sich diese Wohnung zu mieten! Frau von Voigt war verletzt, daß die Tochter nicht auf die Dauer bei den Eltern wohnen bleiben wollte. Es war so viel Platz in der Villa, und wenn ihr Mann wieder im Felde war, war sie ganz allein; es war unnatürlich, daß jede von ihnen eine eigene Wohnung hatte. Die Tochter hätte sich nicht zu fürchten brauchen, sie würde sie in keiner Weise bevormunden. Doch sie hütete sich, einen Einwand laut werden zu lassen. Es war vielleicht auch klüger, Lili sich einmal ganz selber zu überlassen. Die Liebe der Mutter fühlte den Zwiespalt in der Seele der Tochter. War die nicht schlimmer daran als all die Frauen hier, die den Mann draußen hatten? War nicht sogar das arme Weib, die Reinemachefrau, besser daran?

Beim Fensterputzen von Frau Rossis neuer Wohnung hörte man die Dombrowski lustig singen. Sie trällerte den neusten Gassenhauer so laut, daß die Leute, die vorbeigingen, Anstoß daran nahmen und die Krüger unten aus ihrem Fenster den Kopf streckte: „Seien Sie doch stille!"

Frau von Voigt hatte eigentlich schon die Absicht gehabt, die Dombrowski nicht mehr zu nehmen – die ließ in der letzten Zeit nach in der Arbeit –, aber sie konnte es nun doch nicht übers Herz bringen. War es nicht gut, daß diese arme Frau, die sich mit ihren Kindern kümmerlich genug durchbringen mußte, der der Mann jeden Tag totgeschossen werden oder als Krüppel heimkommen konnte, sich die Heiterkeit der Seele bewahrt hatte? Und war es ein Wunder, daß das Weib der täglichen Arbeit nicht auch einmal überdrüssig wurde – wurde man denn nicht selber auch müde? O ja!

Nun ging der Sommer schier zu Ende, der Herbst begann; wie reif schon die Äpfel wurden unten im Garten der Witwe Krüger! Bald fing der zweite Kriegswinter an. Und noch immer kein Ende. Würde der Krieg denn ewig dauern?! Frau von Voigt fand nicht den Mut, ihren Mann auszufragen. Ihre Bekannten drängten immer: ‚Was sagt Ihr Mann? Der weiß doch gewiß Näheres. Erzählen Sie doch, was sagt der General?' Der sagte gar nichts. Er zuckte nur die Achseln und machte eine Gebärde wie: wer weiß.

„Wenn du etwas Abgelegtes hast, gib es doch der Dombrowski", sagte Frau von Voigt zu ihrer Tochter. „Sie hat ein kleines Mädchen, für das kann sie etwas daraus nähen." Und Lili, die bei der Übersiedlung in die neue Wohnung in ihren Koffern kramte, gab. Sie hatte eine völlige Gleichgültigkeit gegen ihre Sachen, sie wußte es nicht mehr, daß sie früher viel Wert darauf gelegt hatte, sich schön zu kleiden. Ein zartes weißes Kleid, in dem ihr Mann sie besonders gern gesehen hatte, zerrte sie aus dem Koffer. Sie schleuderte es von sich, als verbrenne das duftige Gewebe ihr die Finger. Ein wütender Schmerz durchzuckte sie: Nie mehr, nie mehr würden seine Arme sich um dieses Kleid legen. Hier – hier hatte seine Hand oft geruht, war zärtlich die Falten auf und ab geglitten. Ach, in diesem Kleid, in diesem Kleid! Nie war er entzückter über ihre Schönheit gewesen.

Sie schloß wie träumend die Augen. All die glücklichen Stunden, die sie in diesem Kleide verlebt hatte, pochten bei ihr an.

Felsensicher hatte sie ihr Glück gewähnt, dauernd bis zum Tode – sie zuckte zusammen. Mit starren Augen sah sie in eine Ecke, ihre Lippen erblaßten: Oh, warum mußte sie jetzt so oft an den Tod denken, an seinen Tod? Er war dem Tod nahe, täglich, stündlich, jede Minute. Der Tod lauerte ihm auf hinter den Felsenrippen der Berge, und wenn er kein Geschoß auf ihn abschnellte, so stürzte er ihn vielleicht hinunter in furchtbare Schründe.

„Mein Gott, mein Gott!" Sie stöhnte auf. Es war auf einmal nichts mehr von dem da, was sich trennend zwischen ihm und ihr aufgetürmt hatte. Was galt ihr noch Deutschland, Vaterland, Vaterhaus? Er war ihr Mann, der Mann, den sie liebte, und er war in Gefahr. In der Angst um sein Leben vergaß sie den Zwiespalt, in dem sich ihre Seele quälte.

Die junge Frau verschenkte das weiße Kleid, sie mochte es nicht mehr unter ihren Sachen wissen; anziehen würde sie es ja doch nie mehr, dachte sie in ihrer plötzlichen Hoffnungslosigkeit.

Aber die Dombrowski dachte gar nicht daran, ihren Kleinen ein Kleidchen daraus zu nähen. „Viel zu schade for das Mädel." Sie ersuchte Fräulein Hieselhahn, es für sie weiter zu machen. „Aber nich zu ville, ja nich zu ville!" Sie wollte gern schlank sein.

Gertrud war förmlich erschrocken: was fiel denn der Dombrowski ein? In *dem* Kleid konnte sie doch nicht ausgehen, selbst sonntags nicht.

„I warum denn nich?" Die Frau war beleidigt. „Sie denken wohl auch, wenn eine nich ‚von' is, darf se nich hübsch sein? Na, das wer' ich Ihnen aber mal beweisen." Und sie zog den

Leib ein und preßte mit beiden Händen ihre starken Hüften herunter. „Los! Probieren Se mal an, probieren Se mal an. Ich sag Ihnen, wie for mir gemacht!"

Mit einem Kopfschütteln sah Gertrud Hieselhahn der Dombrowski nach, als diese am nächsten Sonntag ausging. Es war gar kein rechtes Wetter mehr für solch ein leichtes weißes Kleid. Aber Minka war zu stolz darauf, sie hatte es sich nicht ausreden lassen. Das Mädchen war in der Hoftür stehengeblieben, in seinem ernsten Gesicht vertiefte ein Lächeln zwei Grübchen: Ach, war das komisch gewesen! Die Dombrowski, die alltags kein Korsett trug, hatte sich heute in eins gezwängt. Sie hatte das Schnürband so fest zusammengezogen, daß sie kaum atmen konnte, aber es quoll doch noch überall etwas vor. „Ne, ich sage, das 's 'ne Tortur!" Die Gemarterte hatte gestöhnt. Aber es mußte sein, sonst ging das Kleid nicht zu. Es saß ohnehin noch so prall, daß man fürchten mußte, sein zarter Stoff würde gesprengt. Doch dem bräunlich-runden Gesicht mit den schwarzen funkelnden Augen, mit dem gesunden Rot auf den Wangen stand es nicht übel. Als die Frau, munter wie ein Mädchen, in die Hände klatschte: „Hatt' ich nich recht? Hübsch was?" hatte Gertrud nicht ‚nein' sagen können. Warum sollte sie Minka die Freude verderben? Die sah ja auch trotz alledem hübsch aus, aber, aber – das Lächeln verschwand aus Gertruds Gesicht – war die leichtsinnig! Oh, wer doch auch ein wenig leichtlebig sein könnte, sich an jedem bißchen freuen und die Sorge vergessen! Die Dombrowski sorgte sich nicht allzuviel um ihren Mann. Wie sie da loszog! Nicht wie eine, die den Mann im Krieg hat. Die langen Enden des bunten Bandes, das sie sich als Gürtel umgebunden hatte, flatterten lustig, der Hut saß ihr im Genick.

Hinter der Dombrowski fegte der Wind her und klatschte das dünne Kleid fest an die Schenkel. Ihre Füße in den weißen Strümpfen und den schwarzen Halbschuhen trippelten unruhig – um vier Uhr ging das Konzert in den Anlagen an, Militärkonzert, sie wollte keinen Ton versäumen. Aber sie kam nicht rascher voran, der zu enge Rock spannte sich um ihre Beine, sie konnte nicht ausschreiten. Dazu mußte sie ihre Minna, die mit einem rotkarierten Kleidchen mit schwarzem Samteinsatz ausgeputzt war, hinter sich drein zerren. Die heulte und wollte durchaus mal auf der Trompete tuten, in die der Bruder, der hohnlachend nebenherlief, immer wieder stieß.

„Steck de Tröte weg, nu laß doch sein, Erich!" sagte die Mutter. Der Junge hörte gar nicht auf sie. „Das 's doch schrecklich, Erich, nich auszuhalten. Ich nehm' euch nie mehr mit!" Nun tutete er erst recht.

„Ich ooch mal, ich ooch mal!" zeterte Minna.

Das Gebrüll der Schwester mischte sich mit dem Tuten des Bruders, nun lachte die Mutter dazu: Die machten schon vorher Konzert...

Auch als das weiße Segel des Kleides längst hinter den ersten Häusern verschwunden war, blieb Gertrud noch immer in der Hoftür stehn. Die Chaussee war ganz menschenleer. In der bewegten Luft schüttelten sich die jungen Bäumchen am Straßenrand, von den Feldern herüber kam bereits ein Duft wie von welkendem Kartoffelkraut. Noch war es früh im Jahr, Herbst erst in Sicht, und doch schon so einsam hier. Wenn einem einer etwas antun wollte, hier könnte er's. Bis zu den Häusern hin drang kein Ruf. Und dieses schwache Gatter aus morschen Zaunstecken konnte auch keinen abhalten, der hier eindringen wollte. Es würde bös sein, wenn es früh dunkelte, hier draußen allein zu gehen. Nun, die Dombrowski würde sie sicher abholen, wenn sie abends spät von der Arbeit kam, die kannte ja keine Furcht. Aber dann mußten ja die Kinder so lange allein bleiben. Man würde sie einschließen.

Als es Gertrud Hieselhahn lieb gewesen war, sich hier in der Abgelegenheit verkriechen zu können, war es Frühling. Nun aber bangte ihr vor dem Winter: Wie hatte die Dombrowski es nur, so lange schon allein, hier aushalten können? Die Einsame seufzte. Ach, wie sollte das werden, wenn keine Sonne schien, wenn der nebelgraue November über die Felder kroch und von den Häusern nichts mehr zu sehen war?! Schon heute kam keine Menschenseele, von den Feldern kein Laut; wie ausgestorben war alles, sie hörte nur den eigenen beklommenen Atem. Die große Sonntagsstille peinigte sie. Da war ihr das mißtönende Tuten von Erich Dombrowski doch noch lieber. Sie wäre am Ende besser mitgegangen, die Dombrowski hatte sie so freundlich aufgefordert. Aber mit der –?! Gertrud Hieselhahn warf den Kopf in den Nacken. Dazu hatte sie immer zu viel auf sich gehalten. Und wenn sie auch jetzt – es trübte plötzlich etwas ihren Blick und jagte ihr eine hastige Blutwelle ins Gesicht – und wenn sie auch jetzt ein Kind hatte, zu dem kein Vater sich bekannte, sie hielt doch noch immer auf sich.

Sie wollte sich abwenden: Voran, an die Arbeit, wochentags kam sie nicht dazu, ihre Sachen auszubessern. Beim Arbeiten würden ihr schon die trüben Gedanken vergehen, dann rasselte die Nähmaschine ihr Lied herunter, und der Kleine krähte dazu. Da sah sie eine Frauengestalt die Straße heraufkommen. Wollte die hierher? Es schien so. Jetzt winkte die. Wer war denn das?

Erst als sie vor ihr stand, erkannte Gertrud das magere Gesicht, die weiten, sehnsüchtigen Augen und das durchsichtige Blaß der Haut: Das war ja das Fräulein aus der Bahn, das ihr seinen Sitzplatz gegeben hatte! Die hatte sie damals um ihren Besuch gebeten.

„Ich habe Sie nicht gleich wiedererkannt. Das ist aber nett von Ihnen – kommen Sie doch rein, bitte!"

„Sie – Sie haben mich aufgefordert", stotterte Margarete Dietrich, und ihr bleichsüchtiges Weiß überzog sich mit einem verlegenen Rot. „Ich – ich war krank, sonst wäre ich längst gekommen."

„Ja, es ist schon lange her!" Jetzt fiel Gertrud erst alles Nähere ein.

„Was macht denn Ihr Herr Bräutigam?" fragte sie rasch, um zu zeigen, daß sie auch noch Bescheid wußte.

„Oh, dem geht es sehr gut!" Fräulein Dietrich tat einen tiefen Atemzug, ihre matten Augen strahlten auf. „Der ist sehr tüchtig, sehr tapfer – er hat aber auch schon lange das Kreuz, und nun ist er eingegeben fürs Kreuz Erster."

War er das nicht damals schon? Gertrud glaubte sich zu erinnern.

Das Mädchen fuhr jetzt ganz ohne Schüchternheit fort: „Er schreibt mir sehr oft – oh, Sie sollten nur einmal lesen – was für schöne Briefe! Und sehen Sie – da!" Sie zerrte den Handschuh herunter und spreizte ihre dünnen Finger: Am vierten glänzte ein goldener Reif. „Den hat er mir geschickt zum Geburtstag – den Verlobungsring!" Sie stand wie verzückt, den Ring betrachtend.

War die aber schwärmerisch veranlagt! Etwas in des Mädchens Gebaren stieß Gertrud ab, und zugleich empfand sie doch etwas wie Mitleid: Die sah ja entsetzlich elend aus. „Was hat Ihnen denn gefehlt?" fragte sie und schob ihren Arm unter den der Besucherin.

Das blasse Fräulein Dietrich wurde wieder rot und schlug

die Augen nieder. „Ich sehnte mich so. Davon bin ich nervös geworden. Immer Kopfweh. Und denn so matt." Sie seufzte.

Auch Gertrud seufzte. ‚Ich sehnte mich so' – ach ja, das konnte sie wohl verstehen. Den mageren Arm der anderen drückend, sagte sie herzlich: „Er wird ja wiederkommen. Er wird doch auch gewiß bald mal auf Urlaub kommen. War er denn noch gar nicht hier?"

„Nein. Noch keinmal!" Das Fräulein klagte. „Ich kann's gar nicht sehen, wenn andere stehen und ihren Bräutigam erwarten. Oder an seinem Arm gehen. Es ist schrecklich für mich." Mit einem so tiefen Seufzen, daß es fast wie ein Stöhnen klang, fuhr sie sich nach der Stirn und preßte dann die Hand auf die Brust. „Ich habe immer Herzklopfen. Und es schnürt mir da alles zusammen. Gott, man ist doch auch jung. Und hat mehr Gefühl als manche andere. Und immer so dabeistehen und immer nur zusehen – nein, das ist schrecklich, zu schrecklich!" Das zarte Rot auf dem blassen Gesicht hatte sich noch mehr vertieft.

Jetzt war Margarete Dietrich nicht das scheue, schüchterne Mädchen mehr, sie war eine heftig Begehrende. Gertrud um den Leib fassend und an sich pressend, daß dieser fast der Atem verging, stieß sie heraus zwischen Schluchzen und Lachen: „Wenn er doch käme!"

„Er wird ja kommen, beruhigen Sie sich doch!" Gertrud war ganz verdutzt und erschrocken: Die war ja zu aufgeregt. Ihrer ruhigen Art war das unverständlich: Wie konnte man sich nur so haben? Und doch war da ein geheimes Band zwischen ihr und jener, ein Band, das man nicht sah und nicht greifen konnte, das sie aber trotz allem zueinander zog. Sie litt es, daß Fräulein Dietrich den Arm um ihren Hals schlang und sie küßte. Ihr war der Kuß zwar nicht angenehm, peinlich empfand sie den brennenden Druck dieser feuchten Lippen, aber sie überwand sich und erwiderte ihn. Sie war ja auch allein und sehnsüchtig. Tausendmal mehr allein als jene es war, denn sie konnte hoffen; sie aber hoffte nicht mehr.

„Ich weiß gar nicht, warum Sie so außer sich sind, Fräulein Dietrich!"

„Sagen Sie doch: ‚Gretchen'!"

„Warum *Sie* so außer sich sind, Fräulein Gretchen!"

„Nein, bloß ‚Gretchen' – ‚Gretchen', wie es im Faust steht. Sie kennen doch Faust?"

„Nein."

„Den borg' ich Ihnen. Den müssen Sie lesen. Den lese ich zu gern. Ich lese überhaupt viel – immer des Nachts. Viel zuviel, sagt der Doktor. Was soll ich machen, wenn ich doch nicht schlafen kann?! Der Telephondienst macht schrecklich nervös. Und denn der Krieg. Früher war ich ganz gesund – aber seitdem!" Wie in schmerzhaftem Empfinden zog sie die Brauen zusammen, ihre Augen hatten allen Glanz verloren, blickten wieder matt und wie in unbestimmter Sehnsucht verloren. „Wenn er nun nicht bald kommt –!"

Gertrud lächelte. „Er kommt ja. Und was machen Sie dann?"

„Oh, dann heiraten wir. Ich lasse mich kriegstrauen." Die Dietrich fuhr auf wie von einem plötzlichen Gedanken bestürmt, neu belebt. „Ja, kriegstrauen, ja, ja! Er bekommt zehn Tage Urlaub – wir heiraten gleich – sofort, sofort – wir machen 'ne kleine Hochzeitsreise – dann muß er schnell wieder weg – ich bring' ihn noch auf die Bahn – ich stehe und winke ihm nach – ‚mein Mann, mein alles auf der Welt' – es wird mir sehr schwer – oh, sehr schwer – aber dann bin ich doch Frau, seine Frau!" Jetzt lachte sie hell.

„Seine Frau!" Langsam sprach es Gertrud ihr nach. Sie

sah die andere von der Seite an und senkte den Kopf – die hatte es gut.

Langsam gingen sie Arm in Arm über den Hof. Der war wüst und verlassen. Ackergerät lag umher. Schubkarren, Schippe und Besen. An der Tür des leeren Schuppens hing noch immer der zerschlissene Männerrock, von Wind und Wetter zur Vogelscheuche gemacht. Den zerlöcherten Filzhut ohne Krempe hatte Erich Dombrowski der Pumpe aufgestülpt.

Fräulein Dietrich war jetzt still, sie sah sich nicht um, sie ließ sich ins Haus führen, als ginge sie wie eine glücklich Träumende.

Drinnen schrie plötzlich das Kind. Da hob Gertrud den Kopf und sagte fest – Trotz trieb sie dazu und ein Sichstemmen gegen das eigene Mißgeschick: „Hören Sie, Gretchen? Mein Kleiner schreit. Ich hab' ein Kind. Und ich bin nicht seine Frau – niemandes Frau."

Es dauerte lange, bis Gretchen Dietrich ans Fortgehen dachte. Es dämmerte bereits; und nun fürchtete sie sich, im Dunkeln zu gehen. Warum hatten sie sich auch so viel zu erzählen gehabt! Gertrud hatte an der Maschine gesessen und genäht und Margarete auf einem niederen Schemelchen, das den Dombrowskischen Kindern gehörte, hatte den Kopf an Gertruds Knie gelegt und den Kleinen auf dem Schoß gehalten. „Lassen Sie mich ihn doch halten, bitte, bitte!"

Sie vergoß bittere Tränen über der Freundin Geschick, sie konnte nicht genug davon hören. „Ach, erzählen Sie – und als Sie's ihm nun sagten, was sagte er da? Nicht kriegstrauen lassen wollte er sich, trotzdem?"

„Seine Mutter wollte es nicht."

Das war ja wie im Roman! Die Augen der Dietrich waren groß und weit. Mit überströmender Zärtlichkeit drückte sie den Kleinen an sich, hielt ihn an ihrer Brust wie eine Mutter. „So ein Kind, so ein süßes Kind! Ach, wenn ich doch auch ein Kind hätte!" Sie schwatzte mit dem Säugling, der sie doch nicht verstand, und erzählte ihm lange Geschichten vom Vater draußen im Krieg.

Gertrud lächelte wehmütig. Sie hatte so lange nicht Besuch bei sich gehabt, war an das Schweigen in ihrer Stube so gewöhnt, daß es ihr fast schwindelte. Was Gretchen alles erzählte! Ihr Bräutigam war in Frankreich – immer in Frankreich gewesen, versicherte sie –, und Gertrud glaubte doch damals gehört zu haben, er wäre auch in Rußland gewesen.

Aber Gretchen erzählte und hielt dabei die Hand in die Höhe, daß der letzte Strahl des sinkenden Tages auf ihren Ring fiel: Dieser Ring war aus Frankreich, französisches Gold. Aus dem großen französischen Goldstück, das ihm der Graf in die Hand gedrückt, als er dem verzweifelten Vater die Tochter aus den Händen der gierigen Soldateska befreit hatte. „Er hat die Belohnung natürlich nicht annehmen wollen, aber der Graf hat ihn so gedrängt, daß er zuletzt sagte: ‚Nun, so werde ich denn für meine geliebte Braut daheim den Verlobungsring daraus fertigen lassen.'"

„Waren Sie denn noch nicht verlobt? Hatten Sie denn noch nicht seinen Ring?" fragte Gertrud. Sie sagte es so hin, nur um etwas zu sagen, ihre Gedanken schweiften ab. Wie war die hier so beneidenswert, die trug den Ring des Geliebten am Finger, mochte kommen, was wollte, die war seine verlobte Braut! Unwillkürlich blickte sie auf die eigene Hand: Ihr Finger war leer.

Die Dietrich lachte leise, sie flüsterte dann geheimnisvoll: „St, nein, es darf auch jetzt noch zu Hause keiner wissen, daß ich verlobt bin. Ich steck' den Ring nur an, wenn ich ausgehe. Komm ich nach Haus, zieh' ich ihn vorher ab. Es ist noch heimlich."

„Aber warum denn? Wenn's doch so'n braver Mensch ist?" Gertrud verwunderte sich.

„Meine Mutter kann ihn nicht leiden – hu, die ist bös! Aber wenn ich ihn nicht kriege, geh' ich ins Wasser!" Erregt sprang das Mädchen auf, unruhig lief es in der Stube umher.

Das Kind, durch die Heftigkeit aus einem leisen Schlummer geweckt, fing an zu quarren. Gertrud wollte es nehmen, aber Margarete wollte es nicht lassen. „So ein Kind, so ein süßes Kind, ach, wenn ich doch auch ein Kind hätte!" Sie fing an zu schluchzen.

Diese Aufgeregtheit hatte wirklich etwas Beunruhigendes. Gertrud war eigentlich ganz froh, als die andere endlich aufbrach. Bis zu den ersten Häusern wollte sie Gretchen bringen. Sie schlug ein Tuch um sich und das Kind und nahm es auf den Arm, an den anderen hängte sich die Dietrich.

Um die beiden Frauengestalten, die langsam den Häusern zuwandelten, wob sich die Dämmerung. Sie waren beide dunkel gekleidet, und dunkel waren auch schon die Felder rechts und links der Chaussee. Geheimnisvolle weiße Gestalten standen im Dunkel auf und schienen zu winken. Margarete hängte sich fester an Gertruds Arm und drängte sich an sie: „Wie gut, daß Sie mitgehen, ich stürbe vor Angst. Ach, mein liebes Trudchen, nicht wahr, du kommst zu meiner Hochzeit? Ich lade dich ein. Ach, sag doch ‚du' zu mir – es macht mich glücklich. Sag, hast du mich lieb? Ich habe keinen Menschen, der mich so recht liebhat – ich bin ja so arm!"

War das merkwürdig von der, so etwas zu sagen! Gertrud dachte darüber nach, als sie nun allein zurückging. ‚Ich bin ja so arm' – wie stimmte denn das? Gertrud fuhr plötzlich zusammen, sie hörte ein Weinen.

Durch die Dunkelheit kam etwas hinter ihr hergetrappelt. Nun heulte es laut. Erschrocken blieb sie stehen: Dombrowskis Kinder? „Wo kommt ihr denn her? Wo ist denn eure Mutter?"

Die kleine Minna faßte verängstigt nach Gertruds Kleid und klammerte sich an: „Huh, so dunkel, 's is so dunkel!"

Der Junge aber schimpfte los: „Mutter –? Och die! Hat uns nach Hause geschickt. Die amesiert sich!"

Was sollte das heißen? Die amüsierte sich? Gertrud wollte eben, getrieben durch ein seltsam gemischtes Gefühl von Abneigung und einer gewissen Verantwortlichkeit, den Jungen ausfragen, als durch das Dunkel des Abends ein dumpfes Summen ging. Ein fernes Hallen. Das waren die Glocken der Kirche. Die lag weitab, und der Wind stand nicht von dorther, aber man erkannte doch das langsam-schwere, feierliche Dröhnen.

Sie hielt ihren Schritt an, sie gebot dem Jungen, der laut weiterschimpfte, Stille. Nun hörte man's deutlicher. Diese tiefe, ernste, erzene Stimme. Läuten um diese Zeit? Der Nachmittagsgottesdienst war längst vorbei, Begräbnisse fanden so spät nicht mehr statt; das konnte nur Sieg sein. Wenn es absetzte, dreimal von neuem sich erhob. Man kannte das, zu vielen Siegen schon hatten die Glocken geläutet, vor kaum drei Wochen erst für das große Warschau; man war fast gewöhnt daran, bereits wie abgestumpft.

Trotzdem kehrte Gertrud um – Sieg?! Horch! Jetzt huben sie an zum drittenmal! Und wenn sie persönlich denn auch nichts mehr zu verlieren hatte und nichts zu gewinnen, es trieb sie nun doch dem Bahnhof zu. Nicht so allein sein zu solcher Stunde. Da waren die andern, Menschen genug jetzt, da würde sie erfahren, was für ein Sieg es war. Und ob nun bald Friede sein würde.

4

Über den abendlich-stillen Ort hin hatten die Glocken gerufen: Sieg! Am Bahnhof drängte man sich. So voll wie heute war es selbst dann nicht dort, wenn auf dem Ferngleis Truppentransporte vorbeifuhren. Die hielten hier nicht; aber man winkte den Feldgrauen, die aus den bekränzten, mit allerlei Kreideinschriften bekritzelten Wagen halben Leibes heraushingen, und rief ihnen gerührte Worte des Grußes und des Abschieds nach. Die Worte gingen zwar verloren in der rasselnden Windesschnelle, die winkenden Grüße aber wurden erwidert mit stark gebrülltem Hurra. Jetzt drängte sich die Menge vor dem Anschlag neben der Bahnhofstür.

„Die Festung Nowogeorgiewsk, der letzte Halt des Feindes in Polen, nach hartnäckigem Widerstand genommen. Die gesamte Besatzung, davon gestern im Endkampfe allein über 20 000 Mann, und vorläufig unübersehbares Kriegsmaterial fielen in unsere Hände."

Mit hastig hinfliegenden Blicken las man's – stumm. Das war nicht mehr der Jubel der Begeisterung wie bei den ersten Malen, der Krieg dauerte nun schon über ein Jahr.

„Mutter, haben die nu bald verspielt?" fragte plötzlich eine Kinderstimme ganz laut.

Die Mutter hatte im ungewissen Sternenlicht, mühsam herausstudierend, halblaut gelesen, nun schwieg sie verlegen.

Die hohe Kinderstimme war weithin vernehmbar. Die zunächst Stehenden lachten. „Sei stille", wisperte die Mutter.

„Dann kommt unser Vater auch wieder, nich wahr, Mutter?" fragte die Kleine unbeirrt weiter.

Die Frau schüttelte stumm-verneinend den Kopf; sich durch das Gedränge hastig Bahn brechend und das Kind hinter sich dreinziehend, lief sie davon.

Es war die Frau des Schlossers Frank von der Ecke am Markt, er war vor vierzehn Tagen am Narew gefallen. „Nu sitzt sie da mit dem großen Geschäft – 'n paar alte Gesellen hat sie vor der Hand wohl noch – er hat alles ins Geschäft reingesteckt – schlimm für sie, schlimm für die Kinder – fünfe hat se, alle noch klein!"

„Die ist noch nich am schlimmsten dran", sagte eine andere Stimme. „Aber wenn sie *nur* den Mann hat, weiter nichts, kein Geschäft und keine Kinder – *nur* den Mann!"

Sie blickten sich alle um nach der wehen Stimme, die sich wie ein Verzweiflungsseufzer erhob.

Die kleine verkümmerte Frau duckte sich scheu. Das hatte sie nicht gewollt, daß alle nach ihr hinsahen, es war ihr nur so herausgefahren, wider ihren Willen laut. Als ob sie selbst durch die Dunkelheit jeden mitleidigen Blick als Beleidigung fühle, kroch sie ganz in sich zusammen. Sie wollte niemandes Mitleid, es brauchte sich keiner um sie zu kümmern, sie hatte auch keinen nötig, leben wollte sie ja nicht mehr. Sich verkriechen wie ein krankes Tier und sterben, das wollte sie.

In einem hilflosen Weinen, wie ein verlassenes Kind schlich sie eben davon, da legte sich eine Hand auf ihre Schulter: „*Liebe* Frau!" Es lag ein großer Nachdruck auf dem *liebe*, eine herzliche Freundlichkeit im Ton.

Die Generalin von Voigt war durchaus nicht sentimental, ihr Mann hatte sie dazu erzogen, jede Sache so gelassen wie möglich zu nehmen. „Das Leben ist wie der Feind", hatte er ihr oft gesagt, als sie noch jünger und leicht aus der Fassung zu bringen war, „man macht sich die Stellung klar, nimmt ihn scharf aufs Korn, rückt dann Schritt für Schritt – immer kalt Blut – immer weiter vor, ruhig vor – aber dann: zugepackt." Sie hatte es lernen müssen, an sich zu halten. Aber jetzt ging doch das Gefühl mit ihr durch – diese Frau, diese arme, einsam Gewordene! Ihre aufrechte Gestalt ein wenig niederbeugend zu der kümmerlich-kleinen, sagte sie mit der inneren Überzeugung, die auch andere überzeugt: „Sie sind nicht verlassen, liebe Frau. Sie haben noch eine Mutter – unsere deutsche Heimat. Der hat Ihr Mann Sie als Vermächtnis hinterlassen. Er hat Ihnen ein Anrecht erworben. Und unsere deutsche Heimat ist eine gute Mutter, die sich ihrer Kinder annimmt!"

„Redensarten! Das können die Vornehmen und Reichen leicht sagen", kam es jetzt höhnisch von irgendwoher.

„Wer sagte das?" Die Generalin drehte suchend den Kopf, ihre stattliche Gestalt reckte sich noch stattlicher. „Es ist traurig", sagte sie sehr laut, „daß es immer noch Leute gibt, Deutsche gibt, die ein Vergnügen daran finden, zu mäkeln und zu hetzen. Was heißt jetzt ‚vornehm und reich'? Wenn einer im Schützengraben liegt und ist ein Prinz, liegt er ebenso im Dreck wie der einfachste Handlanger, und der eine Million hat, ebenso wie der, der keinen Pfennig besitzt!"

Na, die war aber nicht auf den Mund gefallen! Und ‚Dreck' hatte sie gesagt – ‚Dreck'! Einige amüsierten sich darüber. Sie lachten. Und das steckte an. Ein ganzer Knäuel von Weibern drängte sich um Frau von Voigt. Diese wußte nicht recht, war das nun ein höhnisches Lachen oder erfreute Zustimmung? Eine plötzliche Zaghaftigkeit überkam sie. Es tat ihr leid, daß sie sich hatte so hinreißen lassen. Sie drängte sich durch und ging davon mit raschen Schritten, im Innersten verstimmt. Nun war ihr die ganze Freude an Nowogeorgiewsk verdorben. War das wohl die rechte Art, den Sieg aufzunehmen? Man erwartete ja kein lautes Frohlocken von den Leuten mehr, aber konnten sie es nicht hinnehmen still-freudig bewegten Gemütes? Ihr Mann hatte doch recht, man durfte an diese Leute nicht den Maßstab legen wie an sich selber. Sie waren in Freud und Leid doch eben anders, als man selber war.

Sie sah plötzlich eine große Kluft – wer würde die überbrücken?! Der Krieg, zu dem doch alle auszogen, alle, vornehm und gering, arm und reich? Er hatte es bis jetzt nicht gekonnt. Würde es der Friede können –?

Die Straße, die sie zu gehen hatte, lag dunkel. Droben kein Stern. Der Wind, der den ganzen Tag geweht, hatte Wolken heraufgetrieben, nun flogen sie, seltsam geballt und zerrissen, wie fratzenhafte schwarze Ungeheuer über das matte Grau des Nachthimmels. Sie mußte an den Mobilmachungsabend denken. Da war sie am Arm ihres Mannes in Berlin die Linden hinuntergegangen, die dichte Masse der Menschen hatte sie mit fortgetragen, sie waren im langsam flutenden Strom vors Schloß gelangt. Wo die Leute die Offiziersuniform erkannten, machten sie respektvoll Platz. Das Schloß lag dunkel und schweigsam. Der Kaiser hatte zu seinem Volk gesprochen gehabt, sie waren zu spät gekommen, aber überall hörten sie noch davon reden.

„‚Ich kenne keine Parteien mehr' – ja, so hat er gesagt", hörte sie einen Mann dicht hinter sich laut erzählen. Ein anderer erläuterte das noch näher: „Nu jibt es nämlich jar keene Unterschiede nich mehr. Ob de Jeld hast oder keens, ob de Jraf bist oder nur Fritze, der Klamottendräjer, ob de uf de hohe Schule Latein jelernt hast oder ob de nich lesen un schreiben kannst, allens eene Wichse. Allens *nur* Deutsche!"

Ein wehmütiges Lächeln kam der jetzt eiliger Schreitenden. Ein Regen fing an zu tröpfeln, der Himmel weinte. Sie lief in tiefen Gedanken: Ach ja, so leicht war es nicht, verstanden zu werden! Rührend war aber der Droschkenkutscher gewesen, mit dem sie dann vom Schloßplatz zurückgefahren waren, rührend und komisch zugleich. Er hatte, mit der Peitsche zurückdeutend nach dem dunkel-ragenden Bau, in dem Deutschlands Kaiser jetzt wohl die Geschicke Europas in seinem Herzen bewegte, und sich, halb auf seinem Bock zu ihnen herumwendend, beifällig nickend gesagt: „Wir haben Wilhelmen doch unterschätzt!" Der alte dicke Kutscher und sein humpeliger Gaul waren ihr unvergeßlich geblieben. Und unvergeßlich auch der Anblick, der sich ihnen bot, als auch sie sich umwandten.

Langsam war da vom Wasser her ein mächtiger Vogel über Lustgarten und Schloß, über Dom und Zeughaus gesegelt. Mit weitgebreiteten Schwingen stand er jetzt still. Nur ein Wolkengebilde war es, gewitterschwanger am Sommerabend. Aber sich unter ihm rötend, schien der Himmel zu glühen vom Flammenwiderschein. Aufgeregt von den Ereignissen dieses Tages hatte sie nach ihres Mannes Arm gegriffen: „Da – da – siehst du ihn auch?" Ein schwebender Adler war es mit gespreizten Flügeln. Es hatte sie wie ein Schreck durchzuckt: War das nicht der russische Adler?

Es war der preußische Adler gewesen – Gott sei gedankt!

Die Generalin war jetzt am Krügerschen Haus angelangt; sie wollte noch die Tochter besuchen. Und wieder stieg eine Verwunderung in ihr auf, daß sich Lili gerade diese Wohnung ausgesucht hatte. Die war so bescheiden: kein Parkett, niedrige Zimmer, kein elektrisches Licht. Überm Türeingang schwelte eine kleine Petroleumfunzel.

Als Frau von Voigt die unverschlossene Tür aufklinkte und

in den engen Flur trat, fiel ein Lichtschein aus dem Zimmer zu ebener Erde. Die Stubentür stand offen. Drinnen saß die Krüger am Tisch und schien beim trüben Schein einer Lampe in einem Buch zu lesen. Sie war so vertieft, daß sie von der an ihrer Tür Vorüberschreitenden nichts bemerkte.

Frau von Voigt stieg zu ihrer Tochter hinauf. Lili öffnete ihr selber die Glastür, die die Wohnung abschloß. Das Mädchen war zum Bahnhof gelaufen, als das Läuten anfing. „Ich brauche sie ja auch nicht", sagte die junge Frau gleichgültig. In ihrem weißen schleppenden Schlafrock mit dem weißleuchtenden Gesicht sah sie aus wie ein Geist.

Die Mutter blickte sie voller Besorgnis an. „Nowogeorgiewsk, Lili", sagte sie stark. „Nowogeorgiewsk, das ist ein großer Sieg, ein wichtiger Fortschritt." Es war ihr, als müsse sie die bleiche Frau da vor sich aufrütteln. Sie legte beide Hände auf die Schultern der Tochter und schüttelte sie leicht. „Wie wird sich der Vater freuen! Er wird jetzt noch in Warschau sein. Ich bin sehr gespannt auf seinen Brief. Freu du dich auch, Lili, nun wird der Krieg bald zu Ende sein!"

„Das glaubst du ja selber nicht." Ein ungläubiges Lächeln zog die Mundwinkel von Frau Rossi herab. „Was könnte es mir auch nützen – Siege, Erfolge?!" Sie zuckte die Achseln. „Friede –?! Die Feindschaft, die einmal zwischen die Nationen gesetzt ist, wird dadurch nicht aus der Welt geschafft. Ich werde diesen Krieg nie verwinden." Sie seufzte, und dann stieß sie mit Leidenschaft heraus: „Verfluchen werde ich ihn, solange ich lebe!"

„Aber Lili!" Die Mutter versuchte mit glättender Hand über die zusammengezogene Stirn der Tochter zu streichen. „Du bist zu viel allein. Du hast zuviel Zeit zum Grübeln, Kind. Ich bleibe gern heute abend bei dir." Sie zog die Tochter ins Zimmer und setzte sich.

Aber Lili sagte müde: „Nein, nein, geh du nur nach Hause. Bei mir ist es nicht gut sein. Du bist froh und stark, hast ja auch alles Recht dazu – aber ich?!" Sie griff sich mit beiden Händen in das schöne blonde Haar. „Ich bin wie zerstückt. Hin und her gerissen zwischen Liebe und Abneigung. Zwischen Furcht und Hoffnung. So ein Sieg regt mich immer grenzenlos auf. Wenn sie läuten, ist mir's gerade, als läuteten sie zum Begräbnis von etwas mir Teuerem. Ich muß mir die Ohren zuhalten, ich kann es nicht anhören!"

Frau von Voigt sagte nicht ‚Armes Kind', sie zog die Tochter auch nicht mitleidsvoll in ihre Arme. Das würde ja nicht viel bessern; Lili mußte selber sehen, wie sie sich abfand, sich durchkämpfen. Nur sie allein konnte sich helfen aus diesem Zwiespalt ihrer Gefühle. So fragte sie nur, indem sie aufstand und sich schon wieder zum Fortgehen anschickte: „Hast du wieder einen Brief von deinem Mann?"

Es kam wie Belebung über die junge Frau. „Einen Augenblick noch, Mutter!" Sie lief zu dem kleinen Schreibtisch und holte den Brief her. Unter die Hängelampe tretend, las sie ihn. Sie las ihn nicht ganz vor, nur ab und zu übersetzte sie einen Satz. „‚Wir sind nicht mehr in der vorigen Stellung. Wir sind vorgerückt bis zum Monte Piano. Östlich Schluderbach griffen wir gestern an' –" Die junge Frau brach ab, verstört sah sie nach der Mutter hin. „Es scheint nicht gutgegangen zu sein. Dieser Brief ist vom zweiundzwanzigsten August. Ich kenne doch Enrico. Hätten sie Erfolg gehabt, hätte ich schon längst wieder einen Brief. Es ist ihm dann ein Bedürfnis, von dem Siege zu sprechen. Ach Gott, und ob es mich auch aufbringt, wenn diese Italiener siegen, so muß ich es ja doch fast wünschen." Sie drückte den Brief an ihr Gesicht. „Es ist so schrecklich, ohne Nachricht zu sein!"

„Also bei Schluderbach!" Die Mutter versuchte die junge

Frau auf andere Gedanken zu bringen. „Weißt du noch, Lili, wie wir in Schluderbach waren? Sieben Jahre werden es her sein. Auf der schönen Tiroler Reise, beim Anfang unserer Dolomiten-Tour. Wir kamen vom Dürrnstein herunter, ein furchtbares Gewitter hatte uns überrascht, Vater hatte sich Blasen an den Füßen gelaufen, ich schleppte mich zuletzt auch nur noch, tropfnaß kamen wir in Schluderbach an. Aber schön war's doch. Unsere Sachen mußten in den Trockenofen, der Hotelwirt half uns aus. Du bekamst das Sonntagsgewand von dem Tiroler Dirndl, der Stubenmagd. Beim Abendessen unten im Saal kam ein Herr an unsern Tisch – ein berühmter Maler – und bat, ob er dich malen dürfe. Weißt du noch, Kind?"

„Ich weiß es nicht. Ich weiß von nichts mehr. Sage nicht sieben Jahre – siebzig Jahre sind es her!" In einer trostlosen Gleichgültigkeit erstarb die Stimme der jungen Frau. Sie zog die Stirn in Falten, und ihre Augen blickten abwesend, wie mit ganz anderen Dingen beschäftigt.

Sich äußerlich ruhig zeigend, aber innerlich durch eine unbestimmte Unruhe verstimmt, sagte die Mutter: „Gute Nacht!" Als sie unten an der Tür der Frau Krüger vorüberging, saß diese noch immer in der gleichen Stellung wie vorhin, tief über den Tisch gebeugt. Vor ihr lag ein großer Atlas und daneben ein dickes Buch. Jetzt hob sie den Kopf. Das ‚Gute Nacht' der Vorüberschreitenden hatte sie aufgeschreckt.

Frau von Voigt trat in die Tür. Sie wollte ihr ein paar freundliche Worte sagen: Die Frau war sehr ordentlich, das Haus sehr sauber. „Nun, Frau Krüger, wie sind Sie denn mit meiner Tochter als Mieterin zufrieden? Ich hoffe doch: gut. Viel Lärm macht sie ja nicht."

„Ich weiß es nicht." Die Frau sah sie mit ganz verlorenen

Blicken an. Aber dann, wie sich wieder zur Gegenwart zurückfindend, stand sie auf: „Entschuldigen Sie! Ich habe die Frau Generalin nicht gleich erkannt."

„Sie studieren so eifrig etwas?"

Die Krüger lächelte verlegen. „Ich wollte mir mal Korsika aufsuchen. Hier steht's im Buch" – sie zeigte ein aufgeschlagenes Konversationslexikon – :,,Insel im Mittelmeer'. Aber ich kenne mir doch nich recht aus; ich kann sie nich finden." Sie wischte mit dem Zeigefinger hilflos auf der Landkarte herum.

„Hier." Frau von Voigt wies sie zurecht.

„Danke vielmals." Die Krüger war sichtlich erfreut; sie wurde gesprächig. „Da is nämlich mein Sohn jetzt." Sie sah wie gebannt auf die hingezeichnete Insel, die wie eine geballte Faust, die einen Finger ausstreckt, links vom italienischen Stiefel erscheint. Sie nickte verträumt: „Nu weiß ich doch wenigstens, wie es da aussieht. Sehr groß is se nicht. Zweihundertneunzigtausendundachtundsechzig Einwohner hab' ich gelesen; gebirgig und stark bewaldet. Täler sehr fruchtbar, aber schlecht angebaut. Na, Gustav wird schön gucken; schlecht angebaut is man bei uns nich gewohnt. Viehzucht und Fischfang, Thunfische – die kenn' ich nich. Aber er wird sie schon mögen; er aß Fisch sehr gern. ‚Mutter, koch grünen Aal', sagte er immer; und Weihnachten ‚polnische Karpfen'. Die wird er da ja nich kriegen."

Frau von Voigt hätte lachen können: Korsika und grüner Aal und polnischer Karpfen! Aber so lächerlich diese Zusammenstellung an sich war, in den Augen der Krüger war ein Ausdruck, der alles Komische verscheuchte. Frau von Voigt glaubte nie so viel zweifelnde Sehnsucht, so viel frommen Glauben und so viel anklammernde Hoffnung in einem Menschenblick gesehen zu haben. Das waren Augen, die Nächte um Nächte gewacht, viele Tränen vergossen hatten und noch viele mehr nicht ausgeweinte in sich verbargen. Augen, die sich fast blind gelesen hatten an den enggedruckten Daten langer Verlustlisten; Augen, die unentwegt voll bangender Liebe in die Ferne gespäht hatten; Augen, die nichts anderes mehr sahen, die nur nach dem einen blickten – Augen der Mutter, die auf den Sohn wartet.

Sie reichte der Krüger die Hand. Bewegt sah sie in das verfurchte Gesicht der Frau, das die Sorge gepflügt hatte wie der Pflug den Acker. „Gebe Gott, daß der Krieg bald zu Ende ist! Das war heute wieder ein großer Sieg."

Die hinter faltigen Lidern sich bergenden Augen der Krüger blinzelten in dem einst breiten, jetzt lang gewordenen Gesicht. Ein Licht glomm in ihnen auf, das ihrem matten Blau tieferen Glanz verlieh. „Dann werden alle Gefangenen frei!"

Die Krüger stützte die Hand auf den Tisch, als poche sie darauf. Und sie lächelte. „Es steht in der Bibel geschrieben: ‚Dann wird Frohlocken und Jauchzen sein und des Friedens kein Ende.'"

Der Abend von Nowogeorgiewsk durfte doch nicht zu Ende gehen, ohne daß er gefeiert wurde. Einige Urlauber hatten sich zusammengefunden. Unter ihnen hatte Minka Dombrowski einen alten Bekannten. Als sie am Nachmittag mit den Kindern in den Anlagen – der einstmaligen Dorfaue – dem Militärkonzert zuhörte und viele Blicke, die sie als lauter Bewunderung einschätzte, ihr neues Kleid musterten, hatte sie ihn wiedererkannt. Kaum hatte sie einen lauten Ausruf der Überraschung unterdrücken können: Je, das war ja der von damals aus dem Restaurant, auf den ihr Stanislaus so eifersüchtig gewesen war!... ‚Minka, ich sage dir, wenn du mir nicht treu bleibst!' Er hatte gezittert dabei und mit den Augen gerollt. Ach je, der arme Kerl! Der war jetzt in Frankreich. Er konnte am Ende auch in Rußland sein. Wochen schon hatte sie keine Nachricht. Wer weiß, wo er steckte!

Sie hatte dem Verehrer, der sie damals mit vielsagenden Blicken bewundert und der ihr jetzt in Feldgrau noch besser gefiel, freundlich zugelächelt. Sie war doch eine verheiratete Frau, sie konnte sich das schon erlauben. Und wer konnte es ihr verdenken, ihr, die sich so plagen und mit den Kindern herumschleppen mußte und nicht einmal den Mann da hatte, der ihr sagte: ‚Minka, du bist zum Anbeißen!', daß sie die Einladung des Feldgrauen, den Abend mit ihm zu verbringen, annahm. Sie aß auch gern mal was Gutes. Auf Bockwürstchen und neues Sauerkraut hatte er sie eingeladen. Da gab's auch Bier zu trinken. So schickte sie denn die Kinder nach Hause. Der Junge widersetzte sich, er wollte nicht gehen, da gab sie ihm einen so derben Klaps, daß er sie ganz entsetzt anstarrte. Sie sagte aber gleich hinterher: „Ich schenk' dir auch 'n Groschen."

Der Feldgraue lachte: Diese Frau war wirklich drollig. Er fühlte ihre Lebensgier. Sie machten erst noch einen kleinen Spaziergang, bei dem sie neben ihm herschlenderte, in der schon merklichen Abendkühle fröstelnd in ihrem leichten Kleid. Erst als sie im Walde waren und er den Arm um sie legte, wurde ihr wärmer. Sie dachte jetzt nicht an ihren Mann. Wenn der Mann zu lange fort ist, gewöhnt man sich zuletzt daran, man fängt an, zu vergessen. Und doch war es ihr wiederum, als der Feldgraue neben ihr schritt, als ginge sie mit ihrem Stanislaus, und sie lehnte sich fest gegen ihn, als er zärtlich wurde. So lange hatte kein Mann sie im Arm gehalten! Dabei schwatzte sie munter.

Als sie einkehrten, war das Lokal schon gestopft voll. Mit

Mühe fanden sie noch an einem Tisch Platz, daran schon drei Feldgraue saßen. Sonst hatte jeder Feldgraue seine Liebste bei sich; diese drei aber waren noch unbeweibt. Und sie machten Herrn Lehmann, im Zivilleben Barbier, gefährliche Konkurrenz.

Minka Dombrowski schwamm in Seligkeit: nicht bloß einen, nein, vier Männer auf einmal. Es benahm sie ganz.

Sie saßen, in eine Ecke gedrängt, an einem kleinen Tisch und so dicht beisammen, daß bald der, bald jener Männerfuß ihren Fuß berührte. Die Knie stießen unter dem Tischchen zusammen; drückte sich ein Knie ganz besonders fest gegen das ihre, so drückte sie wieder. Herr Lehmann war der hübscheste von den vieren und ein alter Bekannter, er war auch der, der für sie bezahlte, sie schlug jedem andern, der nach ihr greifen wollte, auf die Finger.

„Schöne Minka, auf Ihr Wohl!" Sie tranken tüchtig. Herr Lehmann bezahlte fünf Runden; die anderen jeder nur eine Runde. Er konnte das wohl auch, er hatte im Zivilleben ein flottes Geschäft in der Dennewitzstraße zu Berlin. Wenn erst Friede war und er wieder daheim, dann sollte die schöne Minka nur zu ihm kommen, dann würde er ihr die Locken kräuseln. Und Herrn Dombrowski auch bedienen. Er zwinkerte dabei mit den Augen, und die anderen lachten brüllend dazu. Warum sollte man denn nicht vergnügt sein? Wenn man wieder herauskam, wer weiß, wie lange man da noch lachen konnte! „Eine Kugel, und adjö Sie!" sagte Herr Lehmann.

Die Dombrowski wurde ganz sentimental. Das sechste Glas Bier war zuviel gewesen, sie fing plötzlich an zu weinen: Gott, Gottchen, ihr guter Mann, wo mochte der jetzt stecken? Ach, eine Kriegerfrau hat's doch zu schlimm. Es geht ihr zu traurig. Wer weiß, ob er noch am Leben war! Sie neigte sich gegen Herrn Lehmann und ließ den duseligen Kopf an seiner Schulter ruhen.

„Ach Gott, mein Mann, ach, ach!" Dabei ließ sie es aber doch zu, daß die Rechte des Verehrers sie auf dem Nacken tätschelte, der frisch und kernig aus dem Kleid quoll. Sie faßte nach seiner Linken und hielt sie zärtlich in ihrem Schoß.

5

Wenn Hedwig Bertholdi jetzt in den Garten ging, sah sie drüben die Krüger das Obst abnehmen. Es war reif; bald würden die Blätter fallen. Und eine Angst kam sie an vor dem einsamen Winter. Schon der vorige war schwer gewesen, aber da war doch ihr Mann noch hier. ‚Nimm dir jemand ins Haus', schrieb er. ‚Es gibt so nette junge Mädchen, die froh sind, eine Unterkunft zu finden – besonders jetzt.'

Kein Wort, daß er bald wiederkommen würde, wiederzukommen hoffte. Und auch nichts von Bedauern darüber, nicht selber bei ihr sein zu können. Und die Söhne schrieben auch davon nichts. Als seien ihnen draußen alle zarteren Empfindungen abhanden gekommen. Ihr Ältester, Heinz, hatte das Eiserne Kreuz bekommen, und Rudolf war Unteroffizier geworden. Aber keiner sagte: ‚Arme Mutter, wie bist du so allein!' – und das hätte sie doch mehr als alles andere gefreut.

Ihr graute vor einer Gesellschafterin, die darauf angelernt ist, immer heiter zu sein, immer zu lächeln, wenn auch die Launen der Dame noch so schwer zu ertragen sind. Nein, zu so etwas konnte sie sich nicht entschließen! Da schrieb ihr eine Jugendfreundin, von der sie lange nichts gehört hatte,

Frau von Loßberg aus Koblenz. Eine Bitte. Herr von Loßberg – Major – war vor einem Vierteljahr nach langem Leiden an den Folgen einer schweren Verwundung gestorben; Frau von Loßberg, schwächlich und zermürbt, wollte zu ihrer alten Mutter ziehen, die in einem kleinen hessischen Städtchen von einer bescheidenen Pension lebte. Der älteste Sohn war auch schon Offizier und im Feld, die beiden jüngsten Söhne in Bensberg im Kadettenkorps; nur noch die Tochter war zu Hause.

‚Es ist hart für meine lebensfrohe Annemarie, bei uns zwei lebensmüden alten Frauen im Winkel ihr junges Dasein vertrauern zu müssen. Ich würde sie gern in eine Familie geben, wo sie sich im Haushalt oder bei Kindern nützlich machen könnte. Es ist auch gut, wenn sie es jetzt schon lernt, sich in andere zu fügen – ich werde nicht lange mehr leben, ich fühle es. Ich gehe bald meinem Manne nach. Dann wird für Annemarie doch die Notwendigkeit kommen, unter Fremde zu gehen. Weiter viel gelernt hat sie nicht, wir glaubten, bei meines Mannes Stellung und ihres guten Aussehens wegen sei das nicht nötig. Vielleicht kannst Du mir, liebe Hedwig, die Du doch gewiß viele Beziehungen hast, für meine Tochter behilflich sein.' ...

Die stillen Zimmer des Hauses grausten Frau Bertholdi an; wenn sie mittags und abends in dem weiten leeren Speisezimmer allein am Tisch saß, konnte sie nichts essen. Die Einsamkeit würgte ihr die Kehle zu. Die Herbstabende waren endlos. Ach, und diese Nächte! Furcht vor Einbrechern, Mördern und Dieben kannte sie jetzt nicht mehr, sie sah nicht mehr hinter die Schränke. Aber eine andere Furcht lebte in ihr, und die war viel schlimmer – die ungeheure Angst: Wie wird es enden?! Nun ging man schon in den zweiten Kriegswinter hinein. Wie lange noch?! Konnte Deutschland noch immer widerstehen? Hatte es immer noch genug Männer zum Kämpfen, zum Siegen? Sie glaubte jeden Tag mehr Trauernde zu sehen. Gingen denn alle Leute in Schwarz? Wurden der Anzeigen von ‚Heldentod' nicht immer mehr und mehr? Lange Spalten der Zeitungen füllten sie an, ganze Seiten. Und kein Lachen mehr ringsum. Wenn sie doch einen wüßte, der noch so recht herzlich lachen könnte! Ein harmlos-heiteres Lachen aus freier Brust. Ob das junge Mädchen so lachen konnte? Jetzt freilich lachte selbst die Jugend nicht mehr. Drüben im Garten der Krüger sah sie die junge Frau Rossi wandeln, einer Nonne gleich, zwischen den buchsbaumgefaßten Beeten. Auf dem blonden Haar lag ein dunkler Schleier. Es wäre natürlich gewesen, daß Hedwig über den Zaun ein paar Worte an sie gerichtet hätte, sie waren doch nun Nachbarinnen, aber das melancholische Gesicht der anderen schreckte sie ab. Da war auch keine Erheiterung zu holen. Und vor der Krüger hatte sie fast eine Scheu. Die schaffte in ihrem Garten mit einem so ruhigen Gesicht, daß ihr das unnatürlich erschien. Wer konnte so ruhig sein? Die doch am allerwenigsten. Aber sie erntete ihre Obstbäume ab, so ganz bei der Sache, als sei der tiefste Friede und sie habe weiter nichts zu bedenken als ihre Ernte.

Oben auf der Leiter stand die Krüger und angelte mit dem Obstpflücker nach dem letzten Apfel mit einer Hartnäckigkeit, als hinge da oben in der schwanken Spitze das größte Glück. Mit peinlicher Sorgfalt bettete sie die erlesensten Früchte in einen mit Heu gepolsterten Korb; sie faßte sie sogar mit Handschuhen an.

Hedwig konnte sich heute doch nicht enthalten, sie anzurufen. Der Mittag war schön, die Oktobersonne nahm ihre letzte Kraft zusammen, sie durchstach die schon trocken werdenden Blättchen des halbwilden alten Birnbaums am Zaun mit ihren Strahlen, daß, rührte ihn ein Windchen, es von ihm niedertroff wie rotes Blut. Die Krüger sammelte die herabgeschüttelten kleinen Birnchen; sie schwitzte, auf ihren tief gebückten Rücken prallte die Sonne. Als sie sich aufrichtete, sah sie gerade in Frau Bertholdis Augen, die über den Zaun weg auf sie blickten. „Haben Sie mir gerufen?"

„Ja", sagte Hedwig. „Ich bin so allein. Sagen Sie mir, Frau Krüger, warum lesen Sie die alle auf? Mit denen ist doch nicht viel anzufangen." Sie wies auf die wie geschüttet liegenden verhutzelten Birnchen.

„Die?" Die Krüger hielt ein paar der geringen Früchtchen auf der ausgestreckten Hand. „Da koche ich Mus von. Und wenn sie auch nicht zu essen wären, ich mach' mir zu tun, Frau Bertholdi. Zehnmal bücken nimmt zehn Gedanken weg, hundertmal bücken hundert. Wenn man sich so viel gebückt hat, daß man gar nicht mehr denken kann, dann schläft man nachts. Ich schlafe."

„Ich nicht!" Hedwig seufzte.

Die Krüger sah sie mißbilligend an. „Schaffen Sie Ihre Mädchen ab, machen Sie Ihre Arbeit alleine. Ich möchte kein Mädchen jetzt haben. Alles alleine, alles alleine: reinemachen, kochen, graben, waschen, die Hühner füttern, den Stall ausmisten von die Karnickels und von der Ziege. Sie glauben nicht, wie gut das einem tut."

„Ich kann das nicht." Frau Bertholdi ließ die Arme sinken. „Ich bin die Arbeit ja nicht gewohnt. Ich halte gar nichts aus."

Die Krüger lachte kurz auf. „Von wegen aushalten! Der Mensch hält noch ganz was anderes aus." Sie trat dicht an den Zaun; mit der gebräunten Hand sich den Schweiß von der Stirn wischend, in die ihr ein paar gelöste Strähnchen des ergrauten Haares flatterten, sagte sie finster: „Ich habe im Blatt gelesen, was die draußen aushalten: Die liegen im Graben in lauter Schlamm, die Granaten fliegen nur so um sie rum – und da 'ne Hand, da 'n Fuß – 'n halber Kopf, 's pure Gehirn – das war mal 'n Kamerad und jetzt: bloß 'n Stückchen noch. Und sie müssen denken: Gleich bin ich nu dran. Nee, Frau Bertholdi, von uns hier drin darf kein einziger sagen: Ich halte was nich aus.

Und was glauben Sie wohl, was mein Gustav aushält! So weit in Gefangenschaft auf der wüsten Insel. Und denn nich mal schreiben dürfen! Und was halten unsere Verwundeten aus! All meine Birnen sollen die aber auch kriegen und all meine Äpfel. Die feinen Bärblang un denn die Kalwill – die waren immer so was für Gustaven. Nu, das nächste Jahr! Es is ja zu weit, schicken kann ich se ihm jetzt nich. Die kämen nich an."

Ach, die kämen wohl niemals an! Die Stirn zusammenziehend, sah Hedwig Bertholdi der Krüger nach, die den schweren Korb mit der Last der Birnen ins Haus trug. Das Land, wo der Gustav weilte, das war fern der Erde, so fern, daß noch keiner von dort je wiedergekehrt. Hedwig schüttelte sich in einem geheimen Grausen: Und die Mutter glaubte so fest an sein Gefangensein auf Korsika. Er dürfe nicht schreiben, so nahm sie an – arme Mutter! Es fror Hedwig Bertholdi plötzlich in dem von der Sonne vergoldeten Garten – Oktobersonne, die wärmt doch nicht mehr. Sie eilte ins Haus zurück, an den Schreibtisch, sie nahm die Feder und schrieb in Hast: Zu ihr sollte Annemarie von Loßberg kommen. Und zwar bald – so rasch wie möglich. Sie war allein, das Haus geräumig, Berlin so nahe, sie würde dem jungen Mädchen gern alles zeigen, sich freuen, ihm Freude bereiten zu können. Nur kommen, rasch kommen sollte sie. Und das Lebensfrohe mitbringen, von dem ihre Mutter schrieb.

Hedwig fühlte sich erleichtert, als der Brief zur Post war. Sie rechnete nach: Morgen traf der Brief in Koblenz ein, übermorgen schon konnte sie Antwort haben.

Wenn Annemarie von Loßberg morgens in ihrem mullverhängten Bett unter der blauseidenen Steppdecke aufwachte, konnte sie sich noch immer nicht zurechtfinden: Wo war sie? Wie war das hier so schön und so bequem! Zu Hause hatte sie auf einem Sofa geschlafen bei der Mutter im Zimmer. Im Bett des Vaters durfte sie nicht liegen, Frau von Loßberg konnte es noch nicht ertragen, daß es benutzt wurde. Darin hatte ihr Mann gelegen zu guter und zu böser Zeit; daraus hatte er am Abend, ehe er ins Feld rückte, ihr die starke Soldatenhand entgegengestreckt: ‚Sei tapfer, meine geliebte Frau!' Und als er den letzten großen Abschied nahm, hatte er ihr daraus wieder die Hand, ach eine jetzt so schwache Hand, hingestreckt: Sei tapfer!

Annemarie war achtzehn. Immer kann man doch nicht traurig sein. Und der Krieg mußte doch auch einmal ein Ende nehmen, und dann würde alles wieder gut. Daran, daß ihr Vater dann nicht mehr da sein würde, dachte sie nicht. Wenn die schlanke, gesunde Junge vorm Spiegel stand, lächelte ihr ein rosiges Gesicht mit strahlenden Augen entgegen; das Blaß, das der Kummer um den Vater und die knappe Zeit bei der Mutter darauf gelegt, war hier bald ganz verschwunden. Mit Schwärmerei sah sie zu Frau Bertholdi auf. Die war ihr das Ideal der großen Dame. Die trug so schöne Kleider, wie sie kaum welche gesehen – die Bekannten in Koblenz trugen sich viel einfacher. – Es kam ihr unendlich vornehm vor, so lange im Bett zu liegen und sich vom Mädchen frisieren zu lassen. Oft ruhte ihr Blick bewundernd auf Frau Bertholdis wohlgepflegten weißen Händen mit den spitzgeschnittenen blanken Nägeln und den vielen Ringen. Die Hände ihrer Mutter waren nicht so geschont gewesen, und außer dem Trauring war kein Schmuck daran. Die arme Mutter hatte sich immer sehr plagen müssen – schrecklich, wenn es nach was aussehen soll und ist doch nichts dahinter!

Jetzt überlief Annemarie oftmals ein leiser Schauder, wenn sie an manches zurückdachte. Nun, da sie das Behagen des Wohlstandes kennengelernt hatte, kam ihr manches, was ihr früher begehrenswert erschienen war, ja einzig-erstrebenswert: eine solche Heirat, wie ihre Mutter getan, furchtbar vor. Sie dachte an Heiraten, sie mußte daran denken, sie wußte: Ich habe nichts gelernt, und Geld habe ich auch nicht, ich habe nur mein hübsches Gesicht, meine schöne Gestalt und meine achtzehn Jahre. –

Hedwig verzog sie. Alles, was sie an Zärtlichkeit während ihres Alleinseins aufgespeichert hatte, schüttete sie über das Mädchen aus. Was für erbärmlich geschmacklose Fähnchen hatte Annemarie mitgebracht!

Und sie fuhr mit ihr nach Berlin und stattete sie aus, und alles mußte Annemarie sehen, und sie weidete sich an ihrem Entzücken. Nun war es fast, als ob kein Krieg wäre, und fast so, als ob sie wieder mit jung würde. Dieses Lachen des Mädchens, dieses tönende, sorglos-rheinische klangerfüllte Lachen!

Kein Brief ging ins Feld an die Söhne, in dem nicht von der ‚Pflegetochter' ausführlich die Rede war. Was Annemarie dachte, was sie sagte, was sie tat, wie sie aussah, wie sie andern gefiel, alles war wichtig. ‚Ein reizendes Mädel', schrieb Bertholdi, als seine Frau ihm eine Photographie einschickte. Auch an Heinz ging eine – ‚Sieht famos aus', schrieb er. Und an Rudolf. Der erwähnte aber nichts weiter davon.

Und das kränkte die Mutter. Ach, ihr Jüngster hatte sich doch sehr verändert – überhaupt beide Söhne. Sie fragten kaum mehr: Wie steht es zu Hause? Sie waren dem ‚Einst' völlig entrückt. Als ob es nichts anderes auf der Welt mehr gäbe als ‚Unterstand, Schützengraben, Minen, Volltreffer, Handgranaten, Gasangriffe'. Und mit einer Kaltblütigkeit, die sie wie Roheit berührte, beschrieb Rudolf, er, der keinem Tier etwas zu leide hatte tun können, der die Vögel im Winter gefüttert, der jeden Hund gestreichelt, das schreckliche Ende des Feindes, der in seinen Graben eingedrungen war.

Die Mutter sorgte: Zu lange schon waren sie aus der geordneten Häuslichkeit fort, es wurde Zeit, daß der Krieg aufhörte, damit die Söhne wieder zurückkehrten ins bürgerliche Leben, zu ihren Studien, zu ihren früheren Interessen. Es war ihr manchmal, als seien das ihre Söhne nicht mehr, an die sie schrieb, als seien es fremde Männer. Längst erwachsene, harte Männer, ihrem Einfluß, dem Einfluß alles Weicheren entzogen. Das waren die Jungen nicht mehr, denen der Abschied so schwergefallen war. Noch sah sie ihres Rudolfs junges Gesicht vor sich mit den Lippen, die so blaß geworden waren. Es hatte seltsam gezuckt in seinen Zügen – wollte er weinen? „Meine liebe Mutter" – er hatte die Arme nach ihr ausgestreckt, der Zug fuhr ab. Würde sie es denn noch einmal hören, ebenso weich und innig: „Meine liebe Mutter"?

Aber Annemarie, der sie die Briefe der Söhne vorlas, fand es ganz selbstverständlich. „Die müssen doch anders werden, sonst schaffen sie's nicht. Ich finde es herrlich so. Ich wünschte, ich könnte auch dabeisein!" Und sie fing ein Lied an zu trällern, das sie oft gehört, wenn die Soldaten an ihrem Haus in Koblenz vorbeimarschierten, wer weiß wohin, in den Krieg:

„Musketier seins lust'ge Brüder,
Haben guten Mut,
Singen lauter lust'ge Lieder,
Seins den Mädeln gut.
Fidera, fidera, fiderallalla!"

Rasend tobte die Champagneschlacht. Es kamen viele Züge durch mit Verwundeten, lange Lazarettzüge mit dem groß aufgemalten, weithin sichtbaren Roten Kreuz. Manche Nacht fuhr Hedwig Bertholdi jäh erschrocken aus dem Schlaf auf – ihre beiden Söhne standen im Westen –: Durch die tiefe Stille der Vorortnacht tutete die Dampfsirene vom Turm des Feuerwehrgebäudes ihr klagendes, schauerlich-hohles Signal. Es brannte nicht, es wurden Verwundete auch hier ausgeladen.

Die größeren Schüler waren zur Hilfeleistung aufgeboten; die Schülermütze schief auf den Knabenköpfen, am Arm die Samariterbinde, stürmten sie mit ihren Tragbahren zum Bahnhof. Manche Mutter sah ihnen angstvoll nach: Wenn der Krieg noch lange dauerte, kam auch ihr Junge noch daran. Zitternde Gebete stiegen auf zum nächtlichen Himmel. Der stand wunderbar friedsam und herbstlich hoch über der Erde. Er ließ seine Sterne geruhsam glänzen, wie klare Augen, die alles sehen und die nichts kann erschrecken.

Aber den Menschen gab das stille Leuchten da oben von seiner Ruhe nichts ab. Glaubte man nicht Gebrüll zu vernehmen, Gebrüll von Kanonen, Gebrüll von Menschen? Wimmern von Granaten, die in Stücke springen, und Wimmern von Menschen, die durch sie zerrissen werden? War die sonst hier so reine, ländliche Luft nicht voll von Pulverdampf, von erstickenden Gasen und Blutgeruch? Nein, bis hierher drangen nicht das Toben der Schlacht und ihre schaurigen Dünste, und doch war man mit dabei, mitten in ihr wie die in den Schützengräben und mitten zwischen den stürmenden Kolonnen. Mit all ihren Schrecken war die Oktoberschlacht bis hierher gekommen. Man wagte nicht frei mehr zu atmen: Kamen die Feinde durch? Es waren ihrer so viele: Franzosen, Engländer und all das schwarze Gesindel. Würde es ihnen gelingen, die Unseren zu überrennen?

Eine bohrende Angst kroch in die Herzen hinein wie ein Wurm und höhlte sie aus. Die, die nichts mehr zu verlieren hatten, starrten wehmütig auf die anderen hin; sie kannten es: Wer von jenen würde zuerst vergeblich auf Antwort harren? Wer bekam dann den Brief zurück: ‚Auf dem Felde der Ehre gefallen?' Beneidenswert die Mutter, die dann noch Näheres hörte, die erfuhr, wo ihr Kind gebettet war. Nicht allen ward es so gut.

Vor dem Anschlag am Bahnhof drängte sich stündlich die Menge. Von den bleichen Gesichtern las man die Unruhe ab: Schrecklich, dieses Fernab- und doch Mittendarin-Sein! Dieses fiebernde Haschen nach Nachrichten, dieses gierige Lauschen auf alle Gerüchte. Was konnte nicht alles geschehen sein zwischen heut und gestern, zwischen dieser Minute und jener! Minuten waren jetzt Ewigkeiten. Man sprach gedämpft.

Margarete Dietrich fehlte am Bahnhof nie. Sie las jeden neuen Anschlag und las ihn dann nochmals, als verstände sie ihn nicht recht, und dann kaufte sie sich die neueste Zeitung. Sie las die, ging ein paar Schritt weiter und kehrte dann nochmals zurück. Kam ein Verwundetentransport, so drängte sie sich dicht heran. Es half nichts, daß man sie zurückwies – ‚Die Verwundeten dürfen nicht belästigt werden durch die Neugier des Publikums!' –. Man stieß sie, sie drängte sich doch wieder heran.

„Vielleicht, daß mein Bräutigam dabei ist – mein Bräutigam. Ach bitte, lassen Sie mich doch!" Mit weit geöffneten Augen sah sie jedem Soldaten ins bleiche Gesicht. Verzweifelt schüttelte sie dann den Kopf: „Das ist er nicht!"

Man hatte Mitleid mit ihr: Die suchte nach ihrem Bräutigam, die Arme.

Keine Nacht, in der Verwundete angezeigt waren, daß die Dietrich nicht am Bahnhof gestanden hätte. Sie wartete Stunde um Stunde, auf der untersten Stufe der Treppe stehend, die hinauf zum Ferngleis führte. Den Rücken lehnte sie gegen die Seitenwand, den Kopf streckte sie vor, unverwandt sah sie hinauf. Sie fröstelte in der zugigen Nacht.

So fand sie Gertrud Hieselhahn, die heute sehr spät, erst gegen Mitternacht, von Berlin kam. Sie war sehr müde, doch wer durfte jetzt danach fragen? Sie hatte den Ehrgeiz, es weiter zu bringen, *nur* nähen brachte auch zuwenig ein. So nahm sie nach der täglichen Arbeit noch den Abendkursus in einer Handelsschule. Sie mußte für den Winter eine größere Stellung finden, wenn sie mit dem Kleinen nicht hungern wollte.

„Mein Gott, Gretchen, du noch hier? Was machst du denn hier?"

„Ich warte." Die Dietrich veränderte ihre Stellung nicht.

„Komm doch nach Haus!" Gertrud wollte sie mit sich ziehen. Das seltsam verstörte Gesicht erschreckte sie. „Ich bring' dich bis an deine Tür."

Aber die Dietrich widersetzte sich, unsanft wehrte sie die Freundin ab. Sie wendete ihr nicht einmal den Blick zu, unverwandt starrte sie die Treppe hinauf.

Oben wurden ein paar Gestalten sichtbar. Auf den verschränkten Händen von zwei Samaritern sitzend, die Arme um deren Nacken gelegt, wurde ein an den Beinen Verwundeter die Treppe hinuntergeschafft. Die durch dicke Verbände zu

Klumpen gewordenen Füße hingen schlaff herab, man sah blutige Tücher.

Die Dietrich stutzte, ihre Augen flackerten auf, Gertrud wegstoßend, stürzte sie plötzlich mit einem gellenden Aufschrei dem Verwundeten entgegen: „Da ist er!"

Der Verwundete hob für einen Augenblick den Kopf, der ihm auf die Brust gesunken war, sein müder Blick streifte teilnahmslos die auf ihn Zustürzende.

„Platz da!" Die Träger wurden grob. Der eine stieß mit einem Puff seiner Schulter die Dietrich zur Seite: Was sollte denn das heißen?

Sie kreischte laut auf: „Mein Bräutigam!"

„Ach was! Sie sind wohl nich ganz bei Trost, Fräulein!" Die Träger gingen ruhig mit ihrer Last weiter.

Nein, er war es nicht! Die Hände vors Gesicht schlagend, brach sie in Schluchzen aus.

Der nächtliche Bahnhof wurde lebendig: Was war denn hier los, wer schrie denn hier so? Neugierige kamen herzugelaufen. Vom Bahnsteig herunter kam der diensttuende Wachmann: „Was machen Sie denn hier für'n Radau!"

Die Dietrich hatte sich auf der Stufe der Treppe niedergekauert, sie war zusammengesunken. Der Wachmann faßte sie bei der Schulter: Ach so, das war ja die, die immer hier wartete! „Gehen Sie, gehen Sie", drängte er gutmütig, „jetzt kommt kein Zug mehr, gehen Sie doch nach Hause!"

„Komm, Gretchen, komm zu!", drängte auch Gertrud. Sie faßte die Schluchzende unter die Arme. Es gelang ihr, sie aufzuheben. Sie schritt rasch mit ihr fort. Sie wagte nicht aufzublicken, ein Gefühl der Scham trieb ihr das Blut in die Wangen: Es sahen ja alle Leute nach ihnen. Aber die andere im Stich lassen, das wollte sie nicht.

6

Die vom weißen Kalkstaub der Champagne wie die Müller bemehlten Männer hatten ausgelitten, nun hatte es Ruhe da gegeben. Die Feinde waren nicht durchgekommen. Gott sei Dank! Ein Aufatmen ging wie frische Erhebung durch alle Seelen. Was machte es nun, daß der Winter gekommen war und mit ihm Kälte und Grau? Man glaubte bestimmt, jetzt hoffen zu können, und hoffen macht warm und auch hell. Im Frühling war der Krieg zu Ende, nur noch bis dahin Geduld!

Man fing jetzt an, den Krieg recht zu spüren. Nicht, daß man nicht schon längst viel erduldet hätte, aber das große Leid war ein Geschick gewesen, gewaltig gleich dem Donner des Himmels, vor dem die Kreatur sich schweigend duckt; jetzt kam das kleine Leid mit Nadelstichen. Mehl und Brot wurden knapp. Kartoffeln im Brot, das schmeckte nicht; man wurde auch nicht so satt davon. Daß man nicht soviel Brot haben konnte, wie man wollte, schürte den Hunger.

‚Es geht aber immer noch‘, schrieb Frau von Voigt an ihren Mann. ‚Ich selber spüre die jetzigen Entbehrungen nicht, sie dünken mich noch klein. Ich bin ja so dankbar, daß Du mir bewahrt bliebst und daß Ihr jetzt in Ruhestellung seid nach der gewaltigen Anstrengung in der Champagne. Es gibt jetzt Stunden, in denen ich wieder freier atmen, sogar einmal froh sein könnte, aber Lilis Geschick drückt mir zu schwer auf die Seele. Rossi ist seit Wochen ständig in Gefechten an der Tiroler Front; er schreibt ihr selten.‘ –

Lili lag heute auf ihrem Sofa, sie fieberte leicht. Des deutschen Winters war sie zu lange entwöhnt gewesen, die ewige Naßkälte hatte ihr Husten und Schnupfen gebracht. Und der graue Himmel machte sie schwermütig. Ach, nur ein bißchen Blau, ein bißchen wärmende Sonne – und einen Brief!

Die letzte Nachricht ihres Mannes war vom Ende Oktober gewesen. Nun hatten starke Gefechte an der Grenzbrücke bei Schluderbach stattgefunden. Ach, sie erinnerte sich dieser Brücke so genau!

Sie schloß die Augen. Es zeigten sich allerlei Bilder vor ihr. Da war sie mit den Eltern gefahren an einem wunderlichten Sommertag, doppelt hell und rein nach dem Gewitter des vorherigen Tages. Sie hatte laut gejauchzt vor Lust – oh, sie erinnerte sich wohl: Sie sah sich selber im Wagen stehen, sie war aufgesprungen, die Arme hatte sie ausgestreckt vor Entzücken. Die Pferdchen trabten munter, das Gebirgswasser unten stürzte, silberigen Schaum versprühend. Die riesigen Lärchen dufteten, wie Opferrauch stieg es von ihnen auf zum Himmelsblau. Schmetterlinge schwebten dem Wagen voraus, es war alles so heiter, so strahlend im engen Tal, selbst die Zinnen mit dem leichten Neuschnee, die schroff über das Tannengrün ragten, sprachen von ewiger Lust. An der Brükke, wo die Straße so steil ansteigt, war sie abgesprungen. Sie schritt neben dem Kutscher her. Zart tänzelte dessen Peitsche auf dem Pferderücken, es tat den Gäulen nicht weh – wer könnte heute und hier der geringsten Kreatur ein Leid antun! Und jetzt –?!

Ein Schauer durchrüttelte Lili. Sie fror, sie kroch tiefer unter die übergebreitete Decke. Da kämpften ihr Mann jetzt und seine Soldaten. Ob sie von den Steinhalden herabschlichen, sich versteckt hielten unter den überhängenden Lärchen? Oder ob sie aus dem Bachbett heraufkrochen, sich anklammerten mit Händen und Füßen? Ob es Tag war? Oder Nacht? Man wußte es nicht. Schwarz lastete der Himmel, umdüstert von Dampf und Rauch. In einem Schrund des Berges hing es wie eine Wolke – da war irgendwo ein Maschinengewehr aufgestellt, seine Schüsse rasten die Schrunnen hinunter. Oh, wie das knatterte! Sie hielt ihre Hände an die Ohren. Hätte sie nur nicht so viel in den Zeitungen gelesen! Da wurden die Kämpfe so geschildert, daß es ihr war, als wäre sie selber dabei. Und doch litt sie ja nur den hundertsten Teil von dem, was ihr Mann durchmachen mußte – übermenschliche Anstrengung, stete Todesgefahr. Nein, nein, sie litt tausendmal mehr!

Unruhig warf die Fiebrige den Kopf hin und her. Hatte er wohl eine Ahnung von dem, was ihre Seele durchwühlte, ihre Wünsche hin und her zerrte, ihre Hoffnung auf und ab schnellte? Der Mann weiß nicht, was die Frau leidet – nie –, und was *sie* litt, das machte keine andere durch. Wenn sie Italienerin wäre oder er Deutscher, dann würde sie ja nur um sein Leben zittern, jetzt zitterte sie in einer noch höheren Qual. Sollte sie den Verteidigern den Sieg wünschen oder den Angreifern? Drüben stand ihr Mann, den sie einst so sehr geliebt – ach, den sie ja noch immer sehr lieb hatte –, hier war ihr Vaterland, mit dem sie verwachsen war, Wurzelfaser in Wurzelfaser, so eng ineinander verschlungen, daß es ‚eingehen' heißt, macht man einen Schnitt. Daß sie das früher nicht geahnt hatte, wie sehr sie am Vaterland hing! Da war ihr das andere Land viel schöner erschienen, seine Schätze reicher, seine Menschen liebenswürdiger. Aber jetzt?! Ihre Hände ballten sich, ein Ausdruck der Empörung straffte ihr weiches Gesicht. Sie sprang vom Sofa auf und schleuderte die wärmende Decke von sich: Genug jetzt! Mochte das treulose Land zugrunde gehen, seine Männer – plötzlich schreckte sie zusammen. Hatte sie etwa laut gerufen?

Es klopfte. Ihr Mädchen kam herein. „Die Post, gnädige Frau!"

Die Witwe Krüger unten hörte einen lauten Schrei. Nur einen kurzen Aufschrei, aber so entsetzt, so wild, wie in höchster Todesnot ausgestoßen. Das kam von oben! Sie lief auf den Flur. Da polterte auch schon das Mädchen die Treppe herunter: „Die gnädige Frau, ach Gott, die gnädige Frau!"

Oben lag die junge Frau am Boden, sie war umgefallen. Es war zu jäh gekommen. Als ihre Hauswirtin ins Zimmer trat, richtete sie sich aber schon wieder auf. Nein, sie war nicht ohnmächtig, sie wollte nicht ohnmächtig sein. Sie war schon wieder ganz bei sich. Mit einer stumm Ruhe heischenden Gebärde wies sie die aufheulende Dienstmagd von sich. Wie einer, der blind geworden ist, aber noch nicht zeigen will, daß er nicht sehen kann, tappte sie nach dem Brief, den ihr eben die Post gebracht hatte. Er war ihr entfallen.

Nun hielt sie ihn wieder in der zitternden Hand. Und auf schwankenden Füßen mitten im Zimmer stehend, las sie ihn nochmals mit hastig fliegenden Augen, mit dem Ausdruck eines so schmerzvollen Entsetzens in den Zügen, daß das Herz der Krüger – kein Herz, das gleich weich wird – vor Mitleid zuckte: die auch, die auch?! So jung und so schön, und doch auch, doch auch!

Die von der Arbeit rauh gewordene Hand der Krüger streichelte den Ärmel des weißen Morgenkleides: „Setzen Sie sich, setzen Sie sich doch!" Sie drückte die junge Frau aufs Sofa nieder, blieb dicht neben ihr stehen, sich aufreckend, als könne sie so mit ihrer breiten Gestalt das Unheil noch aufhalten.

Mit einem herzzerreißenden Lächeln sah die junge Frau zu der alten Frau auf: „Mein Mann ist gefallen."

Die Alte lächelte zurück: „Und mein Sohn ist gefangen. Ich sehe ihn aber wieder. Sie sehen Ihren Mann auch wieder!"

Die Krüger wagte es, ihre Hand auf den blonden, tief sich senkenden Kopf zu legen. Ein geheimnisvolles Leuchten ging über ihr Gesicht, dessen Alltäglichkeit veredelnd. Etwas wie zuversichtliche Andacht, wie unbedingte Gläubigkeit war in ihrer Stimme: „Sie sehen ihn wieder – ich sehe ihn wieder. Man weiß nur nicht: wann!"

Der Leutnant Rossi war gefallen. Gerade, als er, mit seinen Leuten anstürmend: „Avanti!" gerufen hatte. Ein Geschoß war ihm in den Mund gefahren, sein armes Haupt zersprengend. Sie hatten das, was von ihm übriggeblieben war, auf der kleinen Matte am Monte Pian beigesetzt, wo schon viele brave Soldaten lagen. Sein Heldenblut war nicht umsonst geflossen, durch den Tod ihres Führers zu höchster Leistung angestachelt, war den Alpini das gelungen, was sie seit Wochen vergeblich angestrebt: Sie hatten den Feind von der Grenzbrücke zurückgedrängt, die stark befestigte Stellung genommen. Das teilte ein Kamerad, der zweite Leutnant der Kompagnie, der jungen Witwe mit.

Der Brief hatte sehr lange gebraucht, bis er auf Umwegen in ihre Hände gelangte. Schon zwei Tage, nachdem er zuletzt an sie geschrieben hatte, war Rossi gefallen – ach, und sie hatte in Gedanken noch mit ihm gehadert, ihn und sein treuloses Land verwünscht – oh Gott, nicht *ihn*, nein, nicht ihn! Nur sein Land. Ach, ihr armer Enrico! Sie las seine Briefe immer und immer wieder und weinte über ihnen. Wie hatte nur manches darin sie je verdrießen können?! Jetzt fand ihre Seele sich wieder ganz zu ihm, klammerte sich an sein Andenken; ihr war, als müsse sie ihre Augen zupressen vor all den Geschehnissen der Welt, ihre Ohren verstopfen. Nichts sehen und hören mehr, nur ihn. Was ging sie die Zwietracht der Nationen, der Haß der Völker an? Ihr eigenes Schicksal füllte sie ganz aus. Und ihr Schicksal war der Mann, der geliebte Mann. Keine Stunde hatte er ihr trübe machen wollen, und nun mußte sie doch so viel weinen um ihn. Er verklärte sich in ihrem Schmerz, wurde mehr, als er selbst je geahnt hatte. Sie fragte jetzt nicht mehr danach, daß er für Italien gekämpft hatte, jetzt sah sie in ihm nur den Helden, der sein Leben zum Opfer gebracht hatte für eine große Sache. Es erfüllte sie mit Stolz, daß sein Freund schrieb, er wäre demnächst Hauptmann geworden, und die Auszeichnung, die des Lebenden Brust nicht mehr hätte schmücken können, sei dem Toten mit unter die Erde gegeben worden. Seine Soldaten hatten um ihn geweint; Vorgesetzte und Untergebene würden dem Tapferen ein ehrenvolles Andenken bewahren.

Mit ihrer Mutter konnte Lili nicht *so* über den Toten sprechen, wie sie an ihn dachte. Ihr war, als erschiene dann ein Zug auf der Mutter Gesicht, ein Zug, den sie sich deutete: Abwehr.

Und sie hatte recht gesehen. Sosehr Frau von Voigt mit ihrer Tochter trauerte, so konnte sie doch nicht anders, als sich sagen: Dies war eine Lösung. Der italienische Traum war ausgeträumt. Lili war noch jung, wollte Gott, daß sie noch einmal ein neues Leben beginnen könnte!

Und die Tochter fühlte: Wäre der Gefallene ein deutscher Offizier gewesen, der Schmerz der Mutter wäre doch noch anders. Und Lili zog sich ganz in sich zurück.

Stundenlang saß sie am Fenster, die Hände im Schoß, und sah träumend hinunter auf den Hof. Wer doch alles so gelassen hinnehmen könnte wie die Frau da unten! Die ging immer zur selben Stunde ihre Hühner füttern, die Kaninchen und die Ziege. Die Tiere kannten sie. Wenn die Hühner, die jetzt, solange der Frost noch nicht einsetzte, im winterlich-kahlen Garten scharren durften, den ersten Tritt der derben Lederpantoffeln auf dem Pflaster des Hofes klappern hörten, stürzten sie eilig herbei. Dann kam etwas wie ein Lächeln auf das verfaltete Gesicht der Krüger. Und das Lächeln blieb, wenn sie der meckernden Ziege das Heu in die Raufe steckte, und es wurde noch stärker, wenn sie zum Kaninchenstall trat.

Lili sah die weißen und schwarzweiß-gefleckten Tierchen hinter ihren Drahttüren hopsen. Die Krüger hielt sich immer lange bei ihnen auf. Daß die nicht fror! Der erste Schnee war gefallen. Aber sie stand wohl eine halbe Stunde in ihren Pantoffeln in gebückter Stellung bei dem niedrigen Ställchen, streckte ihre Hand hinein und streichelte die Tiere. Wie arm muß man geworden sein, um sich so mit dummen Kaninchen zu befassen! Ein mitleidiger Ausdruck glitt über Lilis Gesicht. Als die Krüger sich eines Tages mühte, Strohmatten um den Stall zu nageln und nicht gut allein damit fertig wurde, ging Lili hinab, um ihr zu helfen. Sie waren ja alle beide arm.

„Das ist ‚Schneeweißchen'", sagte die Krüger. „Und das ‚Rosenrot'." Sie hatte das Türchen geöffnet. Zwei schneeweiße Kaninchen, herrliche Tiere mit langen seidigen Haaren, kamen gleich heran, drückten den Kopf mit den zartrosa Ohren zu Boden und wollten geliebkost sein. Wer hätte gedacht, daß die rauhe Hand so sanft streicheln könnte!

„Die wollen immer gekrault sein, da lassen sie Kartoffel und Grünes for stehn", sagte die Krüger; es war wie Zärtlichkeit in ihrer Stimme. „Mein Gustav hat immer Kaninchen gehabt, als er noch 'n Junge war. Die hat er so gerne!"

Schneeweißchen und Rosenrot! Die junge Frau nickte: Die kannte sie noch aus dem Märchen her. Als sie ein Kind war. Wie wunderschön war das gewesen, wenn sie an solch kaltem Abend wie heute im warmen Kinderzimmer saß auf dem kleinen Stuhl und die Mutter ihr vorlas! Schneeweißchen und Rosenrot, das alte deutsche Märchen. Sie lächelte, es zog ihr hold durch den Sinn. Unwillkürlich lockte es sie, auch sie mußte die Hand ausstrecken und die Tiere streicheln. Wohltuend warm strömte es von dem seidigen Fell in ihre kalten Finger. Schneeweißchen und Rosenrot hielten ganz still, ihre roten Augen blinzelten nicht. Verzauberte Tiere – was die wohl dachten?

Lili neigte den Kopf und legte ihre Wange auf das weiche Fell. Schneeweißchen und Rosenrot – nun war sie wieder im Kinderland, da gab es kein Leid, das über Sonnenuntergang währt, keinen unauslöschlichen Kummer.

7

Das hätte Hedwig Bertholdi nicht zu hoffen gewagt, daß beide Söhne zusammen auf Urlaub kommen würden. Es war fast zuviel des Glücks nach langem Entbehren. Als Heinz ihr von Frankfurt am Main telegraphierte: ‚Bin auf dem Weg zu Dir', jubelte sie laut; aber als nun auch von Rudolf ein Brief eintraf: ‚Nach den letzten schweren Kämpfen bekommen wir Erholungsurlaub, vielleicht, daß ich zu gleicher Zeit mit diesem Briefe da bin', fing sie an zu weinen.

Mit der ungeduldigen Sehnsucht einer Braut rüstete sie für die Söhne. Ihre alten Zimmer sollten sie wiederhaben; es tat ihr leid, daß sie nicht von Grund auf alles darin neu und schöner herrichten lassen konnte, aber dazu war jetzt nicht die Zeit. Sie mußte sich begnügen, alles bürsten und waschen, die Wände abfegen, die Bücher ausstauben zu lassen. Es kam ihr so manches Erinnern dabei; sie hatte sich vordem nie entschließen können, in diesen Zimmern zu räumen. Sie hatte sie verschlossen gehalten wie ein Heiligtum. Nun lagen da die Schulbücher, die Aufsatzhefte, die ersten Liebesbriefe an irgendeinen Backfisch. So mitten heraus waren die Söhne fortgegangen, die Schubfächer waren nicht zugeschlossen, die Sachen nicht geordnet. Da noch die Reithandschuhe von Heinz, auf seinem Schreibtisch allerhand Photographien – er liebte es, sich Bilder schöner Frauen aufzustellen. Da die Schülermappe von Rudolf – noch steckten die Klassiker darin und die letzte schriftliche Arbeit.

Was sie vordem nicht gewagt hatte anzurühren – wie die Hinterlassenschaft teurer Verstorbener war es ihr vorgekommen –, das ordnete sie nun mit Lächeln. Ihre Söhne kamen ja zurück, heil und gesund, wenige Stunden vielleicht nur noch, und sie waren wieder hier in ihren alten Zimmern, die beiden Jungen, die das Haus mit Gepolter erfüllten, mit so viel fröhlichem Leben. Rasch, nur rasch! Was war denn mit dem Mädchen, der Emilie? Die kam ja gar nicht von der Stelle und machte alles verkehrt.

Emilie wischte sich heimliche Tränen ab. Die sonst so blanken Augen waren trüb. Frau Bertholdi wußte, das Mädchen hatte einen Liebsten draußen: War dem etwas zugestoßen?

Die junge hübsche Person konnte vor Tränen kaum sprechen, bei der Frage der Herrin strömten sie ihr unaufhaltsam übers Gesicht: „Nein, er ist gesund – aber da ist eine – eine in Belgien hinten – da, wo er so lange im Quartier gelegen hat – und die, die – ach, gnädige Frau!" Sie hielt sich das Staubtuch vors Gesicht und schluchzte krampfhaft. Es schüttelte ihren ganzen Körper.

Es bedurfte längeren Zuredens, um etwas aus ihr herauszubekommen. Sie wollte sich gern aussprechen, und doch war da wiederum etwas, das ihr den Atem verschlug. Endlich gestand sie: Ihr Bräutigam hatte sich mit der Belgierin eingelassen, nun erwartete die ein Kind von ihm; heute morgen hatte er's seiner Braut nach Hause geschrieben. „Er weiß ja nun auch nicht, was er machen soll, er ist doch 'n ehrlicher Mensch. Und ich – ich –?!" Emilie rang die Hände. „Was soll ich nun machen?"

Frau Bertholdi war bestürzt: Emilie war doch nicht etwa –?!

Emilie sprach weiter: „So'n fremdes schamloses Frauenzimmer, die mag ihm gut zugesetzt haben! Nein, ich weiß es wohl, er hat gar nicht dran gedacht, aber sie ist ihm nachgelaufen, an den Hals geworfen hat sie sich ihm, gnädige Frau – oh, man weiß ja, wie die sind! Oh, hätt' ich doch nicht, hätt' ich doch nicht –!" Sie schlug sich vor die Stirn, immer mehr geriet sie außer sich. Und immer wiederholte sie: „Hätt' ich doch nicht, hätt' ich doch nicht!"

Immer ernsthafter sah die Herrin drein, etwas Befremdetes war in ihrem Ausdruck: Was würde sie hören müssen?

Da schrie Emilie es laut heraus, ihre tränengefüllten Augen flammten: „Hätt' ich doch nicht immer ‚nein' gesagt – damals – nie wär' es so gekommen! Ich hab' nicht gewollt – ich hab' gedacht, ich darf es nicht tun. Aber man soll einem, der in den Krieg zieht, die letzte Bitte nicht abschlagen. Nun hat ihn die andere. – Oh Gott, was mach' ich nun, was mach' ich nun?!" Sich ihren armen Kopf mit beiden Händen haltend, lief sie aus dem Zimmer.

Bestürzt stand Hedwig: Die Emilie war so ein nettes, anständiges Mädchen, hatte immer auf sich gehalten – und nun? Sie schüttelte den Kopf. Man schlägt einem, der in den Krieg zieht, die letzte Bitte nicht ab – hatte die Krüger nicht einmal ganz ähnlich zu ihr gesprochen? Aber man kann doch nicht jedem Wunsch nachkommen.

Annemarie stürmte ins Zimmer, sie schwenkte ein Telegramm: „Hurra, wieder eins!" Es war von Rudolf. Sie standen beide, die heißen Wangen aneinandergelehnt, und lasen es. Und wie sie noch so dastanden, kam ein eilig-springender Schritt die Treppe herauf, die Tür wurde aufgerissen: „Mutter!" Mit einem überraschten Aufschrei fiel Hedwig Bertholdi ihrem Jüngsten in die Arme. –

Das entschädigte für viele traurige Tage, ja für die ganze Zeit des bangen Alleinseins. Die Mutter saß zwischen ihren beiden Söhnen am Tisch. Der Vater war auch gekommen. Wenn er sich auch nur für zwei Tage hatte freimachen können, nun waren sie doch alle wieder einmal vereint. Die Sektkelche stießen aneinander: „Euer Wohl!" sagte der Vater und sah seinen Söhnen mit Wohlgefallen in die gebräunten Gesichter.

Hedwig strahlte: Wie die Jungen aussahen! Aber das waren ja keine Jungen mehr, das waren Männer, breitschultrig bei aller Schlankheit, kräftig und sich ihrer Kraft bewußt. Sie konnte sich nicht sattsehen. Daß ihr Heinz ein hübscher Mensch war, hatte sie immer gewußt, aber daß auch Rudolf äußerlich sich so entwickeln würde, hätte sie nicht gedacht. Es waren mehr die inneren Vorzüge gewesen, die sie an ihm liebte; immer war er still gewesen, nachdenklich, verstand nicht viel aus sich zu machen – man ahnte in ihm den künftigen Gelehrten –, jetzt gab er Heinz nichts nach. Jetzt war er vielleicht sogar der Hübschere. Und so beredt. Während der Ältere mit einiger Zurückhaltung, mit einer gewissermaßen angeschulten Würde von seinen Kriegserlebnissen sprach, sie eigentlich kaum erwähnte – was war denn weiter dabei: Offizierspflicht –, erzählte der Jüngere mit sprudelnder Lebendigkeit von Märschen, von Strapazen, von Angriffen der Feinde und Gegenangriffen. Beim ‚Toten Mann' war er mit dabeigewesen und seinerzeit auch an der Lorettohöhe. Allerlei Extrastückchen erzählte er, die sie sich geleistet hatten.

Die Mutter zitterte noch: „Aber Rudolf, so unüberlegt, so

tollkühn!" Da lachte er ein so kräftiges, sorgloses Lachen, bei dem seine Augen glänzten und die weißen Zähne hinter dem blonden Flaum der Oberlippe blitzten. Er fuhr sich mit der breit gewordenen Hand durch das kurz geschorene Haar; früher war das in weichen Ringeln tief in die Stirn gefallen, hatte ihm ein träumerisches Aussehen gegeben. Jetzt war er kein verträumter Jüngling mehr, nein, ein ganz Fertiger und mit beiden Füßen in der Gegenwart Stehender.

Die Mutter sah ihn immer wieder an. Stieg nicht zwischen aller Freude doch eine leise Wehmut in ihr auf? War das denn noch ihr Rudolf, ihr Kleiner, ihr Jüngster? Sie brachte das Gespräch auf seine Bücher, auf seine Liebhabereien, Klavierspiel, Gedichte.

Er sah sie fremd an: War er das wirklich einmal gewesen, der sich für so etwas interessiert hatte? Unwesentliche Dinge! Seinetwegen konnte der Krieg noch länger dauern, ihm behagte es draußen, trotz der Strapazen und trotz all des Schrecklichen. Er konnte sich überhaupt gar nicht vorstellen, wie das später im Frieden werden sollte. Ihm würde es unter keinen Umständen einfallen, seine so jäh unterbrochenen Studien noch einmal aufzunehmen.

„Und ich habe immer gedacht, wir würden an dir einen Gelehrten in die Familie bekommen", sagte die Mutter leise.

Der Sohn lachte: „Nein, Mutter, das kannst du nicht gut verlangen!"

„Aber was wirst du denn? Was soll denn werden?" Sollte auf einmal alles, alles anders sein? Nichts mehr bestehen bleiben von dem, was früher gewesen war?

Er lachte wieder. „Beunruhige dich nicht! Ich denke jetzt überhaupt nicht nach. Keiner von uns an der Front. Wir nehmen die Stunde so, wie sie ist, und fragen nicht viel nach der nächsten. Wenn wir das wollten, würden wir ja keinen

Augenblick froh. Genießen, genießen, daß man noch lebt!" Er hob sein Glas und stieß es an das von Annemarie, die ihm gegenübersaß. Ihre Augen lachten ineinander: „Auf das Leben!"

Das Fräulein von Loßberg war immer hübsch, heute war sie schön. Wie seine Mutter den jungen Unteroffizier ansah, so sah auch sie ihn immerfort an. Der Champagner peitschte ihr das Blut durch die Adern; sie war dies Getränk nicht gewohnt, im Koblenzer Kasino hatte sie höchstens einmal von billigem Rheinschaumwein nippen dürfen. Mit Augen, die leuchtender waren als je zuvor, sah sie Rudolf Bertholdi an. Ihr Herz pochte; sie wußte selber nicht, warum sie so erregt war. Lange, lange hatte sie nicht empfunden, daß sie hübsch war. Heute wußte sie's. Die Augen der drei Männer sagten es ihr. Aber in Rudolfs Blicken war mehr als Bewunderung. Es stieg ihr zu Kopf und berauschte sie mehr als der Sekt: Triumphgefühl – er fand sie begehrenswert. Sie lachte, sie scherzte, sie glühte, sie war wie eine Rose, die plötzlich aufgesprungen ist zu voller Schönheit unter einem Sonnenkuß.

„Ist sie nicht reizend?" fragte Hedwig ganz beglückt ihren Mann, als sie von Tisch aufgestanden waren. Bertholdi nickte wohlgefällig; er aß gern gut und sah auch gern etwas Hübsches, er war frohgestimmt. Aber das Gesicht seiner Frau, das sie fragend zu ihm aufhob, rührte ihn auf einmal, er umfaßte es mit seiner großen Hand. „Ja, sehr hübsch. Aber du warst mindestens so hübsch. Bist noch immer hübsch, meine Hedwig!" Er sah sie liebevoll an und gab ihr einen Kuß.

Sie errötete und entzog sich ihm förmlich scheu: Das war sie ja gar nicht mehr gewohnt, daß er so zu ihr war.

Den Arm um ihre Schulter legend, zog er sie neben sich aufs Sofa. Auf diesem selben Sofa, wenn auch nicht im gleichen Raum, hatten sie oft dicht nebeneinander gesessen in den ersten Jahren ihrer Ehe. Warum war es nicht immer so geblieben? Der Mann sah die Frau an; lange genug war er jetzt fortgewesen, um zu fühlen, wie sehr er sie noch liebte. Es war viel mehr als eine freundliche Gewohnheit, die ihn an ihrer Seite hielt.

Sie saß ganz still. Mit träumerischen Blicken folgte sie den drei jungen Leuten, die aus dem Eßzimmer in den anstoßenden Wintergarten gingen. Da setzten sie sich an den kleinen Tisch unter der großen Palme. Die Brüder rauchten, auch Annemarie nötigten sie eine Zigarette auf. Was, sie hatte noch nie geraucht?

Nun qualmte sie keck. Den Kopf mit der braunen Haarfülle hintüber gelegt, versuchte sie gelehrig, Ringel zu blasen. Bei jedem mißglückten Versuch, bei jedem Gehüstel brachen die jungen Männer in Lachen aus. Sie lachten alle drei; ein Wort, ein Blick, ein Krausziehen von des Mädchens feiner Nase genügten zur Heiterkeit. Es war so wohlig, so warm unter den Palmen, der Duft von allerlei Blüten schwebte im Raum.

„Ist das famos hier", sagte Heinz und stieß einen Seufzer des Behagens aus. „Man hat eigentlich gar nicht gewußt, wie schön es zu Hause ist!"

Ja, es war schön hier, aber jetzt noch viel schöner als früher! Mit einem heißen Blick umfing Rudolf die hellgekleidete Gestalt. War die wundervoll gewachsen, schlank und doch kräftig, üppig fast! Er fühlte sich mächtig gepackt; ganz plötzlich. Als er in den Krieg zog, war er noch zu jung gewesen – was hatte er da gewußt, was Liebe ist –, aber jetzt, jetzt?! Er atmete rasch: Das war Liebe auf den ersten Blick!

Mit einer Hast, die Zeit auszunutzen, keine Minute zu versäumen, die kostbar war, widmete er sich ganz dem schönen Mädchen. Und Annemarie ließ ihre Blicke spielen, lachte, errötete, senkte die Wimpern und sah ihn dann wieder voll an mit großen zärtlichen Augen. Sie waren beide plötzlich so erfüllt voneinander wie der Sommertag von der Sonne. Was ging sie noch Krieg an und schwarzes Menschenleid? Sie fühlten nur Freude, die Freude, jung zu sein und einander zu gefallen.

Der Ältere saß gelangweilt dabei, er kam sich überflüssig vor. Er stand auf; sie hielten ihn nicht zurück. Rauchend stand er ein paar Augenblicke am Fenster. Drinnen im Eßzimmer schienen die Eltern ein wenig zu ruhen, die Mutter in der einen Sofaecke, der Vater in der anderen, sie hatten beide die Augen geschlossen. Draußen lag der Garten im letzten Schein des Wintertages, wunderschön sah die große Linde aus und die Tannen mit dem flüchtigen Puder des Schnees. Der Kopf war ihm heiß. Der an viel frische Luft Gewöhnte fühlte das Bedürfnis nach ein paar freien Atemzügen. Leise schloß er die Glastür auf, die vom Wintergarten ins Freie führte.

Es fror leicht, die Wege waren trocken trotz des Schnees; der war weggestäubt und nur im Geäst und Nadelwerk der Bäume hängen geblieben. Im Westen war die Wintersonne bereits gesunken, aber sie hatte einen Glorienschein hinterlassen. Vom roten Goldgrund hoben sich, unendlich fein gepinselt, in silbernem Grau Äste und Ästchen, all das Filigranwerk ferner Gartenbäume ab, zart hingehaucht wie duftiges Gegitter eines Schleiers vor dem errötenden Angesicht des Himmels. Nur das Allernächste war wirklich. Da standen die Bäume groß und massig; aber auch sie schienen eingesponnen in silberigen Schimmer, versunken in traumseliges Schweigen.

Heinz Bertholdi ging im Garten umher. Es überkam ihn wohlig: zu Haus, zu Haus! Und doch konnte er es noch nicht glauben, der Unterschied war zu groß, zu plötzlich nach all dem Blut und Grauen; viel mehr Blut und Grauen, als er je geschrieben hatte. Dieser Friede! Er hob die Augen: Da war auch der Abendstern. Leise fing er an zu summen: „O du, mein holder Abendstern!" Wundervoll groß und klar stand der, fern dem feurigen Goldgrund in einem sanften Blaugrau. Und da tauchte auch der Mond auf, eine schmale, feine Sichel, aber scharf umrissen in kühler Unnahbarkeit hinter dem alten Birnbaum der Witwe Krüger. Alle Gestirne begrüßten ihn daheim. Der junge Mann lächelte: Und wer war denn das? Eine neue Erscheinung drüben im Nachbargarten!

Im Krügerschen Garten ging Frau Rossi. Sie mochte nicht draußen spazieren, die Straßen schienen ihr so öde, und jeder Blick, der ihre Gestalt in der Witwentrauer streifte, dünkte sie neugierig. Sie ging oft bei gutem Wetter hier auf und ab, hier störte sie niemand. Den Kopf gesenkt, wandelte sie langsam. Sie hatte einen dunklen Schleier ums Haar geschlungen, wie mattes Perlmutter schimmerte darunter ihr Gesicht. Zärtlich hielt sie das große weiße Kaninchen an ihrer Brust. Dessen rote Augen guckten verwundert: Das war ihm noch nie geschehen, spazierengetragen zu werden.

Der junge Mann grüßte über den Zaun. Er beabsichtigte nicht, keck zu sein, er wußte selber nicht, was ihn dazu trieb, ‚Guten Abend'! zu sagen. Diese sacht wandelnde Gestalt war ja keine Fremde, das war die Traumfrau im fließenden schwarzen Gewand, die leise kommt und Vergessen streut. Er hätte sprechen mögen: „Ich grüße dich! Ich heiße dich willkommen! Streue Mohn auf mein Haupt, daß ich das Grauen vergesse, das mir der harte Tag gebracht hat!" Aber er besann sich, fuhr sich über die heiße Stirn: Das war ja alles Unsinn, er hatte zu schnell und zuviel getrunken. Er stand plötzlich verlegen. Die Schwarzgekleidete hatte ein Paar große Augen auf ihn gerichtet. Er sah Erschrecken in ihnen und ein trauriges Fragen.

Lili hatte nicht bemerkt, daß drüben im Nachbargarten jemand war. Aus einem tiefen trüben Nachsinnen hatte sie der Gruß jäh aufgestört. Sie hatte an ihren Mann gedacht und darüber, wie es wohl geworden wäre zwischen ihm und ihr. Ob sie ihm an die Brust gestürzt wäre mit einem Jubelschrei, alles Trennende vergessend? Ach, jetzt konnte sie an ihn denken ganz ohne Vorwurf, in einer Liebe, die nichts mehr störte, in einer Liebe, die so seltsam geworden war, daß sie ihm sein Grab an der Halde des Berges gönnte. Ihm war so wohl, er ahnte nichts mehr vom Wüten gegeneinander – wie vielen Enttäuschungen war er entronnen! Wenn ihr doch auch so wohl wäre! Eine große Todessehnsucht erhob sich in der jungen Frau – wofür sollte sie denn noch leben? – Keinen Mann, kein Kind. Auf was wartete sie noch?!

Der junge Offizier machte eine Verbeugung, nannte seinen Namen.

Eine leise Freundlichkeit huschte für einen Augenblick über das traurige Frauengesicht: „Ach so, Leutnant Bertholdi, ich habe es gehört, Sie sind gestern gekommen!" Und sie reichte dem jungen Mann mit der Gebärde der großen Dame die Hand über den Zaun. Sie nahm sich zusammen, sie wollte ja niemandes Mitleid, sonderlich nicht von einem, der ihres armen Mannes Feind gewesen war. „Wir sind uns früher schon begegnet", sagte sie kühl und verbindlich, „Lili von Voigt."

„Ja, ja natürlich", sagte er hastig, die Hacken zusammenschlagend. Wie unschicklich, sie nicht gleich zu erkennen! Er lächelte: „Sie waren damals die von fern Angeschwärmte der ganzen Jugend hier – und dann heirateten Sie den Leutnant Rossi."

„Mein Mann ist tot."
Er starrte sie an. „Gefallen?"
Sie nickte, die Brauen zusammenziehend. Er wußte nichts anderes zu tun, als sich tief vor ihr zu verneigen. Sie standen ein paar Augenblicke ganz stumm. Was sollte er sagen, sein höfliches Beileid aussprechen? Das brachte er nicht über die Lippen; es erschien ihm heute alles so anders, so merkwürdig gehoben, der Alltäglichkeit mit ihren gewohnten Formen ganz entrückt. Diese Frau war nicht wie eine andere Frau, diese Frau war gleich einer Erscheinung. Doch ärgerte er sich über sich selber: War er denn so ungewandt? Er nahm sich zusammen, er setzte zu einer Unterhaltung an. Das weiße Kaninchen kam ihm zu Hilfe. Es sprang ihr vom Arm, mit einem Satz war es weg und hopste zwischen den Kohlstrünken. „Frau Krügers Kaninchen! Schneeweißchen, hier!"

Aber wie ein Hund gehorchte das Tierchen nicht, es freute sich seiner nicht gewohnten Freiheit. Jetzt setzte es sich hin und machte Männchen wie ein Hase. Sein rosiges Näschen schnupperte. Jetzt hopste es wieder rasch davon, sich beim Sprunge förmlich überschlagend und mit den Läufen aneinanderklopfend.

„Schneeweißchen, Schneeweißchen!" Aber je mehr sie es jagte, desto geschwinder wurde es.

Der junge Mann stützte die Hand auf den Zaun. Gewandt schwang er sich hinüber. „Gestatten gnädige Frau, daß ich helfe!"

Nun jagten sie zu zweien. Es war nicht so leicht, das Tier einzufangen; oft legte es sich hin, duckte den Kopf zu Boden, aber kaum streckte sich eine Hand nach ihm aus, war es auch schon wieder weg.

Sie stolperten zwischen Mutter Krügers Kohlstrünken. Der junge Mann lachte: Das war ja urkomisch. Jetzt lachte auch die Frau in dem schwarzen Kleid. Sie fühlte auf einmal wieder ihre Jugend. Der Schleier war ihr vom Kopf geflogen, ihr Haar wehte, der Atem ging ihr rasch, sie wurde heiß und rot. Alles andere war für den Augenblick vergessen.

„Aufgepaßt", schrie er, „ich treibe es Ihnen zu!" Lachend rief sie: „Au, wieder entwischt! Halten Sie's, halten Sie's!"

Es war wie ein Spiel. Endlich hatten sie den Ausreißer; das verängstigte Geschöpf zitterte. Lili nahm es wieder an ihre Brust, sie streichelte es, ihre Stimme klang liebkosend: „O du armes Tierchen! Aber warum läufst du auch fort, warum willst du nicht bei mir bleiben?"

„Ja, das weiß ich auch nicht!" Der junge Offizier betrachtete sie mit einem bewundernden Blick: Wie die paar Minuten sie verändert hatten! Nun war sie wieder jung wie ein Mädchen und doch frauenhaft weich und zärtlich und wunderschön. Er streichelte das Tier auch.

„Fühlen Sie nur, wie seine Flanken zittern. Hier – wie sein Herzchen klopft!" Sie führte seine Hand.

Auch sein Herz klopfte. –

Als Heinz Bertholdi diesen Abend im Bette war, lag er noch lange mit offenen Augen. Jetzt hätte er es nun einmal haben können, so recht ruhig auszuschlafen: kein Geschützdonner, kein Trappen von nägelbeschlagenen Soldatenstiefeln, kein Huschen von langgeschwänzten Ratten. Kein Befehl konnte ihn aufwecken und kein Gefühl der Verantwortlichkeit, und doch kam der Schlaf nicht. Diese Frau gefiel ihm jetzt tausendmal besser denn als Mädchen. Da war Lili von Voigt ihm öfters begegnet, als er noch mit den Büchern unterm Arm in die Prima ging. Sie hatten dann immer hastig die Mützen von den Köpfen gerissen, er und die anderen Primaner: ‚die schöne Lili!', aber die Schwärmerei der übrigen hatte er nicht geteilt; sie hatte etwas zu Unnahbares gehabt. Jetzt hatte ihre Schönheit etwas Rührendes. Frau Leutnant Rossi, Witwe – schon eine Witwe – arme junge Frau! Ihr Mann lag draußen erstarrt im kalten Tod. Und sie mußte nun selber erstarren wie im Winterschnee in ihrer Einsamkeit.

Als er endlich schlief, sah er im Traum die junge Witwe, und Hunderte und Aberhunderte von Witwen gingen hinter ihr her. Ein langer, langer Zug. Er wollte sie zählen, er konnte es nicht, es waren ihrer zu viele. Ihre schwarzen Kleider rochen nach Moder, ihre schwarzen Schleier wehten wie Trauerflaggen. Junge Gesichter, schöne Frauen – sie sahen alle aus wie Lili von Voigt. Er wollte sich abwenden und konnte es nicht, er mußte zu ihnen hinsehen wider seinen Willen. Und er mußte sie hören. –

Sie klagten im Chor: „Einsam, einsam, wir sind so einsam, und wir sind noch jung. Unsere Arme sind warm, unsere Herzen sind heiß, wir gehen in Schwarz und trügen doch lieber Rosenrot. Fluch über den Krieg! Er hat uns zu Witwen gemacht. Räche uns, räche uns, du junger Krieger!"

8

Man sah in den Straßen jetzt viele Urlauber, draußen im Feld war augenblicklich ruhigere Zeit. Es tat ihnen not, wieder einmal in der Heimat zu sein, sonderlich denen, die im Westen die deutsche Linie gehalten hatten gegen den furchtbaren Ansturm.

„Ob mein Mann auch zu Hause kommt?" sagte Minka Dombrowski zu Gertrud Hieselhahn. Diese zuckte die Achseln. Es lag Sorge in ihrem Blick: Wenn der Mann dahinterkäme! Hatte ihr die Dombrowski nicht oft genug erzählt, wie eifersüchtig er war – und hatte er denn nicht auch alle Ursache dazu? Seit jenem Sonntag, an dem die Frau weggegangen war im weißen Kleid und erst am andern Morgen wiederkam, ganz zerfledert, und sich aufs Bett geworfen hatte und ausgeschlafen bis in den hellichten Mittag, erzählte sie wieder und wieder von ihrem Barbier, der in Berlin ein schönes Geschäft hatte. Sie schwatzte immerfort davon. Kam der Mensch denn nicht bald wieder ins Feld? Gertrud hoffte darauf, aber die Dombrowski erzählte lachend: Ihr Berliner verstand's. Wenn der auch 'rauskam, der kam doch bald wieder. Der kriegte ja wieder seinen Rheumatismus.

Gertrud biß sich auf die Lippen, sie mußte stille sein. Es wäre ihr lieb gewesen, hier herauszukommen, aber sie hatte nicht Geld genug, es war alles schon so teuer, und es wurde teurer mit jedem Tag. Diese Wohnung hier in dem entlegenen Anwesen war wenigstens billig. Und die Dombrowski gutmütig, die würde sie nicht drängen, wenn sie einmal die Miete nicht bezahlen könnte. Aber ihr war nicht wohl zumut.

Die Dombrowski, die früher Fleißige, vernachlässigte jetzt ihre Wasch- und Reinmachstellen. Ein paarmal schon hatte die Frau General von Voigt nach ihr geschickt, und die Frau Leutnant Rossi hatte eine Karte geschrieben; sie hatten vergebens gewartet. „Sie müssen doch wenigstens absagen", sagte Gertrud.

„I wo!" Minka lachte. „Soll'n se sich ihre Hemden allein waschen und ihre Fenster selber putzen, man is doch nich bloß 'n Arbeitstier. Mein Mann is im Feld, der tut genug, ich wer' mich doch nich auch noch zuschanden machen. Abschuften um so 'n paar Groschen." Als sie das bestürzte Gesicht Gertruds sah, lenkte sie freilich ein: „Na, Sie müssen das nich so nehmen, Fräuleinchen. Ich geh ja schon!"

Meist blieb die Dombrowski zu Hause, schlumpte in ihrer kleinen Wirtschaft herum und fuhr dann oft nach Berlin. An der noch immer offen stehenden Tür des leeren Schuppens hing noch immer der zerrissene Männerrock, und der Pumpe war noch immer der Hut ohne Boden aufgestülpt. Merkwürdig war's, daß die Kinder nicht noch ungezogener wurden.

Es war Frau von Voigt gewesen, die einen allgemeinen Zusammenschluß von den Damen der Gemeinde ins Leben gerufen hatte. „Unsere Männer sind im Feld, unsere Söhne auch, wir haben Zeit genug. Hier sind soviel Frauen und erwachsene Töchter, alle können nicht Verwundete pflegen, es ist mindestens so wichtig, daß wir sorgen, daß den Kindern der Mangel an männlicher Zucht nicht zu fühlbar wird. Was droht sonst den Jungen? Die Besserungsanstalt. Und den Mädchen –?"

Es war auffallend, wie wohl den kleinen Dombrowskis das strenge Auge tat, das über ihnen wachte. Vor der großen Dame, die so streng guckte und die auch neulich in die Schule zur Lehrerin gekommen war, hatten die Kinder Respekt. Den Erich hatte sie schon einmal empfindlich am Ohr gezogen, als sie ihn dabei traf, wie er aus dem Obstkorb, den der Gemüsehändler an der Bahn vor seiner Tür stehen hatte, einen Apfel nehmen wollte. „Hast du das schon öfter getan?" Ihre Augen bohrten sich bis auf den Grund seiner Seele. „Was würde dein Vater sagen, der draußen im Krieg ist, wenn er nach Hause kommt und das hört!"

Dem Jungen schossen die Tränen in die Augen: Ja, den Vater, den hatte er lieb, und den Apfel – na, er hatte doch Hunger.

„Da hast du den Apfel, ich kaufe ihn dir. Aber tu so was nie wieder! Ein Junge, der seinen Vater im Krieg hat, der muß auch kämpfen – gegen sich selber."

Was das hieß, gegen sich selber kämpfen, verstand Erich Dombrowski nicht. Aber daß die strenge Dame doch auch gut war, verstand er. Als ihm seine Schwester Minna vorschlug, an Dietrichs Zigarrenladen das Schaufenster mit Kot zu beschmieren, den sie von der Straße aufgerafft hatte, schlug er ihn ihr aus der Hand: „Was würde Vater sagen, der draußen im Krieg ist?" Und überzeugt setzte er hinzu: „Der weint dann!"

„Och, Vater weint ja jar nich", sagte Minna.

„Doch weint er!" Erich zerrte die Schwester weg und stieß sie in den Rücken zum Fortgehen.

Gertrud lachte: Wenn sich doch auch jemand so um ihr Kleines kümmern möchte. Der Junge wurde nun schon munter, wollte nicht mehr den ganzen Tag im Wagen liegen und schlafen. Jede freie Minute nahm sie ihn heraus und spielte mit ihm, sie ließ ihn schon stehen. Er setzte seine Füßchen schon ganz richtig, aber mit dem Laufen wurde es noch nichts, er fiel um. Zumeist kroch er. Doch der Boden war kalt, kein Teppich bedeckte ihn, keine Strohmatte, zwischen den schlechtgefügten Dielen wuchs der Schwamm, es war feucht in dem Häuschen, das ohne jeden Schutz allen Winden und Güssen preisgegeben stand. Gerade an die Außenmauer ihrer Stube schlug immer der Regen an, und wenn es draußen fror, dann glitzerte innen die dünne Wand, von Eiskristallen bedeckt. Aber alles wäre noch nicht so schlimm gewesen, hätte sie nur mehr Zeit für das Kind gehabt. Die lange Fahrt nach Berlin, der weite Weg dort zur Arbeitsstelle! Aber sie fand nichts in der Nähe.

Heute wollte es sich ihrer wie Verzweiflung bemächtigen, als sie erst am späten Abend das Kind auf den Arm nehmen konnte und mit ihm in der Stube auf und ab wandern. Sie war todmüde: früh aufgestanden, in die Stadt gefahren, lange gearbeitet, kein rechtes Mittagessen, nur ihre mitgenommenen Brote und dazu ein bißchen Kaffee – sie hätte sich gern schlafen gelegt, aber der Kleine wollte jetzt unterhalten sein. Sein Gesichtchen war verschwollen, er mußte lange geweint haben. Hatte die Dombrowski sich denn gar nicht seiner erbarmt?

Gertrud machte die Stubentür auf und rief in den dunklen Flur. Vielleicht hatte Minka noch ein wenig Feuer. Es war kalt hier im Zimmer, im flackernden Schein der dünnen Kerze glitzerte die Wand mit den Eiskristallen. Ihr Ruf verhallte ungehört, der kalte Ziegelflur gähnte sie an, stumm und dunkel wie eine Gruft; hastig schlug sie die Tür wieder zu.

Nebenan in der Stube, wo die Kinder jetzt schliefen – die Dombrowski hatte sie da heruntergetan, weil's unten wärmer sei –, rührte sich etwas. Es pochte leise gegen die trennende Wand. Nun wisperte es: „Was 's denn los?"

„Ist Mutter nicht da?"

„Nee."

„Ja, Mutter is doch da", piepte Minna.

Was der Junge nun noch durch die Wand flüsterte, verstand Gertrud nicht. Sie ahnte es – da war wohl Besuch oben? Oh, diese Frau, was sollte das werden? Jetzt hatte sie gar schon jemanden oben. Am liebsten hätte Gertrud die Tür wieder aufgerissen, wäre die Treppe, die steil wie eine Leiter zu der Mansarde hinaufführte, emporgeklettert und hätte mit der Faust angepocht: „Schämen Sie sich!" Es verschlug ihr den Atem. Aber dann besann sie sich: Was ging es sie an, was jene tat? Hatte *sie* denn so großes Recht, die Tugendsame zu spielen?

Zusammenschaudernd schob Gertrud den Riegel vor ihre Tür; es war ihr ein unheimliches Gefühl: ein fremder Mann im einsamen Haus. Ach, wenn doch der Dombrowski käme!

Dombrowski –?! Es stieg ihr plötzlich heiß zu Kopf. Nein, der lieber nicht – wenn doch der Friede käme, endlich der Friede! Der mußte vieles wiederbringen. Ihr brachte er freilich nicht viel. Nicht den Geliebten zurück, den ihr die Sorgen jeglichen Tages schon in die Ferne gerückt, der ihr aber heute wieder so nahe war, merkwürdig nahe. Der Mann, den sie oben bei Minka wußte, machte sie unruhig. Allerhand Gedanken kamen ihr, heimliche Erinnerungen und auch Vorwürfe, die sie sich selber machte; aber die Erinnerungen waren doch stärker.

Bebend vor Kälte und im Schauer der Erinnerungen kroch Gertrud in ihr eiskaltes Bett. Sie nahm ihren Kleinen neben sich und zog die Decke hoch herauf; mochte geschehen oben, was da wollte, sie wollte nichts hören und sehen. Aber das eine wußte sie: Hier mußte sie fort. Aber wohin –?!

Am nächsten Tage war Minka Dombrowski etwas scheu. Ihre schwarzen Augen blickten zur Seite, als Gertrud fragte: „Haben Sie mich gar nicht rufen hören gestern abend?"

Sie hätte Zahnschmerzen gehabt, den Kopf sich dick zugebunden. Dabei ließ sie in einem verlegenen Lachen ihre kerngesunden starken Zahnreihen sehen.

Gertrud sagte kein Wort mehr darüber. Der Kopf war ihr benommen, sie hatte wenig geschlafen. Spät in der Nacht hatte sie Tritte gehört, die Tritte des Mannes, der sich jetzt entfernte, unter ihre Türschwelle war Lichtschein geschlüpft. Oh Gott, Herr Dombrowski, Herr Dombrowski!

Den ganzen Tag wurde sie die traurigen Gedanken an den betrogenen Mann nicht los. Als sie am Abend von der Arbeitsstube durch die naßkalte Winternacht zur Bahn ging, um nach Hause zu fahren, dünkte ihr selbst Berlin traurig. So hatte sie es noch nie gesehen. Lag es nur an ihrer eigenen Stimmung, oder war es wirklich so trübselig leer, wie sie es heute empfand? Es gingen ja noch Menschen, viele Menschen sogar, aber sie gingen in stummem Eilen. Nichts mehr von dem behaglichen Schlendern, vom Herumstehen an den Ecken und vor den strahlenden Schaufenstern, nichts von all dem Getriebe, das in einem immerwährenden Summsen über den Straßen schwebt. Und der Nachthimmel, der sich über die Riesenstadt wie ein dunkles Tuch breitet, war nicht angeschimmert vom Glanz strahlender Beleuchtung. Die großen Geschäftshäuser, die sonst die Buchstaben ihrer Firmen in immer wechselnden Lichtern aufleuchten ließen wie aneinandergereihte goldene, silberne, bunte Sterne, hatten ihre Reklamen eingestellt.

Ein dunkles Gefühl, dessen Ursprung sie sich nicht klarmachte, kroch Gertrud an. Würde die Zeit noch härter werden? Wie würde es ihr dann ergehen, ihr, der armen Arbeiterin, der ledigen Mutter mit dem vaterlosen Kind?! Ihr wurde so bange, daß sie sich am liebsten vor den Zug geworfen hätte, statt in ihn einzusteigen. Wo sollte sie dann hin, zu wem flüchten? Jeder hat doch eine Zuflucht auf der Welt, sie hatte keine, sie war ganz allein auf sich gestellt. Und war müde und hungrig. Einen Augenblick schoß es ihr durch den Kopf: seine Mutter! Wenn sie zu der ginge, die würde ihr die Tür jetzt vielleicht nicht verschließen. Aber dann sah sie die harten Augen der Frau vor sich, und der alte Groll bäumte sich auf in ihr: Wenn die nicht gewesen wäre! Nie und nimmer würde sie zu der gehen, nie. Unter die Räder, unter die Räder, dann war alle Not zu Ende!

Die Stirn gegen das angelaufene Fenster des Abteils gedrückt, starrte Gertrud hinaus in die Finsternis, die sie durchrasselten. Ihr graute vor dem Heimweg über das winddurchpustete Feld, ihr graute vor ihrer kalten Stube, ihr graute vor dem Leben überhaupt. Mit einem tiefen Seufzer hob sie die Stirn vom Fenster und lehnte den Kopf mit geschlossenen Augen zurück an die Holzwand des Sitzes.

„Ist Ihnen nicht wohl?" Eine Hand berührte leicht ihren Arm. Erschrocken machte sie die Augen auf. Sie hatte es gar nicht bemerkt, daß im letzten Augenblick der Abfahrt noch jemand die Wagentür aufgerissen hatte und eilig eingestiegen war.

Die Dame in dem kostbaren Pelzmantel paßte gar nicht in die dritte Klasse, die tat aber ganz so, als führe sie immer hier. Mit einer Frau, die, einen Henkelkorb auf dem Schoß, neben ihr gezwängt saß, einigte sie sich freundschaftlich. Einem kleinen Jungen gegenüber, der sie mit den baumelnden Füßen stieß, sagte sie: „Laß die Zappelei, mein Jungchen", sah ihn aber dabei freundlich an.

Frau von Voigt fiel das blasse verstörte Gesicht auf, das ihr gegenüber mit geschlossenen Augen gegen die harte Wand lehnte. Wie viele solcher Gesichter sah man jetzt! Es war nicht Neugier in der Stimme, die Gertrud Hieselhahn fragte. Frau von Voigt fühlte es: Ihrer Seele war im Krieg das Mitleid gewachsen wie einem Vogel die Flügel, die nicht mehr gestutzt werden; Stand und Erziehung hatten sie eingezwängt gehalten, jetzt flatterten ihre Gefühle freier.

Gertrud richtete sich auf und rückte die Pelzkappe zurecht, sie fühlte die klaren Augen forschend auf sich ruhen. Sie brachte es aber nicht fertig, abweisend zu sein, sie sagte: „Danke sehr, mir ist ganz wohl, ich war nur müde."

Ein sympathisches Gesicht! Frau von Voigt sah die ganz zerstochenen Finger, die keine Handschuhe trugen. Ein Gesicht mit einem feinen Ausdruck, nicht das einer ganz gewöhnlichen Arbeiterin. „Sie sind wohl in Berlin beschäftigt? Wohnen Sie auch draußen?"

Gertrud lächelte dankbar – wie lange hatte sie keiner teilnehmend gefragt!

„Ich nähe Tornister", antwortete sie leise; sie neigte sich zu der ihr gegenüber Sitzenden, die anderen brauchten ja nicht zu hören, was sie sprach.

Frau von Voigt sah ganz aus der Nähe in ein Paar Augen, die schon so viel geweint hatten, daß der Glanz der Jugend weggeweint war. „Verdienen Sie denn gut?"

„Vier Mark fünfzig, wenn ich den ganzen Tag arbeite. Früher nähte ich auf Militärmäntel, das war besser. Aber ich fürchte, es hat auch bald ein Ende mit den Tornistern; das Leder fehlt. Und was ich dann mache?!" Ein düsterer, in sich gekehrter Ausdruck kam in die braunen Augen. „Straßenkehren – wer weiß, das kommt auch noch!" Es fuhr ihr bitter heraus, es war, als ob die Blicke der Dame ihr alles herauszogen. „Ich könnte Kontorarbeit machen, hab's gelernt. Aber mich nimmt ja keiner!"

Klang das nicht wie ein Aufschrei tiefinnerer Not? Frau von Voigt legte ihre Hand begütigend auf die zerstochenen Finger. Die Mitfahrenden hatten schon hingehorcht, so flüsterte sie: „Lassen Sie es jetzt gut sein. Wir sprechen ein andermal darüber. Wollen Sie nicht zu mir kommen?" Sie nannte ihren Namen und ihre Adresse.

Gertrud fuhr zusammen: daß sie die nicht wiederkannt hatte! Das war ja der Dombrowski ihre Exzellenz. Scheu stammelte sie: „Danke!" Und dann schwieg sie.

Die Dame hatte ihr noch zugenickt: „Also auf Wiedersehen!" Gertrud empfand die Freundlichkeit, aber nein, hingehen würde sie doch nicht. Was wußte eine so vornehme Dame von ihrer Not?!

Als sie an dem Zigarrenlädchen von Dietrich vorüberkam, fiel es ihr plötzlich auf die Seele, wie lange sie Margarete nicht gesehen hatte. Über der eigenen inneren und äußeren Not hatte sie die ganz vergessen. Sie guckte einen Augenblick ins Schaufenster. Frau Dietrich stand gerade in dem schwachbeleuchteten Lädchen hinterm Ladentisch. Augenblicklich war kein Feldgrauer drinnen, der sich Zigarren kaufte. Gertrud trat rasch ein und fragte nach Gretchen.

„Ach Gott, Fräulein Hieselhahn!" Das kleine Gesicht der Frau erschien heute noch kleiner. „Gretchen ist nicht da."

„Hat sie noch Dienst?"

„Dienst? Sie ist doch gar nicht mehr auf dem Amt. Wissen Sie das denn nicht?" Die Mutter war sehr erstaunt.

„Ich habe sie lange nicht gesehen."

„Und da sagt sie doch immer, sie ginge zu Ihnen. Gott nee, Fräulein Hieselhahn!" Die Frau fing plötzlich an zu weinen: „Ich weiß gar nicht, was das mit Gretchen ist. Sie ist zu nervös. Bald sagt sie *so*, bald sagt sie *so*. Sie war 'ne Weile beurlaubt, jetzt haben sie sie aber ganz entlassen. Der Dienst ist auch zu schwer. ‚Mutter', sagt sie, ‚du glaubst gar nicht, was alles zusammentelephoniert wird. Und dabei hat man doch auch seine eigenen Gedanken.' Ich bin froh, daß sie den Beruf aufgegeben hat. So schwer es auch für mich ist; ich muß nun für alles alleine aufkommen."

„Sie wird sich ja bald verheiraten", tröstete Gertrud.

„Meinen Sie?" Die verängstigten Augen der Mutter wurden noch verängstigter.

„Was hört sie denn von ihrem Bräutigam? Geht es ihm gut? Kommt er nicht bald her?"

„Fräulein Hieselhahn", die Frau trat ganz dicht an sie heran und flüsterte: „Das ist es ja gerade! Bald sagt sie: ‚Er kommt übermorgen' und lacht und freut sich wie toll – bald sagt sie: ‚Er ist verwundet' und hat sich wer weiß wie. Und dann sagt sie wieder: ‚Er kommt nie!' und weint sich halbtot. Fräulein, ich sage Ihnen, man kann verrückt drüber werden. Das war ja noch nicht mal so schlimm, als mein armer Mann damals so lange krank lag an Wassersucht und dann starb, als wie ich es jetzt mit Gretchen habe. Denken Sie bloß, fällt sie doch neulich einem Feldgrauen um den Hals, der hier im Laden steht und sich Zigarren kauft. Sie hat einen Aufschrei dabei getan, der gellt mir noch in den Ohren. Der Mann hat sich eins gelacht: ‚Man nich so stürmisch' – 's war ein verheirateter Mann, gar nich mehr jung. Sie hat ihn nur von hinten gesehen, die Feldgrauen sehen sich ja alle gleich. Aber dann hat sie sich eingeschlossen. Vergebens habe ich an der Tür gebettelt: ‚Mach doch mal auf!' Ich hatte richtige Angst. Und dabei muß man doch hier im Laden stehn und freundlich sein und kann noch nicht mal sagen, warum man falsch zusammenrechnet oder nicht richtig 'rausgibt. Die Angst sitzt mir noch in den Knochen, ich werd' sie gar nicht mehr los. Wenn bloß der Krieg bald ein Ende hätte!"

„Ich muß jetzt gehen", sagte Gertrud beklommen.

„Ach, bleiben Sie doch 'n bißchen", bat die Frau, „sie wird ja vielleicht gleich kommen."

„Wo ist sie denn hin?"

„Das weiß ich nicht, fragen darf ich ja nicht, dann wird sie böse. Ich muß sie ganz gewähren lassen. Aber so schlimm wie jetzt war's noch nie: immer an ihn schreiben, nichts als an ihn schreiben und Paketchen schicken. Sie glauben gar nicht, was sie alles schickt: Kuchen, Schokolade, Pralinees, Choleratropfen, Pfefferminz, Wurst, Strümpfe. Sie spart sich's vom Munde ab, wir haben's ja auch nicht dazu." Die Frau rang die Hände: „Fräulein, ich weiß nicht, mir ist es so bange!"

Bange war es auch Gertrud Hieselhahn. Wenn man Gretchen doch nur beeinflussen könnte, daß sie ruhiger würde!

Noch dachte Gertrud darüber nach, als sie sich plötzlich von zwei Armen stürmisch umschlungen fühlte, ihr Schritt wurde gehemmt. „Trude!"

Da war ja Gretchen! Heiße Küsse brannten auf Gertruds Mund.

„Fein, daß ich dich treffe! Ich bin so glücklich, so glücklich. Trudchen, nun kommt er bald, nun machen wir Hochzeit! Heut war ich bei Hertzog, hab' mir weiße Seide zum Kleid gekauft. Schön bin ich ja nicht, das weiß ich, aber dann werde ich schön sein. Trudchen, Trudchen!" Immer wieder umarmte sie die Freundin; ihre Augen glitzerten im Halbdunkel der trüben Straßenbeleuchtung.

„Hat er denn geschrieben, wann er kommt?"

„Noch nicht genau. Aber weißt du –" Margarete Dietrich hängte sich schwer an den Arm der andern und ging mit ihr weiter –, „heute nach Tisch hatte ich mich 'n bißchen hingelegt, ich war eingenickt, da trat er ins Zimmer. Er kam zu mir ans Bett. Er beugte sich über mich und gab mir 'n Kuß – oh, Gertrud!" Sie holte tief Luft, ihre Arme zitterten, es lief ein Schauer über ihre ganze Gestalt. „Und er sagte: ,Halt dich bereit – ich komme!' Da bin ich gleich aufgestanden, hab' mich fertig gemacht und bin nach Berlin zu Hertzog gefahren. Einen Myrtenkranz habe ich mir auch gleich besorgt. Willst du mal sehen, Trudchen?"

Sie wollte eine Rolle und ein Kästchen, das sie trug, aufmachen.

„Nein, nein, jetzt nicht!" Gertrud wehrte hastig ab, das Mädchen war ihr unheimlich. „Geh nach Haus, Gretchen, deine Mutter ängstigt sich um dich."

Die Dietrich schüttelte ungeduldig den Kopf. „Laß sie warten! Ich hab' ja auch warten müssen. Du –" sie drängte sich dicht an die andere –, „willst du dir nicht doch den Kranz ansehen und das Kleid? Sie sind so schön. Komm, da **unter** die Laterne!"

Gertrud riß sich los. „Geh nach Haus, ich muß auch nach Haus!"

Sie rannte davon, sie hörte nicht mehr, was die andere hinter ihr drein schrie. Von unbestimmtem Grauen durchrieselt, lief sie schnell. Oh Gott, der Krieg, der Krieg – die war ja ganz verstört! Scheu sah sie sich um: Hörte denn nicht auch sie heute abend überall Geflüster? Unterdrücktes Lachen, ein Geräusch wie von Küssen?

In der Dunkelheit schlichen die Pärchen. Sie hatten der frostigen Luft nicht acht und nicht des Schmutzes der Straße. Die Kriegsbräute hingen ihren Soldaten am Halse. Seit Anfang des Winters war Militär her verlegt, die Einsamkeit des Vororts war wie gemacht zu Liebeshändeln. Wer ging denn hier sonst noch über die abendlich verödete Straße?! Niemand störte den Soldaten und sein Mädchen. Manch einer, der zu Hause schon eine Braut sitzen hatte, fing jetzt noch einmal aufs neue an.

Der Krieg drängt zum Leben. Je grausiger draußen das Grausen, desto zärtlicher drinnen die Zärtlichkeit. Und man mußte die Zeit, die noch blieb, ausnutzen.

In den dunklen Alleen standen sie; wenn die Bäume auch jetzt entlaubt waren, die breiten Stämme gaben doch Schutz. In die Türnischen der Villen drückten sie sich, hinter den Gittern der Gärten verbargen sie sich. Es war kalt, und doch ging es wie ein Odem der Erhitzung durch die Winternacht, ein Wind der Aufregung peitschte die kahlen Äste und die Seelen der Menschen.

Gertrud war jetzt draußen auf der Chaussee, von den Feldern wehte es, schnob sie an, als sei sie nackt und bloß, und zerrte an ihrem Leibe.

Von der Dombrowski war nichts zu sehen, der einsame Flur des Hauses gähnte dunkel. Als Gertrud ihre Stube aufschloß, empfing sie das Weinen ihres verlassenen Kindes.

9

Bei Bertholdis traf ein Brief von Frau von Loßberg ein. Sie bat, man solle es Annemarie schonend mitteilen, daß der älteste Bruder, der schon vor längerer Zeit auf den Balkan abkommandiert war, in Mazedonien am Vardar vom Typhus befallen worden sei. Er hatte zwar schon selber aus dem Lazarett in Sofia geschrieben, aber seine Schrift war so zittrig, wie verlöschend, daß man die früher so kräftige Hand gar nicht wiedererkennen konnte. Frau von Loßberg schrieb ganz ruhig. Dieser Älteste war der Stolz ihres Mannes gewesen, ein tüchtiger Offizier mit glänzenden Aussichten. Es würde schon wieder besser mit ihm werden, im großen bulgarischen Lazarett war er gut aufgehoben, die Königin selber hatte dem deutschen Offizier Blumen geschickt und Wein. Aber die Kämpfe in Mazedonien würde er wohl nicht mit zu Ende führen helfen, und das schmerzte die Mutter für den Sohn.

Annemarie weinte, als Frau Bertholdi ihr den Brief mitteilte: ihr lieber, guter, schöner Jörg! Aber dann tröstete sie sich bald wieder: Es ging ihm ja schon besser. Ihre Gedanken waren mit anderem beschäftigt und ihr Herz auch.

Was sich anfänglich wie ein Spiel angelassen hatte, schien rasch Ernst werden zu wollen. Fünf Tage war Rudolf Bertholdi erst hier, und schon glaubten die beiden zu wissen, daß sie sich angehören müßten, angehören fürs Leben. Noch hatte er nicht zu ihr gesprochen, aber seine Blicke, die sich an sie hängten, sagten es ihr deutlich. Sie wartete nur darauf, ihm an den Hals zu fliegen. Sie war ohne Nachdenken, ohne Besinnung, alles fieberte an ihr. Mit Entsetzen ging sie abends zu Bett: Wieder ein Tag vorbei! Er hatte nur vierzehn Tage Urlaub. Ein heißer Blutstrom durchschoß sie, mit dem ganzen Leichtsinn ihrer achtzehn Jahre schob sie alle anderen Gedanken von sich, es gab für sie keine Bedenken, sie dachte überhaupt nicht nach. Ein rosenroter Schimmer übergoß ihr die Tage: So würde es bleiben, ewig, ewig.

Wenn Rudolf Bertholdi noch nicht zu dem Mädchen gesprochen hatte, das ihn das schönste und beste auf Erden dünkte, so war es nur ein kleiner Rest von Besinnung noch, der ihn zurückhielt: Er war noch so jung. Die Emilie nahm ihm diesen letzten Rest. Er sah sie weinen.

Emilie weinte schon all die Tage. Sie bemühte sich zwar, ihre Tränen vor der Herrschaft zu verbergen, zumal vor Herrn Bertholdi, aber als dieser wieder abgereist war, tat sie sich nicht mehr den gleichen Zwang an, die gnädige Frau wußte ja schon um ihren Kummer. Und die jungen Herren würden nichts davon bemerken, die hatten beide ihre Augen woanders. Aber Rudolf fragte. Das Mädchen war schon ein paar Jahre im Hause, es hatte ihm oft geholfen, einen dummen Knabenstreich zu verbergen; früher hatte sie immer lachend ihre weißen Zähne gezeigt, nun fiel ihm ihre Veränderung doch auf. Emilie schämte sich – die volle Wahrheit konnte sie doch einem so jungen Menschen nicht sagen. So erzählte sie ihm denn, wie sehr sie sich gräme, daß sie ihren Schatz nicht geheiratet hätte, ehe der in den Krieg zog. Nun hatte sie Tag und Nacht keine Ruhe und die ewige Sehnsucht nach ihm. Ach, die Sehnsucht! Und dabei füllten sich ihre Augen wieder mit Tränen.

Mitleidig sah der junge Mann sie an: Das hübsche Gesicht

war schmal geworden, lange nicht mehr so rund und frisch. Und dann nickte er verständnisvoll. Ja, das war dumm von ihr gewesen, sehr töricht. Wenn man sich so liebhat, heiratet man sich eben. Sinnend sah er einen Augenblick vor sich nieder, über sein noch fast knabenhaftes Gesicht mit dem sprossenden Flaum jagten allerlei Empfindungen; dann richtete er sich auf mit einem Ruck wie in einem fest gefaßten Entschluß. Mit beiden Händen zog er den Uniformrock stramm, und dann ging er raschen Schrittes aus dem Zimmer – wo war Annemarie? –

Die Mutter saß allein in ihrem Zimmer, ein wehmütiger Ausdruck lag auf ihrem Gesicht. Nun waren die Söhne da, ihre beiden Jungen – wie hatte sie sich gefreut! Und nun war es doch nicht so, wie sie es sich gedacht hatte. Sie zog die Stirn kraus, ihre Augen blickten finster: Annemarie hatte sich zwischen sie und ihren Jüngsten gedrängt. Er hatte nur Augen für das Mädchen. War Annemarie nicht im Zimmer, wurde er unruhig, brach das Gespräch ab, ging ihr nach. Hatte er denn so wenig Liebe für seine Mutter, daß er das fremde Mädchen, das er erst so wenige Tage kannte, ihr vorzog? Heiß wallte es in ihr auf. Heut war sie nicht sanftmütig, heut war sie zornig: Es war unzart, unbescheiden von Annemarie. Nie hätte sie das von der erwartet. Wenn Rudolf wieder fort war, würde sie ernst mit ihr darüber sprechen.

Hedwig Bertholdi fühlte nicht, daß sie ungerecht war. Es bäumte sich in ihr auf gegen das Mädchen, das sie vordem doch so verwöhnt hatte. Wenn Annemarie dem Sohn nicht entgegengekommen wäre, würde der gar nicht so sein. Aber war es nicht natürlich, daß ein junger Mensch den Kopf verliert, wenn man ihm solche Augen macht? Als er in den Krieg zog, war er noch das reine Kind gewesen, er hatte vordem kaum Gelegenheit gehabt, sich mit Mädchen zu beschäftigen – dieses hier war ja auch die reine Kinderei, Gott sei Dank! Es war gut, daß das Zusammensein der beiden nicht mehr allzu lange dauerte.

An was die Mutter sonst mit Schrecken gedacht hatte, dem sah sie jetzt mit einer gewissen Beruhigung entgegen: dem Ende des Urlaubs. Dann hatte auch *die* Sache ein Ende. Und sie beschloß, sich in Geduld zu schicken.

Mit dem Bestreben, den Sohn ihre Enttäuschung nicht merken zu lassen, lächelte sie ihm entgegen, als er jetzt zu ihr ins Zimmer trat. „Nun, mein Junge, kommst du auch mal ein bißchen zu mir?" Sie wollte ihn neben sich ziehen, auf den weichen Diwan.

Er aber setzte sich ihr gegenüber. Sein Gesicht glühte, es strahlte etwas aus seinen Augen, das sie stutzig machte.

„Nun?" Sie sah ihn erwartungsvoll an. Er hatte zum Sprechen angesetzt und dann doch wieder geschwiegen. Es wurde ihr unbehaglich. „Was willst du denn?" fragte sie ein wenig gereizt. War sie denn zum Fürchten, daß er sich nicht mit der Sprache heraustraute?

„Was ich will? Ja, ich will etwas!" Er neigte sein glühendes Gesicht gegen sie, seine Augen suchten bittend die ihren: „Mutter, Annemarie und ich lieben uns. Wir haben uns eben ausgesprochen – sie will mich, ich will sie. Ich will sie hereinrufen." Er wollte zur Tür eilen.

Sie sprang auf und hielt ihn zurück: „Nein, nein, laß!" Und dann fuhr es ihr heraus, herb gegen ihren Willen: „Kein Wunder, daß ein junger Mensch sich verliebt, wenn man ihm so entgegenkommt! Mein Sohn, du wirst dich noch oft verlieben. Das geht vorüber – ein Jugendtraum – eine Kinderei!"

„Nein, das ist es nicht!" Seine Röte stieg, er wollte auffahren, aber er bezwang sich. „Wir sind alt genug, um zu wissen, was wir wollen", sagte er mit erzwungener Kühle. „Ich möchte dich bitten, das Wort ‚Kinderei' nicht zu gebrauchen, Mutter. Ich bin auch nicht verliebt, wenn du es auch so nennst. Es ist ein ganz anderes, ein großes Gefühl, das mich erfüllt. Das uns beide erfüllt. Uns ewig erfüllen wird. Wir sind uns darüber völlig klar. Und da ich jetzt bald wieder fort muß, möchten wir uns kriegstrauen lassen."

Kriegstrauen, kriegstrauen –! Ein paar Tage nur sich kennen und sich dann gleich trauen lassen?! Die Mutter starrte den Sohn an.

Er sah in ihren Augen mehr als grenzenloses Erstaunen: ein förmliches Entsetzen. „Es ist eine Überraschung für dich, nicht wahr? Aber, Mutter –" er faßte sie um, wie er sie als Knabe umfangen hatte, wenn er ihr etwas abschmeicheln wollte –, „du brauchst darüber doch nicht so – so – nun, so vewundert zu sein. Manche brauchen Wochen, Monate, um sich kennenzulernen, wir liebten uns eben auf den ersten Blick. Und das ist das Richtige, das einzig Wahre. Die große Liebe. Keine andere kommt ihr gleich. Sieh mich doch nicht so an, steh doch nicht so da – was ist dir denn?!" Er sagte es besorgt, aber mehr noch verletzt: Sie hatte ja ein Gesicht, so blaß und so, als würde ihr etwas Schreckliches verkündet. Nun könnte sie sich doch schon von ihrer Überraschung erholt haben. Aber sie sagte noch immer nichts. „Du sagst ja nichts – Mutter!" Er war ungeduldig. Daß sie überrascht war, wollte er wohl glauben, über ihn selber war es ja gekommen wie ein Sturzbach. „So sag doch endlich etwas!"

„Was soll ich sagen – dazu sagen?! Das ist ja so unmöglich, so, so –!" Sie rang nach einem Ausdruck, sie wollte ihn nicht verletzen, aber nun fuhr es ihr doch heraus: „So lächerlich! Kannst du denn denken, wir würden zu solcher Torheit unsere Einwilligung geben?"

„Torheit?" Gereizt fuhr er auf. „Du nennst Torheit, was das einzig Vernünftige ist. Ihr versteht das aber eben nicht mehr."

„Mein Gott, Rudolf, du bist ja so jung, viel zu jung, wie kannst du daran denken, zu heiraten! Was bist du denn, was hast du denn? Du kannst ja noch nicht einmal für dich selber sorgen."

Er sah sie ganz erstaunt an. „*Ihr* seid doch da, ihr werdet schon sorgen – selbstverständlich."

So – selbstverständlich?! Ein bitteres Gefühl stieg in ihr auf: Gefragt werden die Eltern nicht. Aber dafür sind sie gut, sorgen dürfen sie, für alles aufkommen. „Du irrst", sagte sie ruhig. Sie war plötzlich ganz kalt, gegen ihre sonstige Art, ihre weiche Stimme wurde hart. „Solche Torheit werde ich nie unterstützen. Schreibe an deinen Vater, frage ihn, er wird dir dasselbe sagen. Ich gebe es nicht zu."

„Gib du es zu oder gib es nicht zu!" Sein Fuß trat hart auf. „Annemarie wird meine Frau, und zwar jetzt – gleich! Sagt, was ihr wollt, ich lasse mich trauen!" Er stürzte rasch aus dem Zimmer und schlug die Tür hinter sich zu.

Oh Gott, wenn ihr Mann doch hier wäre! Der würde diesen Menschen, der noch ein Knabe war, schon zur Vernunft bringen. Sie war zu schwach dazu. Immer hatte sie Rudolf verwöhnt, ihn umsorgt, ihn geliebt über alle Maßen – das war nun der Dank?! Die Mutter stand wie vernichtet. Was sollte sie tun, wie sich widersetzen? Oh, daß doch ihr Mann bei ihr wäre, ihr Mann! Sie fühlte plötzlich eine heiße Sehnsucht.

‚Ich lasse mich trauen', hatte der Junge gesagt. Eine Kriegstrauung – als ob das so gar nichts wäre. Wußte er denn nicht, daß nach diesen paar Tagen des Rausches noch ein Leben kam, ein ganz anderes? Jetzt war alles aus den Fugen, dann aber war die Ordnung aller Dinge wieder da. Konnte, würde Annemarie dann noch die Rechte für ihn sein? Hübsch, lustig, ein vergnügter Kamerad, aber wohl keine Frau von bleibendem innerem Wert. Jetzt erst glaubte sie das Mädchen wirklich zu kennen. Das Mädchen, das gern zugriff, weil es nichts anderes zu erwarten hatte. Kein Vermögen, nichts gelernt; wenn das bißchen Jugend vorbei war, besaß es nichts. Und würde die Offizierstochter für einen Mann von geistigem Streben taugen? Dort war so vieles nur auf den äußeren Schein gestellt. Wenn der Krieg vorbei war, der augenblicklich die Unterschiede verwischte, würde das zutage treten. Da war so vieles, was sie Rudolf sagen könnte, wenn er sie hören wollte. Ihre Füße waren schwach geworden, sie mußte sich auf den Diwan setzen. Sie saß eine Weile, den Kopf in beide Hände gestützt. Dann stand sie auf, sie wollte ihn suchen, gleich noch einmal mit ihm sprechen.

Aber Emilie sagte, der junge Herr sei mit Fräulein Annemarie spazierengegangen.

Die Mutter stieg hinauf in sein Zimmer: Das war so wie immer, nur *er* war anders. In trübem Sinnen verloren stand sie. Dann erst bemerkte sie, daß im Nebenzimmer ihr Sohn Heinz am Fenster stand. Er hatte die Arme über der Brust verschränkt und sah hinüber zum Haus der Witwe Krüger, das jetzt am Ende des Gartens hinter dem kahlen Birnbaum deutlich zu sehen war. Es lag still, wie verwunschen.

„An was denkst du denn, mein Sohn?" Sie berührte seine Schulter. Er hatte ihren Eintritt nicht bemerkt, ihre Frage wohl gar nicht verstanden. Er schreckte zusammen. „Was willst du denn?" fragte er unwirsch.

Da zog sie sich wieder zurück. Es war ihr plötzlich, als sei sie wieder einsam geworden, aber viel einsamer, als da die beiden fort waren im Kriege.

Sie konnte es nicht über sich gewinnen, zum Abendessen

hinunterzugehen. Emilie mußte sie mit Kopfschmerzen entschuldigen. Sie legte sich zu Bett, aber von unten herauf schallte volles, fröhliches, tönendes Lachen. Das waren Rudolf und Annemarie – die konnten heiter sein?!

Hedwig Bertholdi fand keinen Schlaf diese Nacht. Um Mitternacht stand sie auf, zog sich notdürftig an und schrieb an ihren Mann. Ihre Hand zitterte; aber er würde ja auch diese gekritzelten Zeilen lesen können. Noch nie hatte sie so an ihn geschrieben. Noch nie hatte sie so stark gefühlt, daß sie zueinandergehörten, wie in dieser Stunde des inneren Zwiespalts. Würde er es auch eine Kinderei, eine Torheit, einen hellen Wahnsinn nennen, wie sie es nannte? Wenn er das nicht tat, dann wollte sie sich fügen; aber sie wußte, er würde mit ihr einer Meinung sein.

Der Brief wurde lang. Über dem Schreiben wurde sie ruhiger; sie beschloß, am kommenden Tag noch einmal mit Rudolf zu sprechen. Ihre Gründe würde er ja anerkennen müssen, einsehen, daß es nur eine Liebe, die zärtlich für sein Lebensglück sorgte, war, die sie einem so übereilten Schritt nicht zustimmen ließ. ‚Ihr versteht das eben nicht mehr – *ihr* nicht mehr', das hörte sie in einemfort. Nein, so alt war sie denn doch nicht, daß sie nicht mehr wüßte, was Liebe ist! Ein mädchenhaftes Rot stieg in ihre Wangen. Aber das war keine Liebe, die diese beiden zusammenführte, das war nichts als eine aufflammende Leidenschaft, aus der flammenden Zeit geboren. Hunderten und Tausenden ging es so, sie verwechselten die laute Erregtheit der Sinne, durch Kampf und Furchtbarkeit und all die Ansprüche an Mannhaftigkeit geschürt, mit der stilleren Regung des Herzens.

Es hatte ihr einen tiefen Eindruck gemacht, daß sie vor

kurzem eine Dame in der Bahn gesehen hatte, eine junge schöne Frau in langwallendem Kreppschleier, mit dem schwarzen weißgesäumten Schnebbenhut auf dem gewellten Haar. Vielleicht zwanzig Jahre, und schon glänzten an ihrem Ringfinger zwei Trauringe. Die Witwentracht machte sie noch schöner, und sie schien das zu wissen. Ihr Blick glänzte, ihre Lippe lachte. Sie unterhielt sich lebhaft mit einem anderen Feldgrauen, einem noch jungen Offizier, der nur für sie Augen hatte. Die würde nicht lange Witwe bleiben, das war ihr gleich klargeworden. Und an diese mußte sie jetzt wieder denken, mit einer fast quälenden Beharrlichkeit. In ihren durch die schlaflose Nacht überreizten Gedanken verschob sich das Bild der schönen jungen Witwe – das schwarze gewellte Haar wurde braun. Nun war es Annemaries strahlender Blick, ihr volltönendes Lachen.

Es wurde Morgen, ehe Hedwig die Augen schloß. Aber bald war sie wieder auf. Die Unruhe, mit ihrem Sohn zu sprechen, ihn von seiner Torheit zu überzeugen, trieb sie.

Beim Frühstück war Annemarie bleich und stiller als sonst; sie schien befangen. Rudolf verwandte keinen Blick von dem Mädchen, die Mutter begrüßte er gezwungen. Sein Trotz schien geschwunden, aber auch seine Heiterkeit; er war niedergeschlagen, und die Mutter merkte ihm an, wie es in ihm brannte, nochmals mit ihr zu sprechen. Nun tat er ihr leid: der arme, dumme Junge! „Komm doch nachher einmal zu mir", sagte sie.

Kaum war sie aufgestanden und im Wintergarten bei ihren Blumen, da war er auch schon hinter ihr. „Du wünschest?" Seine Augen blickten unsicher.

„Rudolf, ich möchte noch einmal mit dir sprechen. Es ist jetzt wirklich keine Zeit, in der sich die Nächsten böse sein sollten. Ich habe deinen Wunsch überlegt, die ganze Nacht –

ich habe an Vater geschrieben. Es ist uns unmöglich, einzuwilligen, nimm doch Vernunft an! Du bist noch zu jung, um dich jetzt schon fürs Leben zu binden."

„Aber vielleicht für den Tod." Er blickte finster. Und dann fuhr er rasch fort: „Glaubst du vielleicht, daß ich nicht fallen könnte? Das ist sehr möglich, wahrscheinlich sogar. Wer so viele Kameraden hat fallen sehn – rechts, links, vor, hinter –, der weiß genau, wie nah ihm der Tod ist."

Sie wollte etwas dagegen sagen, aber sie brachte nichts heraus. Das Herz stand ihr still: Wenn er nun wirklich fiele, nicht wiederkehrte? Plötzlich war die Krüger, die arme Krüger vor ihr. Was gäbe die jetzt dafür, könnte sie auslöschen, was zwischen ihr und ihrem Sohne stand! Hatte sie die nicht erst neulich über dem Zaun gesehen und war erschrocken gewesen, wie die Frau sich verändert hatte? Die starke Gestalt zusammengefallen, das fleischige Gesicht gelb und ausgetrocknet wie das einer Mumie. ‚Man soll einem, der in den Krieg geht, die letzte Bitte nicht abschlagen', sagte die Emilie. Hatte das einfache Mädchen nicht eine große Weisheit ausgesprochen? Wenn sie daran dächte, Rudolf käme nicht wieder – nein, dann lieber –! Sie holte tief Luft, sie faßte nach des Sohnes Hand. „Warte doch wenigstens, wartet noch, bis der Krieg vorbei ist. Er kann nicht mehr lange dauern. Und ihr seid ja beide noch jung!"

„Gerade weil Krieg ist, darum will ich nicht warten." Ungeduldig riß er seine Hand aus der ihren. „Mit diesem ewigen Warten! Ich habe keine Zeit mehr dazu." Die Zornader schwoll ihm, er wurde schon wieder heiß und rot, wie er gestern gewesen war.

Sie strich besänftigend über seinen Uniformärmel. „Rudolf, mein Kind, ich liebe dich doch!"

Er lachte kurz auf: „Das merkt man!" Sein Hohn tat ihr

weh, aber sanft wiederholte sie: „Ich liebe dich, darum will ich dein Glück."

„Ich verstehe dich nicht – du verstehst mich nicht." Er teilte mit der Hand die Luft, als sei da ein tiefer Schnitt. Mit kalten Augen maß er sie: „Wir haben verschiedene Ansichten von Glück. Du stehst da" – er wies in weite Ferne –, „ich hier."

Es durchzuckte sie plötzlich: Ja, sie verstanden sich nicht mehr. Ein lähmender Schmerz befiel sie: Das war ihr Kind, ihr früherer Rudolf nicht mehr. Ein Fremder war es, der da vor ihr stand mit trotziger Stirn, die Zähne so fest aufeinander gesetzt, daß das Kinn kantig erschien, fast brutal. Es war nicht allein die Verliebtheit, die ihn so veränderte – der Krieg, der Krieg! Der hatte ihn gewandelt. Dies Ganz-auf-sich-selber-gestellt-sein, dies Nach-nichts-mehr-fragen im rücksichtslosen Draufgehen mit roher Kraft. Ach, so mußte es ja wohl sein, sonst könnten nicht Siege erfochten werden. Sie durfte ihm daraus keinen Vorwurf machen.

Er hatte sich zur Tür umgewandt, noch zögerte er: Wollte sie vielleicht doch noch einlenken?

Sie sah ihn an mit Augen der Liebe und des Schmerzes: Da stand er, ein Knabe und ein Mann! All die Wünsche, die sie für ihn gehegt hatte, all die Hoffnungen, die sie auf ihn, gerade auf diesen Sohn gesetzt hatte, auf seine vielfachen Begabungen, auf seine Studien, sah sie zunichte werden. Wie konnte er etwas erreichen, wenn er sich jetzt schon fesselte? Ach, Hoffnungen! Es ging ihr wie Tausenden und Abertausenden von Müttern. Glücklich die, die noch nicht *alle* Hoffnungen begraben mußten!

Da waren sie, ein ungezählter Chor klagender, trauernder, geschlagener Mütter. Sie rauften die Haare, sie schlugen die Brüste, ihre Wehgeheul stieg auf zum Himmel, gleich stark, gleich furchtbar wie zu Zeiten der Hekuba.

Und allen voran die Krüger mit ihrem klein gewordenen, vergrämten Gesicht. Die hob wie beschwörend die Hände gegen sie: ‚Dann ist es am schlimmsten, wenn man böse voneinander gegangen ist.'

Nein, nein! Hedwig hätte laut aufschreien mögen: Nur das nicht! Nie glaubte sie heißer geliebt zu haben, gerade ihn und gerade jetzt. Sie streckte die Hände nach ihm aus, ihre Stimme zitterte: „Mein Sohn! Wir haben schon einmal miteinander gerungen – du wolltest in den Krieg, ich wollte dich nicht lassen –, ich will nicht wieder mit dir ringen!"

„Es würde dir auch nichts nützen, jetzt ebensowenig wie damals. Und wenn du's auch wieder so nennst, wie du es gestern genannt hast: Torheit, Kinderei – nenne es auch meinetwegen Wahnsinn –, ich kann nicht sein ohne Annemarie. Ich muß, ich muß. Ich will mein Glück."

„Dann" – ihre Lippen zuckten, aber ihre zitternde Stimme war fester geworden – „dann in Gottes Namen. Ich werde dir nichts mehr in den Weg legen. Mit deinem Vater mußt du es selber ausmachen. Ich –" Sie stockte, sie konnte nicht weitersprechen.

„Mutter!" Er faßte sie bei beiden Händen, in jugendlichem Ungestüm riß er sie an sich. „Ach, ich wußte es ja, du bist doch meine gute Mutter." Er streichelte ihr die ganz kalten Wangen. „Und Annemarie meinte, du möchtest sie nicht mehr. Du hast sie doch lieb, nicht wahr, Mutter – schon mir zuliebe?"

Sie nickte stumm. Ihr Kopf war gegen seine Schulter gesunken, er konnte ihr Gesicht nicht sehen. Sah nicht, wie es in ihm arbeitete und zuckte. Er schob sie von sich. „Mutter, jetzt hol' ich dir aber meine Annemarie!" Er stürmte zur Tür, sie hielt ihn nicht mehr zurück.

Sie stand wie eine Geistesabwesende und starrte vor sich

hin: Opfer – ein Opfer – das war ein großes Opfer. Aber andere Mütter hatten noch unendlich viel größere gebracht. Jetzt war die Zeit zum Opferbringen.

Langsam fuhr sie sich mit der kalten Hand über das kalte Gesicht, über die wirr gewordenen Haare. Sie zwang sich ein Lächeln auf.

10

Die Glocke der roten Backsteinkirche läutete. Die Kirche stand mitten im alten Dorf, aber das Dröhnen ihrer Glocken klang über die neuen Villenstraßen hinaus weit in die Felder. Warum läutete es? Wieder ein Sieg? Um diese Mittagsstunde fanden keine Beerdigungen statt; es war wohl ein Sieg. Aber wo?

Gallipoli war gesäubert, die Engländer abgezogen von den heiß umkämpften Dardanellen; die türkischen Verbündeten hatten sich tapfer gewehrt, unter großen Verlusten hatten die Feinde sich einschiffen müssen, es war ruhig geworden da, Stille des Todes; was der Halbmond nicht erwürgte, das hatten die Seuchen erwürgt. Die Geschütze schwiegen, nur Aasgeier krächzten am verlassenen Strand. Und im Westen war es auch ruhig: nur kleine Artillerie- und Minenkämpfe, hier einmal ein Grabenstück gewonnen, dort eins wieder verloren; das ging so hin und her wie Ebbe und Flut. Auf dem östlichen Kriegsschauplatz in Galizien und an der Bessarabischen Grenze waren die Russen überall abgeschlagen, mehr als zweitausend ihrer Leichen lagen letzthin vor der Front. Die Russen hatten freilich Menschen, Menschen ohne Zahl; Heuschreckenschwärmen gleich, die die Luft verdunkeln, kamen ihrer immer neue und neue. Ein entscheidender Sieg konnte auch da nicht sein. In Wolhynien, am Dnjestr und bei Czartorisk – wer konnte die Namen alle behalten – überall das gleiche. An der Tiroler Front, zwischen den Bergen, starrend von Eis und Schnee, legte der Winter den Krieg lahm; ab und zu einmal im Görzischen oder unten am Gardasee ein Geschützgeknatter der Italiener. Nur in Montenegro ging es lebhafter zu. Da stürmten die kaiserlich-königlichen Truppen gegen den winterlichen Karst. Der Lovcen, der, stark befestigt, die vom Meer schier unüberwindbar scheinende, steil ansteigende Mauer des Gebirges krönt, war genommen – sollte es am Ende schon für Cetinje läuten?

Auf der Redaktion der Ortszeitung und beim Telephonamt fragte man neugierig und nervös geworden an.

Es läutete nur wegen einer Hochzeit. Und doch bedeutete auch die einen Sieg, einen raschen sogar. Auch der Vater Bertholdi hatte nachgegeben. Vernunftgründe wurden ja nicht gehört zu dieser Zeit, stürmischer denn je begehrte die Jugend ihr Recht. Es war ihm schwer geworden, der übereilten Verbindung seines Jüngsten zuzustimmen, wenn er die Leidenschaft des Jungen für das hübsche Mädchen auch wohl begriff und daß der sich nicht mit einer Vertröstung aufs Ungewisse beruhigen lassen wollte. Wer konnte sagen: *nach dem Krieg?!* –

Das junge Paar sah heut keine heiteren Gesichter um sich. Frau von Loßberg war gekommen, noch in tiefer Trauer um ihren Mann und in Sorge um ihren Ältesten, dessen Zustand nach der letzten, nicht von ihm selber, sondern durch die Pflegeschwester geschriebenen Karte bedenklich war. Sie wollte ja so gern ihre Tochter freudig beglückwünschen, aber die sie völlig unvorbereitet treffende Nachricht dieser Kriegstrauung und die überhetzte Reise waren ihren Nerven zuviel geworden. Sie, die ihrem Gatten in gefaßtem Schweigen die

Augen zugedrückt hatte, weinte jetzt laut: Auch das noch! Sie hatte es verlernt, sich zu freuen. Und war es denn so zum Freuen? Annemaries materielle Zukunft war freilich gesichert, der Kampf um die Existenz würde nicht an sie herantreten – aber wenn der junge Ehemann fiel oder zum Krüppel wurde? „Hast du das auch bedacht?" fragte sie weinend ihre Tochter, als die ihr lachend um den Hals fiel. Frau von Loßberg hatte in der großen rheinischen Garnison zu viele junge Witwen gesehen.

· Das sollte ein Glückwunsch sein?! Doch der Braut Augen trübten sich nicht. Sie wunderte sich nur einen Augenblick, hatte sie doch gedacht, die Mutter müsse sich jubelnd freuen mit ihr. Es nahm ihr nichts von dem Glücksgefühl, das ihre Seele füllte wie einen überschäumenden Becher. Mit leiser Nachsicht streichelte sie die welk gewordene Wange. „Du bist so zaghaft, du warst doch sonst nicht so. Ich verstehe dich gar nicht. Natürlich haben wir an alles gedacht. Wir haben auch alles besprochen, Rudolf und ich. Man ist doch alt genug, man weiß doch, was man tut. Und, Mutter –" ihre strahlende Miene wurde nur für einen Augenblick ernsthafter – „mag nun kommen, was da will! Und wenn es denn sein müßte, ich will lieber seine Witwe sein, als nicht seine Frau wer..." Die Hand der Mutter legte sich ihr rasch auf den Mund.

Es war gut, daß die beiden jüngsten Loßbergs aus dem Kadettenkorps mit zur Hochzeit hatten reisen dürfen. Egon und Ewald kamen sich sehr wichtig vor, sie reckten sich in ihrer Uniform. Der Krieg würde hoffentlich so lange dauern, daß sie auch noch mit herauskamen. Annemarie hatte die Brüder seit dem Tode des Vaters nicht gesehen, und damals war alles so traurig gewesen. Jetzt aber neckte sie sich mit ihnen, lachte und war ausgelassen.

„Du mußt nicht so oft den Kopf schütteln", sagte Bertholdi

heimlich zu seiner Frau. Sie drückte ihm die Hand: Er hatte recht, sie aufmerksam zu machen, sie hatte von ihrem Kopfschütteln gar nichts gewußt. Dachte denn diese Braut gar nicht daran, was ihr bevorstand? Ein kurzes Glück, acht Tage noch, dann war auch der Nachurlaub zu Ende – und dann ein langes, langes Warten. Ein gespanntes Lauern auf jede Post, ein qualvolles Bangen, ein beständiges Zittern vor dem furchtbarsten Schlag. Rudolf hatte recht, sie mußte wirklich zu alt sein, um die Empfindungen zu verstehen, die jene Jugend blind und taub machte. Verstohlen suchte sie wieder die Hand ihres Mannes. Wie gut, daß er da war! Sie selber kam sich vor wie eine Unglücksprophetin mit ihren trüben Ahnungen, mit Mühe nur zeigte sie eine freundliche Gelassenheit. Innerlich rang sie noch immer mit sich: Oh, wäre dieses Mädchen doch nie ins Haus gekommen! Ihre Vorliebe für Annemarie war ganz geschwunden.

„Du bist eifersüchtig", sagte ihr Mann. „Mehr als alle Zukunftssorgen quält es dich, daß du die Liebe deines Sohnes nun teilen mußt."

Sie senkte den Kopf: War es denn nicht auch schwer? Nie, nie hätte sie ohne weiteren Kampf eingewilligt, wäre nicht das dunkle Bild der Krüger wie ein mahnender Schatten auf ihren Weg gefallen.

Als sie zur Kirche fuhren, fing es an zu regnen. Es regnete der Braut in den Kranz, das bedeutet Glück. Warum sollte die auch nicht Glück haben, reich, schön, jung? Die Neugierigen, die sich in großer Zahl vor der Kirche angesammelt hatten, waren begeistert. Beifälliges Gemurmel begrüßte die schöne Braut beim Aussteigen. Was die fein war! In weißer Seide, mit einem Schleier, der in vielen duftigen Falten von dem runden Myrtenkranz niederhing, sie ganz umhüllend. Und sie war nicht blaß wie meist die Bräute, sie hatte ein Gesicht wie eine Rose. Und wie schneidig er aussah! Freilich noch ein bißchen sehr jung.

„Det gibt sich mit jedem Dag", sagte eine Alte.

Die Mutter des Bräutigams hörte alle Bemerkungen, ihre Sinne waren unheimlich geschärft am heutigen Tag. Sie sah all die Blicke, neugierige, bewundernde, teilnehmende, neidische. Sie fühlte den Regen auf ihrem Haupt, empfand ihn wie Tränen. Sie roch den Duft der Tannengirlande, die den Kircheneingang umkränzte; sie schmeckte eine Bitternis auf ihren Lippen. Sie hörte nicht nur die Orgel, die ihnen entgegenbrauste aus dem offenen Portal, sie hörte auch jeden Laut hinter sich.

„Wenn der bloß wiederkommt", sagte irgend jemand. Und dann jemand anderes: „Unken Se man nich."

Margarete Dietrich war auch unter den Zuschauern. Ganz vorn in der vordersten Reihe stand sie, dicht am Kirchenportal, und ihre Augen tranken mit einer wahrhaft verzehrenden Gier das Bild des schönen Paares. Bald, bald würde auch sie da hineingehen durchs bekränzte Portal im Seidenkleid, in Schleier und Kranz. Ihr Atem flog. Sie rückte immer näher: daß ihr nur nichts entging! Sie sah das Lächeln im Gesicht der schönen Braut und den stolzen Ausdruck auf dem des jungen Bräutigams. Ihre Blicke flackerten unruhig, ihre Augäpfel rollten: So schön, so schön – ah, waren die glücklich! Nur *den* Tag erleben, dann war's gut. Weiter wollte sie auch gar nichts: nur *den* Tag!

Die Dietrich preßte ihre Hände ineinander, es war ihr, als müsse sie laut aufschreien: So viel Glück, und sie war noch immer allein, stand noch immer draußen vor der Pforte. Es war nicht länger mehr auszuhalten. Sie stöhnte auf.

„Wenn Se nich mehr stehn können, denn jehn Se doch ab", sagte eine Frau. „Det dauert heute. Bei die predigt er lange."

Sie wollte sich vor die Dietrich drängen, aber diese stieß sie zurück. Hier, hier würde sie ihren Platz behaupten, und wenn sie auch umfiele. Sie war jetzt oft so schwach, essen mochte sie gar nicht mehr, die Kleider hingen ihr. Die Mutter tat, was sie konnte, und pflegte sie, aber konnte sie ihr die Sehnsucht nehmen? Andere starben an Auszehrung, sie fühlte es selber ganz genau: *Sie* zehrte aus an Sehnsucht.

Drinnen schwieg die Orgel. Was der Geistliche sprach, konnte man draußen nicht hören, aber Margarete hörte doch jedes Wort. Jetzt predigte er: ‚Wo du hingehst, da will ich auch hingehen' – das sagten sie immer bei Trauungen. Heute aber sagte er noch etwas anderes: von der Liebe, die alles überwindet, von der Liebe, die über das Grab hinaus dauert – von ewiger Liebe. Sie reckte den Hals vor, sie richtete sich auf die Zehen, sie lauschte, lauschte angestrengt. Ein Zittern lief durch ihren Körper, ihre Züge vibrierten, ihr mageres Gesicht bekam fliegende Röte und wurde dann plötzlich grünblaß. Ihr Atem stockte: Jetzt sprach er die Trauformel – jetzt steckte er ihnen die Ringe an – jetzt sagten sie: ‚Ja!' Wie laut das klang!

Alle sahen hin nach Margarete Dietrich. Sie hatte plötzlich ganz laut gerufen: „Ja!" Und dann fiel sie um...

Auch zum Haus der Krüger waren die Glocken gedrungen, sie wußte, was sie läuteten. Bei ihren Nachbarn war ein frohes Fest, der junge Bertholdi machte Hochzeit. Sie kannte den Rudolf schon, als er ihr vom alten Birnbaum noch die Birnen herunterschlug und ihr Gustav ihn dafür durchprügelte. Wie sich alles änderte! Nun war der obenauf, und ihr Gustav –?! Wenn sie nun auch bald etwas von ihm hören würde, es war ihr doch oft bange. Ruhelos strich sie den ganzen Tag durch Haus und Garten; selbst die Frau, die gekommen war, die Wäsche waschen, hatte sie abgeschafft. Alles allein, alles allein machen, nur Arbeit, Arbeit, daß man müde wurde wie ein Hund.

Als die Glocken feierlich um ihr Haus dröhnten, hielt sie sich die Ohren zu. Sie mochte die nicht hören. Das hätte ihr Gustav auch haben können – Kriegstrauung. Wenn man will, war die so rasch zu haben. Oh, ihr Gustav, ihr armer Junge! Immer fester preßte sie die Hände gegen die Ohren, sie hörte das festliche Läuten doch.

Sie stieg hinab in ihren Keller, da schaffte sie bei ihren Kartoffeln und den eingewinterten Rüben und Kohlköpfen, daß ihr der Schweiß lief. Der Keller war dunkel und tief, die Luke zur Straße mit Stroh verstopft, zu läuten hatte es längst aufgehört, aber sie hörte es immer noch. Was wohl das Mädchen machen mochte, die Hieselhahn? Gekommen war die nie, obgleich sie sie damals aufgefordert hatte. Nun, dann sollte sie's bleibenlassen!

Nun war der Junge schon fast ein Jahr – Gustav sein Junge! Wie sie wohl durchkommen mochte mit dem Kind? Es war jetzt alles so teuer, jetzt mußte ein jeder beten: ,Unser täglich Brot gib uns heute', und wurde doch nicht immer satt von dem, was er, seit einem Jahr nun schon, nur auf seine Brotkarte bekam. Fleisch gab's seit dem November wenig; es ging ihr gewiß kümmerlich, der Hieselhahn. Ach, wenn sie's doch lieber zugegeben hätte, daß der Gustav sie geheiratet! Dann wäre er von der Mutter nicht im Trotz geschieden. Dann brauchte sie ihre Gedanken jetzt nicht so herumlaufen zu lassen in der Ferne wie Schafe in der Irre. Oh, dieses Läuten, dieses Läuten, es machte sie ganz verrückt! Bis ins Innerste drang es ihr.

In ihrem tiefen dunklen Keller kniete die Krüger auf ihren Kartoffeln. In der dumpfen Lichtlosigkeit streckte sie ihre Hände empor und schrie zu Gott. Aber der sah nicht hinab in den tiefen Keller. Nein, noch einmal zu der Hieselhahn hingehen, nein, das tat sie nicht. Die mußte jetzt zu ihr kommen, so gehörte sich's!

Immer fester faltete die Krüger ihre Hände, sie kämpfte gegen das Läuten an, das sie verstörte. Sie rang mit sich selber: „Was soll ich tun? Mein Gott, oh, mein Gott!" ...

Und noch eine andere im Haus wurde erregt durch das Läuten. Frau Rossi wußte, daß es zur Hochzeit läutete; Heinz Bertholdi hatte ihr vom Bruder erzählt und von dessen Glück. Fast widerwillig hatte er ihr davon gesprochen, mit einer stockenden Langsamkeit, so, als hätte er's lieber nicht erzählt, und doch wieder so, als ob er nur davon sprechen könnte, weil ihn eigene ähnliche Wünsche erfüllten.

Annemarie ließ den älteren Bertholdi vollständig gleichgültig, aber er beneidete den jüngeren Bruder, daß der den Mut gefunden hatte, das Glück an sich zu reißen. Und wenn es auch nur ein kurzes Glück war! Heinz war der einzige, der Rudolf volles Verständnis entgegenbrachte. Warum beklagte die Mutter sich? Der Bruder hatte ja so recht, er genoß das Heute und fragte nicht nach dem Morgen. Das war sein gutes Recht. Und die Pflicht des, der im Felde steht. Ein jeder konnte es freilich nicht, und daß *er's* nicht konnte, das verstimmte Heinz Bertholdi tief. Sein Urlaub war abgelaufen, am Tage nach der Hochzeit mußte er zu seinem Regiment.

Sie hatten sich seit der ersten Begegnung und ihrer fröhlichen Kaninchenjagd täglich gesprochen. Der junge Mann hatte Frau Rossi seinen Besuch gemacht, und die Generalin, die zufällig gerade bei der Tochter war, hatte ihn freundlich aufgefordert, auch sie zu besuchen. Frau von Voigt war erfreut, daß die Tochter wieder einiges Interesse zeigte. Stumm und teilnahmlos hatte Lili viele Wochen dagesessen, nun wurde sie doch etwas lebhafter. Die Mutter war dem Leutnant Bertholdi dankbar dafür. „Sprechen Sie aber nicht viel vom Krieg", bat sie, als er bei ihr zum Tee saß und Lili noch nicht da war, „ich fürchte, es greift meine Tochter zu sehr an. Sie wissen, sie hat viel durchgemacht." Der junge Offizier verbeugte sich: „Exzellenz können ganz ruhig sein. Ich erzähle nicht gern vom Krieg. Was man da erlebt, behält man am besten für sich."

So hatten sie denn nie von dem gesprochen, was sie mit seinen Schrecknissen so nahe umlauerte. Sie waren zusammen spazierengegangen, es war ihm gelungen, die junge Frau herauszulocken; wenn es auch Winter war, die Tage waren schön. Kalt war es nicht, die Sonne zeigte plötzlich schon Kraft, in den Mittagsstunden konnte man vergessen, daß es noch Januar war. Die Haselnußstauden steckten ihre Träubchen heraus, die dunkelgrünen Kiefern des nahen Waldes dufteten, nicht so wie im Sommer, wenn der harzige Stamm von heißem Wohlgeruch trieft wie eine brennende Opferkerze, jetzt war der Duft heimlicher, aber voll verhaltener Kraft.

Die Spaziergänge belebten die junge Frau, sie hatte den Wald der Heimat gar nicht mehr gekannt; wenn es auch nur ein armer Wald war, jetzt entzückte er sie.

Sie machten den letzten Spaziergang zusammen am Tag vor Rudolfs Hochzeit. Morgen würde er ja nicht Zeit haben, und übermorgen – nun, daran wollte Heinz heute noch nicht denken. Mit einem langen Blick umfaßte er die Gestalt der geliebten Frau, die leicht vor ihm herschritt. Wenn er es ihr doch wenigstens sagen dürfte, daß er sie liebte! Aber durfte er das? Sie war in tiefer Trauer. Oh, dieser Italiener, wie er ihn haßte! Die Tritte des jungen Offiziers waren hart, sie stampften den moosigen Waldboden. Der war ihm ein tückischer

Feind, jetzt noch, da er schon lange tot war. Diese Frau, ach, diese Frau! Es gab nurmehr diese einzige für ihn auf der ganzen Erde. Dicht ging er hinter ihr, und wehte der Wind ihr schwarzes Kleid ein wenig zurück, daß es flatternd ihn streifte, fühlte er es wie Beseligung.

Schweigend gingen sie den schmalen Waldpfad, den sie fast täglich gegangen waren, hinunter zum See; sie liebten diesen einsamen Weg, auf dem man keinem Menschen begegnete, nur manchmal einem Reh, das nicht flüchtete. Mitten im Kanonengebrüll, Blutvergießen und Schmerzensgestöhn, mitten im weinenden Klagen, in aller Gemeinheit und Verleumdung der Welt, waren sie hier gewandert im tiefsten Frieden. Abgeschiedene Geister, die nichts mehr von der Vergangenheit wissen, die in der Seligkeit wandeln.

Ob sie es nicht fühlte, daß er sie liebte? Ihr Blick blieb ruhig, immer ein wenig traurig, wenn sie auch lächelte; immer lag es über diesen schönen Augen wie ein Schleier. Der Liebende verglich mit einer gewissen Eifersucht seines Bruders Braut mit dieser Frau hier – diese hier würde der Mutter gefallen. Wenn er nur wüßte, was Lili über ihn dachte! Sie war gern mit ihm zusammen, das fühlte er, aber ob sie denn gar nicht *mehr* für ihn empfand? Eine so junge Frau – sie konnte doch nicht allem entsagen wollen? Schon sah sie nicht mehr aus wie die Nonne, als die er sie zuerst erblickt hatte im Krügerschen Garten. Einen schwarzen Schleier trug sie heute nicht – sah sie nicht aus wie ein Mädchen in dem kleinen Pelzkäppchen? Er ging hinter ihr und fieberte: Morgen war für ihn ein verlorener Tag, da konnte er hier nicht mit ihr wandern, und übermorgen – Gott im Himmel, übermorgen um diese Zeit war er längst fort! Es überfiel ihn in jähem Schreck, er biß die Zähne zusammen.

Sie standen am See. Der sah aus wie ein Auge, das ein

Geheimnis birgt. Ganz unergründlich. Wolken waren über den Himmel gezogen, er warf nichts Lichtes herunter; es spiegelten sich nur die schwarzen Kieferböschungen der Ufer in schweren Klumpen. Auf dem Wasser, das gestern im Sonnenglanz gelächelt hatte, lag es heute wie entsagungsvolle Trauer. Die Witwe stand dicht am Rand, die düstere Lache bespülte fast ihren Fuß. Sie hatte das Pelzkäppchen abgenommen und ließ den Uferwind um ihre Schläfen wehen. Nun sah man die Linien, die schwere Gedanken in ihre Stirn gezeichnet hatten. Die Winkel ihres Mundes waren ein wenig herabgezogen, sie sah sehr traurig aus.

„Tut es Ihnen leid, daß ich fortgehe – übermorgen schon?" fragte er leise. Er konnte nicht länger an sich halten: *Das* wenigstens, das mußte er sie fragen.

Sie nickte. Aber sie sagte nichts. Als sei sie scheu geworden, so drehte sie um.

Rascher, als sie gekommen waren, gingen sie zurück. Sie lief immer vor ihm her. Als sie am Krügerschen Hause angelangt waren, reichte sie ihm die Hand zum Kuß.

„Sehe ich Sie heute noch?" Seine Augen baten.

„Ich bin heute nicht zu Hause."

Er fühlte, daß sie nicht die Wahrheit sprach, und das machte ihm Mut. „So werde ich morgen kommen und Ihnen Lebewohl sagen. Wenn auch die Hochzeitsfeier meines Bruders ist. Ich finde schon eine Stunde. Gegen Abend." Er glaubte ein leises Zittern ihrer Hand zu verspüren, die er noch immer hielt. „Also morgen!"

Es war eine schlaflose Nacht, die die junge Witwe verbracht hatte; von vielen schlaflosen Nächten die schlafloseste. Sie hörte jede Viertelstunde von der großen Turmuhr der Kirche schlagen – hart, gefühllos. Es war eine Qual. Sie wühlte in den Kissen, und dann saß sie aufrecht und stützte die Ellenbogen auf die hochgezogenen Knien und den schmerzenden Kopf zwischen die Hände. Durch den zugezogenen Vorhang stahl sich ein letzter Mondstrahl und tanzte in allerlei seltsamen Zuckungen und huschenden Lichtern auf dem Bild ihres Mannes, das an der Wand, ihrem Bett gegenüber, hing. Die Mutter hatte ihr eine Photographie vergrößern lassen – es war ihr einziges Weihnachtsgeschenk gewesen, sie hatte nichts anderes haben wollen – und nun?!

Sie hob den Kopf aus den Händen und starrte gramvoll hinüber zu dem beleuchteten Bild. Es war deutlich erkennbar: das hübsche bartlose Gesicht mit dem keck aufgesetzten Käppi und den melancholischen Augen – sahen die sie heute nicht unsäglich traurig an? Nein, das schien nur so; sonderlich tief hatte er sich ja nie etwas genommen. Doch heute, heute – oh Gott, blickten die Augen nicht vorwurfsvoll, starr drohend auf sie?! ‚Hast du mich schon vergessen?' Es drang eine Stimme zu ihr: ‚So bald schon?'

Sie erbebte. Es wurde ihr sehr kalt. Ach, du armer Mann! Sie grüßte sein Bild mit einem schmerzvollen Neigen: nein, oh nein, sie hatte ihn nicht vergessen. Täglich, stündlich sah sie sein Grab am Monte Pian, mit Geröllbrocken eingefaßt, ein Holzkreuz darauf, das seine Soldaten geschnitzt. Sie hörte den Bergwind darüber sausen, die Lawinen es umdonnern – es war ihr ein qualvoller Gedanke, daß ihn frieren könnte in seinem Grab. Aber was konnte sie dafür, daß sie noch jung war? Daß es sich in ihr regte wie Sehnsucht, nicht nur Sehnsucht nach dem, was vergangen war.

Sie streckte ihre Hände bittend aus zu dem Bild an der Wand: ‚Mein armer Mann, ich werde dich nie vergessen. Aber es ist hart, einsam zu sein und einsam zu bleiben, doppelt hart, wenn man weiß, wie schön das Leben sein kann – zu zweien.' Aber würde es jetzt noch so schön sein, könnte es denn je wieder so schön sein mit ihm? Ihre Brauen zogen sich zusammen: Sie war Deutsche. Und Deutsche geblieben. Das hatte sie gefühlt vom ersten Tag des Krieges an. Wie hatte sie gelitten unter seiner Begeisterung! Nur Italien, sein Italien, Leib und Seele für Italien. Seine Hingabe an sein Vaterland hatte *sie* wiederum *ihrem* Vaterland ganz wiedergegeben. Jetzt verstand sie ihn so gut, sie war ihm nicht gram mehr, daß er sein Italien über alles stellte; das war seine Pflicht, als Offizier doppelte Pflicht gewesen. Aber etwas war jäh aufgeklafft zwischen ihnen, das trennte weiter als der schroffste Schrund der Berge, als der abgrundtiefste eisigste Spalt der Gletscher. Sie hatte ihn längst verloren gehabt.

Die einsam wachende Frau seufzte tief auf, mit einem Ruck warf sie das Haar zurück, das lang und schwer in trauernden Strähnen ihr vom geneigten Haupt über Gesicht und Hände floß. Es war dunkel jetzt an der Wand, der Mondstrahl erloschen.

Und plötzlich verschwand auch vor ihrem inneren Blick das Bild des Mannes – da war nicht der italienische Offizier mehr, eine deutsche Uniform tauchte auf aus nächtlichem Dunkel, ein deutsches Männergesicht sah sie liebend an.

„Nein, oh nein!" Hatte sie es laut gerufen? Die eigene Stimme erschreckte sie. Über sich selber entsetzt, versteckte sie den Kopf ins Kissen: War sie so treulos, so ehrvergessen, so bar aller Würde, daß sie jetzt schon, so bald schon, an den andern dachte? In tiefer Scham stöhnte sie und wehrte sich: Nein, das durfte nicht sein.

Gegen Abend, hatte Leutnant Bertholdi gesagt, würde er herüberkommen und Abschied nehmen. Den ganzen Tag hatte er an diesen Abschied gedacht.

Es war ein fröhliches Hochzeitsmahl, trotz des Ernstes der Zeit. Trotz Hedwig Bertholdi, die ihr Taschentuch, zu einem Knäulchen geballt, in den Händen hielt, und immer wieder daran herumdrückte und zerrte. Sie fühlte nichts mehr von dem Schmerz, ihren Jüngsten so weggeben zu müssen, sie fühlte keinen Schmerz darüber, daß ihr Ältester sie morgen auch verließ, sie fühlte nur noch die Unruhe einer qualvollen Ungewißheit. Wie etwas nebelgrau Wogendes, unbestimmt Verschleiertes lag es um sie und vor ihr. War da noch eine Zukunft oder gab es keine mehr? Sie fühlte sich sehr müde. So viele Stunden, Tage, Wochen, Monate unsäglichen Hoffens! Wie mußte es denen erst zumute sein, bei denen es ganz und völlig zu Ende war?! Ihre Gedanken flatterten weg von diesem geschmückten Tisch, irrten in dem nebelgrauen Gewoge und flatterten dann doch wieder zu ihm her. Der Blick ihres Mannes, der auf ihr ruhte, ihr ab und zu heimlich zuwinkte, rief sie zurück.

Die andere Mutter war auch nicht sonderlich heiter. Frau von Loßberg mußte so viel an ihren toten Mann denken; er würde wohl glücklich gewesen sein, seine Tochter in solcher Umgebung zu wissen. Aber war Annemarie denen hier denn auch so willkommen? Sie glaubte es zu fühlen, daß bei den Eltern ein Widerstand war. Kein darauf deutendes Wort war gesprochen worden; Hedwig Bertholdi hatte zu der Jugendfreundin von ehemals überhaupt nicht viel sagen können, eine Herzlichkeit wollte nicht aufkommen. Ihr tat die Frau in der tiefen Trauer leid, aber man war sich ja fremd geworden, so fremd, als hätte man sich niemals gekannt.

Die Verhältnisse waren auch so ganz andere. Hier diese Villa mit allen Bequemlichkeiten: die Diele mit dem von oben fallenden Licht, der Wintergarten mit Palmen und blühenden Blumen, die Ölgemälde, die echten Teppiche, die gediegenen

Möbel, all der Geschmack, den der Besitz gibt. Und kein Sich-winden und immerwährendes Rechnen, um einigermaßen standesgemäß zu erscheinen; die Schränke voll mit Kleidern und Wäsche und auf dem Tisch Silber und feines Porzellan, wie etwas Selbstverständliches jede Mahlzeit reichlich und gut. All das gab der Witwe des armen Majors etwas noch Gedrückteres.

Sie saß still und zurückhaltend an der mit Kristall und weißen Blüten in zartem Grün schön geschmückten Hochzeitstafel in ihrer schwarzen Seidenfahne. Der Tochter zu Ehren hatte sie heute den Familienschmuck der Loßbergs angelegt: eine feine, wie aus schwarzen Haaren kunstvoll geflochtene und gegliederte Eisenkette, an der ein großer Anhänger hing – Krone und Wappen –, wundervoll dem Goldschmuck nachgebildet, den die Urgroßmutter des Majors einst in den Freiheitskriegen dem Vaterland zum Opfer gebracht hatte. Der Hausherr stieß mehrmals mit ihr an: „Auf Ihre Söhne!" Sie dankte und trank einen ganz kleinen Schluck von dem Sekt, der in ihrem Glas alles Schäumende verloren hatte. Sie hatte ihn zu lange stehen lassen, sie war es nicht gewohnt, Sekt zu trinken; er schmeckte ihr auch nicht. Es war etwas Bitteres darin.

Um so bessser schmeckte er den Kadetten. Herr Bertholdi machte sich ein Vergnügen daraus, den beiden jungen Loßbergs fleißig einzuschenken. Dann verneigten sie sich jedesmal verbindlich, unterm Stuhl die Hacken zusammenschlagend: „Danke gehorsamst!" Ganz schon Leutnant, und doch strahlte aus ihren runden Gesichtern noch die harmlose Glückseligkeit des Kindes. Was würden die Kameraden im Korps sagen – Sekt getrunken, echten französischen Sekt! Keck stand Ewald auf und hob sein Glas: „Auf das Wohl des Herrn Hauptmanns, unseres verehrten Gastfreundes und

Schwiegervaters, hurra!" Und „Hurra, hurra!" krähte auch Egon mit seiner überschnappenden Knabenstimme.

Angstvoll sah die Majorin nach ihren beiden Jüngsten: Tranken sie auch nicht zuviel? Bertholdi beruhigte sie lachend: Und wenn auch, morgen konnten sie ja noch ausschlafen. Er hatte seinen Spaß an den Jungen, denen man es anmerkte, *wie* sie genossen. Er unterhielt sich mit ihnen, sie wurden nach und nach so lustig, daß er sagen mußte: „Na, Jungens, aber!" Er merkte nicht, wie eigentlich außer ihm und den Kadetten niemand sprach.

Das Brautpaar flüsterte leise miteinander; für sie beide war alles andere und waren alle anderen nicht da. Rudolfs Augen leuchteten: Gleich würde Annemarie vom Tisch aufstehen, den Brautstaat ablegen, sich zur Abfahrt fertig machen. Sie wollten heute abend nach Dresden reisen, dort die paar Tage des Urlaubs noch genießen.

Heinz Bertholdi lauerte nur auf diesen Augenblick: Dann konnte auch er gehen. Er war voller Ungeduld den ganzen Tag schon. Je weiter der Nachmittag vorrückte und sich dem Abend zuneigte, desto ungeduldiger wurde er: Stand man denn noch nicht auf? Der Bräutigam konnte nicht sehnsüchtiger sein. Endlich! –

Der junge Offizier schlich sich zum Hause hinaus. Merkwürdig, er hatte heute dasselbe Gefühl wie auf seiner ersten Schleichpatrouille: die gleiche heiße Aufgeregtheit, die im Blut prickelt, und doch war er kalt dabei, eiskalt, todesruhig. Hier wie dort ging's um sein Leben. Durfte er eine Hoffnung haben für die Zukunft? Erfahren mußte er das heut in dieser letzten Abschiedsstunde.

Nicht umsonst hatte er die ganze Nacht schlaflos gelegen, sich jede ihrer Mienen zurückgerufen, jedes Wort, das sie gesprochen, hin und her gewendet, überlegt und daran gedeutelt. Am einfachsten Wort. Sie hatte ihm keinen Blick geschenkt, der mehr gezeigt hätte als harmlose Freundlichkeit, sie hatte ihm durch nichts etwas verheißen, durch gar nichts. Und doch war es ihm so, als wäre er berechtigt, sie zu fragen.

Entschlossen bog er um die Ecke – rasch noch an ein paar Gartenzäunen vorbei – da lag das kleine Krügersche Haus im Rücken der elterlichen Villa. Oben bei Lili glänzte Licht. Unten war's noch dunkel, die Haustür nicht verschlossen, ungeduldig stieß er sie auf und tappte hastig hinein. Gerade trat die Krüger aus ihrer Küche – ein Aufschrei – das Tablett mit Geschirr, das sie trug, prasselte zu Boden.

„Oh, Frau Krüger, habe ich Sie erschreckt?" Bedauernd bückte er sich und half ihr bei dem bißchen Lichtgeflinzel, das die Küchenlampe hinaus in den dunklen Flur warf, die Scherben auflesen.

Die Frau zitterte. „Sie sind's – Sie sind's?!" Eine unsägliche Enttäuschung sprach aus ihrem langgezogenen Ton.

„Ich, ja. Wer dachten Sie denn, daß es wäre, Frau Krüger?"

Sie antwortete ihm nicht darauf. Schwerfällig sich aus ihrer kauernden Stellung aufrichtend, wankte sie mit ihren Scherben in die Küche zurück. Die Tür schlug sie hinter sich zu.

Komische Frau, diese alte Krüger! Warum war die nur so heftig erschrocken? Aber er dachte nicht weiter darüber nach. Eben hatte sich die Glastür, die die obere Wohnung abschloß, geöffnet, Lili, eine Kerze in der Hand haltend, beugte sich übers Geländer.

„Ich muß Ihnen leuchten. Mein Mädchen ist ausgegangen, das Licht auf der Treppe brennt noch nicht!" Sie rief es hell, eine Fröhlichkeit im Ton erheuchelnd, die ihr Gesicht nicht zeigte. Die Augen in dem blonden Kopf, der sich, vom Kerzenlicht umstrahlt wie in einer Glorie, niederneigte, blickten dunkel umrandet, unnatürlich groß.

Lili – seine Lili! Eine zärtliche Rührung faßte den Hinaufstürmenden, mit beiden Händen hätte er die Geliebte ergreifen mögen, aufheben, hochhalten, sie so tragen allezeit.

„Meine gnädige Frau!" Mit heißen zuckenden Lippen küßte er ihr die Hände. Sie entzog sie ihm.

Eine Verlegenheit wollte sie überkommen: Ob er es auch nicht falsch auslegte, daß sie jetzt, gerade jetzt, so allein in der Wohnung war? Ja, sie hatte die Magd fortgeschickt, mit Absicht, die lauschte an den Türen. Und heute, das fühlte sie, heute entging sie ihm nicht, heute wurde etwas gesprochen, was niemand anderes zu hören brauchte: was ganz allein blieb zwischen ihm und ihr. Sie überwand die Verlegenheit, mit ihren traurigen Augen sah sie ihn vertrauensvoll an: Nein, er würde nicht schlecht von ihr denken, nie.

„Wie rasch sind die Urlaubstage vergangen", sagte sie, ein Lächeln erzwingend, obgleich ihr Herz so verzagt war, daß es weinte. Nun ging er, dieser gute, liebe Mensch! Dieser Mann, der ihr vor kurzem noch fremd gewesen war, und der ihr doch schon so vertraut war, als gehöre sie zu ihm. Hier war keine trennende Kluft – *ein* Volk, *ein* Vaterland, *eine* Heimat –, und doch, es durfte nicht sein. Sie nahm sich zusammen. „Ich danke Ihnen für all die Stunden, die Sie mir gewidmet haben. Ich bin so gern mit Ihnen spazierengegangen. Es hat mir wohlgetan. Ich hatte mich von allem zurückgezogen; zu sehr zurückgezogen. Sie haben mich wieder ein bißchen ins Leben zurückgeführt. Nun will ich mich auch nicht wieder so einspinnen." Sie sah ihn scheu an, warum sagte er denn gar nichts? Er machte es ihr wirklich recht schwer. Sie quälte sich weiter: „Sie werden mir doch mal schreiben, nicht wahr? Ich würde mich sehr freuen. Wir haben uns wirklich so angefreundet in der kurzen Zeit, daß man doch auch ab und zu voneinander hören muß. Ich werde mir auch erlauben, Ihre Frau Mutter zu besuchen – als Nachbarin. Bis jetzt konnte ich mich ja noch zu gar nichts entschließen." Ihre Hand, die lässig im Schoße hing, strich über das schwarze Kleid. „In solcher Trauer ist man so scheu. Nun wird's aber besser – *Sie* haben mir geholfen!" Sie lächelte ihn an, aber ohne seinen Blick, der ihren Blick suchte, zu erwidern. Innerlich zitterte sie: Würde er denn noch nicht sprechen, ihr helfen bei ihrer gequälten Unterhaltung? Er mußte doch einsehen, daß sie nicht anders konnte, nicht anders sein durfte. Oh, wäre er doch lieber gegangen ohne Abschied! Dann hätte sie weinen können jetzt, von niemandem gesehen. Diese Stunde war eine Qual.

„Ihr Bruder ist wohl sehr glücklich?" Das war eine ungeschickte Frage, aber sie wußte nicht mehr, was sie sagen sollte. Es verwirrte sie völlig, daß er sie unverwandt ansah mit Augen, die so ganz anders waren als jene dunklen, die ihr einst abgrundtief erschienen. Diese hellen blauen Augen drückten ebensoviel Liebe, ebensoviel Zärtlichkeit aus – eine volle, treue Hingabe. „Sagen Sie doch ein Wort", stieß sie hervor. „Warum sprechen Sie denn gar nicht?"

„Ich darf ja nicht." Seine Stimme klang heiser vor Erregung. Nun faßte er nach ihrer Hand, sie wollte ihm dieselbe sanft entziehen, aber er hielt sie eisern fest. „Morgen muß ich fort – wer weiß, ob ich wiederkomme – gnädige Frau, darf ich hoffen" – er schluckte – „darf ich eine Hoffnung mit in den Krieg nehmen? Eine Hoffnung?"

„Eine Hoffnung?!" Sie wiederholte es nur mechanisch. Ach, sie wußte ja nur zu gut, welche Hoffnung er meinte. Aber konnte, durfte sie ihm Hoffnung machen? Da war ein Grab am Berghang, um das die Winde sausten und die Lawinen donnerten; der drinnen lag, der hörte nicht das Sausen und Donnern, aber er hörte, wie sie, seine Witwe, jetzt, hier, zu diesem andern Mann sprach. Ihr Herz schlug angstvoll, Röte der Scham stieg in ihr blasses Gesicht. Langsam schüttelte sie den Kopf: „Ich bin in so tiefer Trauer." Bittend sah sie den Freund dabei an, ihr Ausdruck hatte etwas Rührendes. „Ich kann Ihnen keine Hoffnung mitgeben – nicht *die* Hoffnung, die Sie meinen."

Er wollte auffahren, etwas sagen, etwas rufen, schreien. Sie sagte: „Still!"

Ihre weiche Stimme, die ein wenig gezittert hatte, wurde fest: „Ich müßte mich vor mir selber schämen, wenn ich so rasch vergessen könnte, was gewesen ist. Ich habe meinen armen Mann einmal sehr, sehr liebgehabt. Und jetzt" – sie machte die Hand, die er noch immer hielt, frei; gleichsam wie sich einhüllend, zog sie ihr schwarzes Kleid enger um sich – „jetzt denke ich darüber nach, wie traurig es ist, daß alles so gekommen ist. Und doch wie gut!" Sie versuchte ein Lächeln, offen sah sie den jungen Mann an: „Glauben Sie, daß ich auf die Dauer hätte in Italien leben können? Ich liebe jenes Land – aber jetzt? Nein, es wäre nie wieder gut geworden. Es ist besser so."

Er wollte wieder nach ihrer Hand greifen, er faßte nach ihren beiden Händen: Da sagte sie es ja selber; es war gut, daß sie frei geworden war, Italien ging sie nichts mehr an, hier, hier war Deutschland und die Liebe eines deutschen Mannes. „Gnädige Frau – geliebte Frau!" Was wollte er ihr nicht alles sagen, sie anflehen, bestürmen, erobern wie eine besiegte Stadt! In leidenschaftlichem Ungestüm, in dem ganzen Rausch seiner Neigung wollte er sie an sich ziehen, ihr zurufen hundertmal, tausendmal: ‚Vergiß, was war, genieße, was ist – ich liebe dich, ich liebe dich!' Aber er brachte nichts davon heraus. Wie in zürnender Abwehr traf ihn ihr Blick, sie wich zurück.

Als ob sie all seine Gedanken erriete, sagte sie: „Wenn Sie wirklich mein Freund sind, dürfen Sie nicht so zu mir sprechen. Ich will nichts hören. Ich will auch nicht zum zweitenmal all die Qual und Angst des Wartens durchmachen, die ich schon einmal durchgemacht habe – ich kann, ich kann es nicht. Leben Sie wohl, lieber Freund!"

Nun wollte sie ihm beide Hände reichen. Aber er bemerkte die Bewegung nicht, mit der sie sie ihm hinstreckte. Er bemerkte auch nicht, wie blaß ihr Gesicht war, welch ein banger, gequälter Ausdruck in ihren Augen. Er sah nur, daß sie zurückwich, merkte nur ihre Abwehr. Und das ernüchterte ihn. Nun war er wieder ganz bei sich. Er reckte sich auf, als müsse er sich gegen etwas wehren: Nur nicht zeigen, wie nahe es ihm ging! Und doch erschien ihm das Leben plötzlich ganz ohne Reiz und alles, was zu erkämpfen war, nicht mehr erkämpfenswert. Er hätte sich hinwerfen mögen wie ein ungebärdiger Knabe. Aber mit gemachter Höflichkeit verneigte er sich vor ihr: „Leben Sie wohl, gnädige Frau."

Die Tränen schossen ihr in die Augen: Ach, wenn er wüßte, wie ihr zumute war. Nun ging er von ihr – *so* von ihr –, und sie hätte ihm doch die Arme um den Hals schlingen mögen, ihm ins Ohr flüstern: ‚Oh du, du! Komm wieder, komm wieder!' Aber sie mußte ihn doch so gehen lassen; sie fühlte genau: ein Wort, ein Blick, ein Hauch nur – und es war geschehen. Er war frei, er brauchte nicht Rechenschaft abzulegen, aber sie?! Ihr Witwenkleid war noch neu, noch war nicht frisches Gras ersprossen auf ihres Mannes Grab. Sie war noch gebunden. Sie hatte Rechenschaft abzulegen dem, der für die Welt schon tot war, jedoch für sie noch lebendig. Nein, sie konnte nicht anders, *so* mußte der Abschied bleiben; er durfte nicht anders sein.

Aber das konnte sie nicht hindern, daß die Tränen, die in

ihren Augen standen, überliefen. Er sah es nicht. „Kommen Sie wieder!" flüsterte sie. Er hörte es nicht.

Er hatte ihr die Hand geküßt, nun war er an der Tür, er hielt die Klinke schon in der Hand, heiß wallte es plötzlich in ihr auf. Eine jähe Frage: War jetzt das Entsagen wirklich am Platz? So dunkel der Abend, so schweigend die Welt, so einsam das Haus, und sie nur, sie beide ganz allein, und draußen nichts als Jammer, als Kampf – ihm nach, ihm nach, ihn zurückhalten! Wer wollte sie hindern daran, sich an ihn anzuklammern?! Ihre Jugend, ihr Blut bäumten sich. Den liebte sie, das wußte sie in diesem Augenblick ganz genau – was ging sie alles andere an?!

Aber sie neigte, stumm Abschied nehmend, den Kopf, folgte ihm noch auf den Flur, beugte sich übers Treppengeländer und winkte ihm nach.

Er sah sich nicht mehr um, sah nicht mehr hinauf zu ihr ...

Wie ein Blinder hatte sich Heinz Bertholdi aus dem Hause getastet. Vor seinen Augen lag die dunkle Straße noch dunkler. Und seine Ohren waren taub; so taub waren sie nicht gewesen nach tagelangem Trommelfeuer. Seine Knie bebten, in seinen Zügen zuckte und zitterte es. Die Nerven spielten ihm wieder einmal einen Streich wie damals nach den schlimmsten Tagen an der Marne.

Ein heller Schrei ließ ihn schreckhaft zusammenfahren, andere Schreie folgten. Es waren Kinder, die so laut schrien. Vom Bahnhof, die Hauptstraße herunter, kam es gerannt: hurtige, hüpfende, trappelnde Füße. Eine Schar Jungen patschte mitten durch den tiefen Kot, die Pfützen spritzten, jeder wollte der erste sein. Sie kreischten, sie lachten, sie verkündeten jubelnd und freuten sich: „Morgen ist schulfrei, morgen ist schulfrei!"

Und da huben auch schon die Glocken an, tiefdröhnend

mit festlichem Läuten. Türen klappten, Fenster öffneten sich: Läutete es dreimal? Die stille Straße war auf einmal laut, der verdunkelte Ort heller geworden. Das Läuten setzte ab, hub wieder an, setzte nochmals ab und läutete dann zum drittenmal.

Fahnen heraus! Cetinje, Cetinje! Die Hauptstadt von Montenegro war genommen. Wiederum eine Stadt.

11

Wenn jetzt die neugebildeten Truppen verladen wurden, tönten die Hurras nicht mehr ganz so laut. Der Krieg dauerte schon zu lange; zwei Kriegswinter, das halte einer aus! Die Urlauber, die aus dem Westen kamen, hatten grausige Dinge erzählt; kein Wunder, daß es manchem jungen Kerl, der früher keine Furcht gekannt, kalt über den Rücken lief. Was nützte es, daß Montenegro um Frieden gebeten hatte – die kleinen Diebe hängt man, die großen läßt man laufen – noch immer war kein Frieden in der Luft. Und doch begann die Natur Lenzesahnung zu zeigen. Es war ein frühes Frühjahr. Schon im Februar spielten die Mücken über den aufgeweichten Gärten in steigenden Säulen; sie vollführten einen lustigen Tanz.

Und ein Tanz war's auch vor Verdun; aber ein blutiger. Wer von da wiederkam, konnte von Glück sagen. Die Frauen, die ihre Männer bei Verdun wußten, liefen herum wie Hühner, die der Habicht scheucht. War denn wohl eine unter ihnen, die bestimmt sagen konnte: Mein Mann lebt noch?! Briefe und Karten blieben aus. Postsperre. Man konnte jetzt auch keine Päckchen schicken. Und das war fast das Härteste. Wie gern hatte man gekauft von den Fischkonserven, von den

Kognakfläschchen, von den Fleischpasten und Tortenschächtelchen, von den Schokoladetafeln und Erfrischungsbonbons, die trotz ihres hohen Preises aus den Schaufenstern verschwanden, so schnell, wie der Wind leere Spreu wegwirbelt. Es kam ja keiner darauf an, die letzten Scheine auf den Ladentisch hinzulegen für einen einzigen Leckerbissen. Dann hatte der Mann doch mal einen Tag, an dem ihm was schmeckte. Manches Mutterchen probte erst mal mit bescheidenem Lecken an der Süßigkeit, die sie einpackte: Ja, die war noch gut, noch nicht Ersatz, da war noch richtiges Mehl dran, richtige Butter. Der Junge aß für sein Leben gern Kuchen. Und sie schmunzelte in sich hinein und hatte noch den Geschmack süß auf der Zunge, wenn sie selber trockenes Brot mampfte.

Mit dem Urlaub schien es jetzt auch nichts zu sein, es kamen keine Urlauber von der Westfront; nur aus Rußland erschienen welche, aber dahin brannte das Interesse nicht so. Verdun, Verdun – um das drehten sich alle Gedanken. Ungezählte Kinder im deutschen Reich falteten beim Nachtgebet ihre Hände für den Vater, der Douaumont und Vaux erstürmte, Panzerfesten mit so furchtbaren Zähnen, daß kein Ungeheuer je hatte so grimmig beißen können. Unzählige Herzen im großen Berlin standen still vor Entsetzen über die Todesanzeigen, die die Spalten der Zeitungen überfüllten – blieb denn noch *ein* Mensch übrig? ‚Heftige Nahkämpfe' – das wußte man ja, was das bedeutete.

Im Vorort draußen war von all den Frauen, deren Männer bei Verdun standen, die Dombrowski vielleicht die einzige, die das Lachen noch nicht verlernt hatte. Daß ihr Stanislaus nicht schrieb, machte sie nicht unruhig; er hatte ja auch vordem nicht oft geschrieben. Und immer nur wenig: ‚Liebe Minka, ich bin gesund. Auf ein Wiedersehen. Es grüßt Dich

Dein Stanislaus.' Ob sie das nun las oder nicht! Er war zu schlecht mit der Feder. Sie war auch schlecht mit der Feder. In ihrer Heimat, Oberschlesien, ganz weit weg, wo er im Bergwerk arbeitete und sie ihn kennengelernt hatte, als sie beim Fördern der Kohlen half, da kam's nicht an aufs Schönschreiben. Nun war der Stanislaus ja auch zu alt dazu, an die Vierzig, der lernte es nicht mehr besser. Ach, er würde auch schon noch am Leben sein, wenn der liebe Gott es so wollte. Wußte sie doch nicht einmal genau, ob er gerade mit vor Verdun war, auf seiner letzten Karte hatte nur gestanden: Westen!

Wenn die anderen Frauen, die die schöne Minka beim Einholen traf, vor Unruhe verzehrt aussahen wie im Wind flackernde Flammen, die schnell ausbrennen, glänzte ihr Gesicht in behaglicher Fülle. Es ging ihr nicht schlecht. Wer es verstand, kriegte schon noch was; sie hatte ja auch ihr Stückchen Land, und dann hatte sie noch... hatte noch... sie sagte nicht gerade heraus, was sie noch hatte. Aber an Andeutungen ließ sie es nicht fehlen. Wenn ihrer Mieterin ernste Augen dann vorwurfsvoll, mit einer gewissen Verächtlichkeit auf sie blickten, lachte sie sich eins: Die war schön dumm, die Hieselhahn, die war doch nicht häßlich, die hätte es auch besser haben können. Die brauchte nur mal abends mit ihr zu schlendern zum Bahnhof, wo die Soldaten, die jetzt hier in Garnison lagen, sich bei Dietrich Zigarren kauften oder den Hauptbericht am Schwarzen Brett lasen und herumständerten. Dann hätte sich sicher auch für sie noch einer gefunden, der was hatte. Die Hieselhahn war selber dran schuld, wenn es ihr erbärmlich ging.

Gertrud war mit der Miete in Rückstand geraten. Heut war Anfang März, sie hatte wieder zu zahlen und konnte dabei noch von vordem nicht alles glattmachen. Zögernd trat sie in die Küche, in der die Dombrowski am geheizten Herd saß und sich den Rücken wärmte. Sie war noch in Nachtjacke und Unterrock, Schlaf klebte ihr die Augen halb zu. Es war Gertrud, als drehe sich etwas in ihr um – da saß nun die Frau, faul und vergnügt, und der arme Dombrowski lag draußen im schlammigen Graben oder vielleicht in seinem Blut. Es stieg ihr etwas in die Kehle und wollte heraus, aber sie mußte jedes Wort hinunterschlucken, selbst ihre Blicke durften nicht sprechen. Sie kam ja, um zu bitten. Mit niedergeschlagenen Augen näherte sie sich.

„Schon ausgeschlafen?" sagte die Dombrowski und kratzte sich in ihrem reichen Haar. „Ich leg mer noch mal 'rin, 's is ja noch so früh. Da" – sie zog, ohne aufzustehen, eine Tasse heran und schenkte ein – „da, trinken Se auch vorerst 'n Schluck Kaffee."

„Nein, danke." Gertrud glaubte keinen Schluck annehmen zu dürfen, und doch zog ihr der Duft lieblich in die Nase. Das war noch echter Kaffee; lange, lange hatte sie den nicht mehr gekostet. „Wir haben schon März", fing sie an zu stottern, „aber ich kann Ihnen die Miete – die Miete kann ich doch noch nicht bezahlen – nur erst die rückständige."

„Nu ja." Die Dombrowski gähnte. „Wieviel sind Se mir denn noch schuldig?"

„Den ganzen Februar noch", sagte Gertrud leise. Eine flammende Röte schlug ihr ins Gesicht.

Die schöne Minka regte sich nicht auf. „Das 's ja nich schlimm." Sie lachte. „Verhungern wer' ich drum auch noch nich. Sie können mir ja nächsten Monat alles zusammen bezahlen."

„Wenn ich das nur kann!" Eine beklemmende Angst machte Gertruds Stimme ganz klein. „Wenn das Kind nicht krank gewesen wäre und ich deswegen hätte nicht aufhören müssen bei den Tornistern und mir dann erst neue Arbeit suchen, dann wär' ich nicht so in Rückstand geraten. Das Strohsäckenähen bringt nicht so viel ein. Entschuldigen Sie vielmals!" Sie zählte Geld auf den Herdrand: „Das ist also für Februar. Und Sie warten noch? Danke auch vielmals."

Die Dombrowski schenkte sich aufs neue ein und warf zwei Stück Zucker in die Tasse. „Bald soll's ja auch nich Zucker mehr geben. Na, wenn's nur noch Männer gibt!" Sie lachte hell. „Machen Se doch nich so'n Gesicht, Fräuleinchen, ich meine ja bloß Soldaten, die de Franzosen verkloppen."

Gertrud wandte sich ab: Durfte sie denn sagen, was sie eigentlich dachte?

Es war noch früher Morgen, noch war die Sonne nicht heraus, ein feuchtes, fahles Grau schimmerte durch die angelaufenen Scheiben des kleinen Küchenfensters. Draußen lagen die Felder, den Frühling erwartend; aber sie waren noch kalt, das Grün der Saat hatte noch keinen warmen Ton. In der Ferne der Wald lag wie Blei. Im Hofe klappte der Märzwind mit der Schuppentür. Und durch diesen Wind mußte Gertrud jetzt gleich gehen, gegen ihn ankämpfen – es fröstelte sie. „Wollen Sie so gut sein, Minka, und dann nach dem Kleinen sehen? Jetzt hat er Milch getrunken. Sein Süppchen zum Mittag hab' ich in die Röhre gestellt. Nicht wahr, Sie vergessen ihn nicht?" Mit gesenktem Kopf schlich sie zur Tür; es wäre nicht das erste Mal gewesen, daß die Dombrowski vergessen hätte, nach dem Kind zu sehen.

„Warten Sie doch mal!" schrie die Dombrowski. Sie sprang auf und lief hinter der anderen her. Die schöne Minka trug nicht nach, in diesem Augenblick sah sie nur Gertruds trauriges Gesicht und wußte nichts mehr von verächtlichen Blicken und daß die nicht mit ihr zum Bahnhof gehen wollte. Sie schlang ihren vollen Arm um die Schultern des Mädchens:

„Na, was, immer fidel! Daß Sie de Miete nicht zahlen können, das macht gar nischte. Da!" Sie rannte zum Herd, packte das Geld und wollte es Gertrud wiedergeben: „Nehmen Se das man ooch wieder. Es hat noch Zeit."

Gertrud nahm das Geld nicht zurück. Aber als sie zum Bahnhof lief im Geschwindschritt, lief die Gestalt der Frau mit dem üppigen Busen und den blank herumguckenden Augen immer vor ihr her, wirbelte mit im prasselnden Wind. Auch bei der Arbeit verließ die sie nicht. Was sollte werden, wenn der Mann dahinterkam? Warnen ließ sich die Minka ja nicht. Ach, und es war nicht einmal immer derselbe! –

Die Frauen, die mit Gertrud in dem kalten großen Hofraum, einer früheren Werkstatt, Strohsäcke nähten, hatten heute viel zu erzählen. Heute wurden nicht soviel Stück geschafft wie sonst, selbst die emsigste Akkordarbeiterin machte heut öfter einmal Pause. Sie waren alle ganz aufgeregt. Hatte das Fräulein es denn nicht gelesen, es stand doch schon in allen Zeitungen?!

„So 'n gemeines Stücke, so 'ne Vettel! Der Mann is im Feld, und sie schafft sich derweile 'nen Liebhaber an. Er kommt auf Urlaub, kommt eher an als sein Brief, der es ihr verkünden soll. Es läßt ihn einer ins Haus mit 'rein, in stockdunkler Nacht klettert er die Treppe 'rauf – in der Ackerstraße, hinten im Hof vier Treppen – leise, ganz leise – wird die sich freuen! Da hört er drinnen eine Männerstimme – halt, wer ist denn da bei ihr? Die Stimme kennt er nicht – ein Fremder? – und nachts um halb zwei?! Er guckt durchs Schlüsselloch, der Schlüssel steckt von innen, er kann nichts sehen, aber unter der Tür her fällt schwacher Lichtschein. Die ist nicht alleine, die hat einen bei sich! Jetzt lacht sie – seine Frau – oh, wie er die am Lachen kennt! Und zärtlich sind die. Kreuzhimmeldonnerwetter, verflucht noch mal! Und er, der Mann, steht hier draußen und kann nicht herein!"

„Und da hat er denn die Tür eingetreten", erzählte eine. „Und als er denn ringeplatzt war wie 'ne Bombe in seine Küche, sah er die Bescherung. Grad im rechten Momang. Da hat er den Kerl denn kaltgemacht. Kann man ihm det verdenken?"

„Und ihr, ihr, hat er ihr auch was getan?" fragte Gertrud zitternd.

„Ich weeß nich. Sie hat wie doll geschrien. Er war wohl gerade dabei, da kamen Leute zu. Schade drum, die hätt' er nur ooch kaltmachen sollen."

Kaltmachen! Gertrud überlief es.

„Lassen Se man gut sein", sagte eine alte Frau, die bis dahin geschwiegen hatte, und ein seltsames Lächeln, halb spöttisch, halb traurig, zerrte an den Falten ihres verhärmten Gesichts. „Die Männer machen es nich anders. Glauben Sie, daß die bei de Französinnen oder wo se sonst sind, immer treu bleiben? Se denken nich dran. Aber wir, wir –" ihre heisere Stimme schlug um, wurde heftig – „wir sollen uns nie was erlauben. Glaubt ihr denn, für so 'ne junge Frau – vielleicht hat sie ihren Mann gar nich mal gerne, oder es kann auch sein, se denkt zuviel an ihn – glaubt ihr, für 'ne Frau is det leicht, nu *so* zu bleiben? Alleine, ohne was fors Herz?"

„Nanu, aber nanu!" Die Jüngere, die vorher gesprochen hatte, tat ganz entsetzt: „Sie wollen det wohl noch entschuldigen? Na ja, Sie!" Das ‚Sie' klang verächtlich. „Ich sage, wenn mein Mann aus's Feld käme und fände mir bei so was – na, ich danke!"

Die Meinungen waren geteilt. Die einen konnten es wohl verstehen, daß man eine Entschuldigung für die Frau fand, die anderen hätten es richtig gefunden, das treulose Weib dem Liebhaber nachzuspedieren. Sie zankten sich beinahe darum. Sollte die denn so ganz ohne Strafe davonkommen? Den armen Mann sperrten sie ein, der hieß nun Mörder – sie, die Schuldige, ließ man frei laufen.

„Die? Die is schon gestraft genug", sagte leise die alte Frau. Sie nickte vor sich hin. Eine traurige Erinnerung war ihr gekommen: Jung gewesen und allein geblieben war auch sie einmal. Sie wischte sich über Stirn und Augen, wie um etwas zu verscheuchen.

Gertrud hörte still dem Durcheinander der Weiber zu; die schwatzten und stritten, gelacht wurde auch. Alles, was sich durch den Schlamm der Straße wälzt, wurde heut hier breitgetreten. Der Geschichte des Urlaubers folgten andere Geschichten: Nicht nur in der Ackerstraße passierte so etwas, das kam überall vor in der Welt. Mitunter kreischte eine laut auf: Das war ja zum Totlachen!

Die Alte, die Seifert, lachte nicht mit. Sie erzählte auch nichts. Die Lippen zusammengekniffen, saß sie da, einen steinernen Ausdruck auf dem mageren Gesicht, und nähte. Ihre groben Finger waren sehr geschwind. Gertrud paßte auf: Der konnte sie nicht beibleiben, trotz ihrer Gewandtheit. Die Fingerspitzen schmerzten sie zu sehr von der rauhen Sackleinewand, der harte Faden schnitt ihr ins Fleisch. Was war das für eine Frau? Die sah aus, als trüge sie schwer an etwas. Unwillkürlich mußte Gertrud wieder nach ihr hinsehen. Und die Seifert, als wittere sie in dem Blick Neugier, sagte grob: „An mir is nischt zu sehn!" Gertrud wurde rot und murmelte etwas, das wie eine Entschuldigung klang.

Gegen Mittag verschwand die Seifert für eine Stunde. „Jetzt muß sie ihren Sohn futtern gehen", sagte die junge Kriegerfrau, die neben Gertrud saß. „Sie müssen ihr nich immer so ankucken, Fräulein, det mag se nich. Mit die is det nämlich nich koscher – von dazumal her noch. Ihr Mann war im Krieg, siebzig."

„Was hat sie denn getan, dazumal?" fragte Gertrud, seltsam bewegt. Die Frau sah so aus, als könne sie nie mehr froh sein.

Die andere zuckte die Achseln: „Was Genaues weiß man nich. Sie wird sich wohl ooch 'n Liebhaber angeschafft haben dazumal; darum entschuldigt se ooch die in de Ackerstraße. Neulich nähte eine Frau hier, die ihr näher kannte – vor Gericht soll se dazumal gewesen sein, aber freigesprochen is se worden, aus Mangel an Beweisen. Der Sohn hat keine Arme mehr. Bei Schemisel haben sie ihm beide kaputtgeschossen."

Die Unglückliche! Gertrud mußte noch an die Seifert denken, als sie längst den kalten Hofraum verlassen hatte, in der Bahn saß und nach Hause fuhr. Das war noch schrecklicher, wenn man büßen muß im Alter, was man in der Jugend verbrochen hat! Und neben das verhärmte Antlitz mit den eingegrabenen Falten schob sich der Dombrowski rundes, immer vergnügtes Gesicht.

Es war nicht viel zu verdienen beim Strohsäckenähen. Eine Arbeit war's auch, die eigentlich jedermann machen konnte, der eine grobe Nadel grob zu führen verstand. Aber es war jetzt nicht an der Zeit, wählerisch zu sein. Selbst für den, der Geld genug hat, war es jetzt nicht so leicht, immer satt zu werden. Brot, Fleisch, Butter, Fett, Mehl, Zucker – alles nur auf Karten.

Wenn der Krieg noch lange dauerte, würde man auch jeden Schluck Wasser, jeden Mundvoll Luft nur gegen Karte zu schnappen kriegen! Und daß man dazu noch so ewig stehen mußte, bis man sein bißchen weg hatte! In Berlin, bei den vielen Menschen war es am schlimmsten, da standen sie in langen Reihen vor den Butter- und Fleischerläden, Frau hinter Frau, viele Hunderte; wenn man sich nicht dabei hätte etwas erzählen können, wäre es entsetzlich gewesen. So fand man sich drein.

Hier draußen war es auch langwierig genug. Wenn die Dombrowski nicht gewesen wäre, die für sie mitstand, hätte Gertrud Hieselhahn hungern müssen; sie hatte nicht die Zeit, stundenlang zu stehen und zu warten, bis sie an die Reihe kam. Der Dombrowski machte die Steherei Spaß. Es ging jetzt gegens Frühjahr, die Luft war linder, es war recht angenehm, wenn der sanfte Wind so ums Gesicht fächelte und mit den losen Haaren im Genick spielte. Die schöne Minka empfand dies wie eine Liebkosung. Zwischen all den blassen Gesichtern fiel ihr Gesicht doppelt auf. Sie sah anders aus als Margarete Dietrich, die sich auch mitunter mit ihrem Körbchen anstellte, so vertattert und verträumt dastand, daß sie gar nicht merkte, wenn sie endlich dran war. Meist aber kam Frau Dietrich selber, still und gedrückt und ganz verschüchtert; wenn man sie nach ihrer Tochter fragte, zuckte sie zusammen.

Margarete Dietrich wartete noch immer auf ihren Bräutigam. Im Schrank, in einen weißen Überzug gehüllt, hing das Brautkleid, zum Anziehen fertig; die Schneiderin, die selber einen Bräutigam draußen hatte, hatte eigene Liebe und Sehnsucht hineingenäht. Falten und Fältchen, Säume und Säumchen waren wie hingehaucht, ein Duft, ein Traum. Jeden Abend, ehe Margarete ins Bett stieg, lüftete sie den verhüllenden Überzug im Schrank ein wenig, das Brautgewand guckte hervor: weiß, seiden, in glückverheißender Herrlichkeit. Dann stand sie, versunken in Betrachtung, ihre Augen hatten einen selig-verlorenen Ausdruck, ein irres Lächeln spielte um ihren Mund; sie konnte sich nicht trennen. Mit nackten Füßen stand sie lange, lange, sie merkte nicht, daß es kalt in der Stube war; spitz stachen ihre mageren Schulterknochen aus dem Hemdausschnitt, sie fror blau und merkte es nicht. Da, da hing ihre ganze Seligkeit! Zögernd nur ließ ihre Hand endlich den Zipfel fallen. Als letztes vom Tag, als Traum für die Nacht nahm sie das Brautgewand mit hinüber. –

Heute war ihre Mutter ausgegangen. Seit jenem Tag, an dem Margarete in die Kirche gelaufen war, um die Bertholdische Hochzeit zu sehen, traute sich die Mutter kaum mehr fort. Damals hatten ihr zwei mitleidige Frauen die Tochter nach Hause gebracht, sie zwischen sich schleppend wie eine ganz Willenlose. Gretchen hatte, als sie der Mutter besorgtes: „Kind, was ist dir?" hörte, bitterlich zu weinen angefangen. Sie schluchzte laut. Dann aber fing sie an zu lachen, lachte, lachte wohl eine halbe Stunde lang. Frau Dietrich konnte den Gedanken daran gar nicht mehr loswerden, sie war immer unruhig seitdem. Heute hatte Gretchen ihr so zugeredet: Tante in Berlin würde es sehr übelnehmen, wenn die einzige Schwester nicht mal käme, ihr zum Geburtstag zu gratulieren. Es war zudem Sonntag, der Laden nicht geöffnet, das Wetter schön, so entschloß sie sich denn; Gretchen war ja auch heute ganz wohl. Und so ruhig.

Als sie schon beinahe am Bahnhof war, kehrte sie doch noch einmal um, es trieb sie förmlich mit Gewalt zurück: Würde Gretchen auch nicht irgend etwas anstellen? Aber die saß ganz friedlich in der Vorderstube und las in einem Buch. Verwundert sah sie auf, als die Mutter nochmals eintrat. Frau Dietrich machte sich eine Ausrede: „Habe ich vielleicht meine Handschuh hier liegen lassen?" Sie suchte im Zimmer herum.

„Aber, Mutter, du hast sie ja an!" rief Gretchen und lachte sie aus.

„Na, so was!" sagte Frau Dietrich und lachte auch. Und dann gab sie ihrer Tochter einen Kuß. „Auf Wiedersehen denn!"

Nun war Margarete Dietrich ganz allein. Allein –! Sie klappte plötzlich das Buch zu und sprang auf, mit einem seltsamen Lächeln sah sie sich um. Da war der alte Regulator an der Wand – ‚tick – tack' – das war der einzige Laut. Sonst nichts. Gott sei Dank! Der sollte auch nicht tick-tack machen, das klang so hart, das schlug ihr immer auf den Kopf. Sie sprang auf einen Stuhl und hielt das Pendel an. Es machte sie ganz schwindelig mit seinem ewigen Hin und Her.

So – nun war's gut! Sie atmete auf. Und dann lief sie nach hinten in ihr Stübchen. Sie öffnete den Schrank und nahm das verhüllte Kleid heraus. Es auf beiden Armen vor sich hertragend, brachte sie es in die Vorderstube. Ah, heut hatte sie ja einmal das Reich für sich! Hier war's viel heller und der Spiegel auch größer. Scheu sah sie sich um: Es war ihr doch so, als ob jemand da wäre. Nein. Heut konnte sie ungestört Hochzeit spielen.

Nun holte sie auch noch Kranz und Schleier herbei, die sie in der Kommode verschlossen gehalten hatte. Wie der Kranz sich freute, ans Licht zu kommen! Seine Myrte blühte plötzlich weit auf, das Grün seiner Blättchen wurde lebensfrisch. Er drängte sich förmlich auf ihren Kopf, er senkte sich nieder auf ihren Scheitel. Sie mußte ihn aufsetzen, er ließ nicht nach.

Und ebenso ging es jetzt mit dem Kleid. Ehe sie wußte, wie es kam, war ihr die Wollbluse, der wollene Rock vom Leibe gefallen, über sie sank das Hochzeitsgewand. Die Seide hüllte sie ein, weiß und weich, der duftige Schleier war wie eine Wolke; sie ward gehoben, getragen. Ein schönes Bild lächelte sie aus dem Spiegel an, ein Wesen aus den seligsten Höhen. Nun war sie nicht Gretchen Dietrich mehr, das einsame Mädchen, das vor Sehnsucht verschmachtet – sie war geliebt, begehrt, sie war eine Braut am Hochzeitstag. Gleich, gleich trat er ein, der sie begehrte – ha, da war er schon!

Hastig fuhr sie herum, ihr lächelndes Gesicht wurde noch lächelnder, mit einem leisen Schrei streckte sie die Arme aus: „Kommst du?"

Wie aus weiter Ferne klang es, und doch so nahe: „Ich komme zu dir!"

„Wo du hingehst, will ich auch hingehen!"

Sie sank ihm an die Brust, er schloß die Arme um sie, fest, fest; so fest, daß sie ächzte. Aber sie entwand sich nicht seiner Umarmung. Mochte es auch weh tun – oh, so weh! –, sie pressen wie in einem furchtbaren Krampf, der die Brust einschnürt, den Atem verfängt, den Herzschlag anhält, so, so nur war ewige Liebe! Sie lag ganz hingegeben, sie schloß die Augen. Dunkel, dunkel, nichts sehen, nur hören, was er flüsterte.

Es flüsterte in ihrem Ohr: „Ich liebe dich!"

Sie flüsterte zurück: „Ich liebe dich!"

„Du bist jetzt mein!"

„Ich bin jetzt dein!"

Er nahm ihr den Kranz aus dem Haar, sie ließ ihn sich ruhig nehmen. Da lag er am Boden, der schöne Kranz! Sie wollte sich bücken, ihn aufheben, aber seine Hand hielt sie zurück: „Laß ihn liegen, du brauchst keinen Kranz."

„Ich brauche ihn, ich brauche ihn wohl. Man setzt mir den Myrtenkranz auf im Sarg."

„Wo wir hingehen, gibt es keinen Sarg; da ist ein Bett nur,

der Freuden voll, da ist ewige Lust." Er stieß den Kranz mit dem Fuß beiseite. „Kommst du mit mir dahin?"

Ihre Hand faßte nach dem Schleier, sie riß auch den vom Kopf: „Ich komme mit!"

Er war hastig und ungestüm, er konnte es nicht erwarten. „Komm doch, so komm doch!"

„Meine Mutter, was wird die sagen? Die grämt sich um mich."

„Was ,Mutter', was ,grämen' – du bist jetzt mein, komm du nur, komm!"

„Lieber, Geliebter, ich will meinen Mantel anziehen, daß die Leute mein Kleid nicht sehen, mein weißes Kleid, das leuchtet so weit."

„Ziehe deinen Mantel an, damit niemand dich sehe, aber dann komm, komm! Ich habe nicht Zeit. Es ist Krieg. Ich fliege über die ganze Welt; nie bin ich so eilig gewesen wie jetzt. Komm, Gretchen! Komm, Mädchen! Komm, liebste Braut!" Seine Stimme klang schmeichelnd.

Es zog sie fort mit Liebe, es zog sie fort mit Gewalt. Es gönnte ihr kaum Zeit, den Mantel über ihr Hochzeitsgewand zu werfen. Sie ließ in der Stube alles zurück: Kranz, Schleier, ihr tägliches Kleid. Das lag alles am Boden. Die Mutter würde es schon finden, in Ordnung bringen, aufheben. Sie warf keinen Blick mehr zurück. Fünfundzwanzig Jahre hatte sie hier gelebt, hier in diesen Räumen, hier war sie geboren, hier hatte sie als Kind gelacht, gespielt, ihre ersten Lieder gesungen, ihre ersten Tränen geweint, ihren ersten Traum geträumt. Hier war ihr Vater gestorben. Hier hatte ihre Mutter sie liebgehabt, für sie gesorgt, um sie gesorgt. Das war alles nichts.

„Komm, Gretchen, komm!"

Als Frau Dietrich in Hast eintrat, erwiderte niemand ihr

„Guten Abend!" Sie war eher wiedergekommen, als sie eigentlich beabsichtigt hatte; kein Zureden der Schwester, doch zum Abendbrot, das heute, dem Geburtstag zu Ehren, reichlicher als sonst war, dazubleiben, hatte sie halten können. Sie mußte nach Hause, sie mußte nach Hause. Es trieb sie. Gretchen war doch jetzt immer so merkwürdig, es war nicht gut, daß sie die so lange allein gelassen hatte. Noch war es nicht ganz dunkel, der Märzabend nicht vollends hereingebrochen. Sie sah es weiß am Boden schimmern, und dann stolperte sie: Was war das?! Um ihren Fuß hängte sich etwas. Kleine künstliche Knospen aus Wachs, weiße Blütchen, zertretenes Grün. Wie ein Totenkranz. Abergläubisch überrieselt sah sie sich um.

„Gretchen!"

Keine Antwort.

Die Hände der Mutter, die unruhig nach den Streichhölzern suchten, waren so ungeschickt, daß ein Streichholz nach dem andern aufzischte und erlosch. Endlich brannte Licht. Da lag der dunkle Rock, die dunkle Bluse am Boden, die Gretchen heute angehabt hatte, und drüberhin wand sich wie eine Schlange ein langer weißer Schleier. Was war das, was war denn das?! Ein unklares Entsetzen lähmte die Frau, sie stand ganz starr. Wie kam das hierher, Brautschleier und Kranz?

„Gretchen! Gretchen!" Der Ruf der Mutter gellte durch die leere Wohnung. Was hatte die Tochter nun wieder angefangen? Und fort war sie. Frau Dietrich riß den Schrank auf: Ihre Sachen waren alle da. Nur der Mantel am Haken fehlte. Wo war sie hin? Zur Bahn, der Mutter entgegen? Ach nein! Zu ihrer Freundin, Fräulein Hieselhahn? Ach nein. Sie war ja menschenscheu, sie ging zu niemandem mehr. Vielleicht hatte sie wieder einen Brief geschrieben, trug den nun gerade zur

Post? Ach nein. Es könnte wohl sein, aber es war nicht so. Das fühlte die Mutter plötzlich deutlich. Gretchen war fort, Gretchen rannte draußen umher, von irgend etwas getrieben. Und es wurde Nacht. Wie lange mochte sie schon fort sein? Wenn sie doch wiederkäme, wenn sie doch bald wiederkäme!

Zitternd leuchtete die Frau in alle Winkel, sie suchte eine Spur. Und plötzlich fing sie an zu weinen in großer Angst: Ihr Kind, ihr Gretchen, wenn dem nur nichts Schlimmes widerfuhr! Sie riß das Fenster auf und spähte hinaus.

Die Straße war leer, sonntäglich still. Drüben auf der anderen Seite stand ein verlaufener Hund und winselte. Es hörte sich schrecklich an.

Die Verängstigte sah nach der Uhr: Die stand auf vier. Ein Stuhl war darunter gerückt, das Glastürchen, das den Regulator verschloß, stand geöffnet – um vier war sie also noch hier gewesen. Sie klagte manchmal: ‚Die Uhr, die Uhr, die dröhnt mir im Kopf' – die hatte sie da wohl angehalten. Nun war es Stunden später.

Die Kirchenuhr schlug. Die Frau zählte: Gott im Himmel, war's nur möglich, schon neun? Ach, wäre sie doch nicht fortgegangen, hätte Gretchen nicht allein zu Hause gelassen! Neun, und Gretchen noch immer nicht da!

Oft hatte Frau Dietrich schon auf die Tochter warten müssen; wenn die gehen wollte, ging sie eben, eigensinnig, da half kein Bitten und auch kein Schelten. Aber heute hielt sie das Warten nicht aus. Etwas Merkwürdiges, Unerklärliches schwebte in dem kleinen Zimmer, hauchte sie an, daß es ihr bald eiskalt wurde, bald glutheiß zu Kopfe stieg. Gedanken auf Gedanken kamen, stießen, hetzten sich, trieben der Mutter Füße wieder zum Hause hinaus auf die Straße. Erst zum Bahnhof. Eine leise Hoffnung führte sie: Vielleicht stand die Tochter da und wartete.

Niemand hatte Gretchen gesehen. Vergeblich stand die Frau am Bahnhofseingang und spähte die Straße hinauf und hinab; sie hörte noch immer den verlaufenen Hund winseln.

Es war ein hübscher kleiner Hund mit langhaarigem Fell, man sah es gelb schimmern im Laternenschein; mit suchenden Augen sah das Tierchen sie an, es hob bittend die Pfote, sie stürzte an ihm vorbei. ‚Gretchen, Gretchen!' schrie es in ihr. Halb unbewußt schlug sie den Weg zur Hieselhahn ein. –

Gertrud Hieselhahn wollte sich eben niederlegen. Das Kindchen schlief, die Dombrowski war aus, was sollte sie noch so einsam aufsitzen; es war unnütz, daß sie noch Licht verbrannte. Da hörte sie ihren Namen rufen. Durch die große Stille klang es langgezogen und hohl wie Käuzchenruf. Das Hoftor war geschlossen, es stand jemand draußen auf der dunklen Chaussee und rief nach ihr.

Sie machte das Fenster auf: „Wer ist denn da?"

„Ich, Fräulein Hieselhahn, ich! Ach, ist Gretchen bei Ihnen?"

„Frau Dietrich? Nein, Gretchen ist nicht bei mir. Warten Sie, ich komme raus!" Es war etwas in der Stimme der Frau, das Gertrud mit Mitleid erfüllte und mit Angst ansteckte: Die suchte ihr Kind.

Klein, noch kleiner als sonst, wie ein verscheuchtes Tierchen, stand die Frau in der Nacht auf der einsamen Chaussee; Beistand suchend klammerten sich ihre feucht-kalten Finger um Gertruds Hand. „Gretchen ist fort – ach Gott, die Angst! Fräulein Hieselhahn, verlassen Sie mich nicht!" –

Sie suchten beide. Nun schon lange. Sie wußten nicht, *wie* lange schon. Durch die dunklen Felder stolperten die zwei einsamen Frauen. Erst hatten sie rund ums Haus, ums ganze Gehöft gesucht. Warum sie das taten? Es konnte doch sein, meinte Gertrud, daß Gretchen sie hatte besuchen wollen.

Nun suchten sie weiter draußen und riefen und riefen. Immer abwechselnd. Dazwischen wimmerte die Mutter leise: Sie hatte es ja längst geahnt, daß es kein gutes Ende nehmen würde mit Gretchen. Sie hatte es nur nicht wissen *wollen*, es sich selber immer wieder ausgeredet. Hatte es auch nicht sagen mögen, zu keinem anderen sprechen von ihrer Angst. „Man will das doch nicht, Fräulein Hieselhahn. Aber heute, heute – ich kann nicht mehr schweigen. Ach, meinen Sie, sie hat sich was angetan?"

Gertrud biß die Zähne zusammen: War das grausig. Ja, auch sie hatte längst gedacht: Ist alles wahr, was Gretchen erzählt? Oder alles gelogen? Nein, Lüge durfte man das nicht nennen, Lüge nicht – oh, das arme Mädchen! „Wir müssen umkehren, Frau Dietrich", sagte sie weich. „Hier ist Gretchen nicht. Wir wollen nach Hause gehen, vielleicht, daß sie jetzt da ist. Wenn nicht, laufe ich noch auf die Polizeiwache.

Das war etwas für die Frauen, die am andern Tag vorm Buttergeschäft standen. Sosehr sie sonst auf das Stehen schalten, heute wurde es ihnen nicht zuviel. Das war ja schrecklich mit der Dietrich! Die kam nun nach Dalldorf. „Fortgelaufen is se von Hause", erzählte eine, „im Hochzeitsstaat. Mit ihr weißes Kleid. Untenrum in die Püffchen lauter kleine Myrtensträußchen. An die Taille vorn auch 'n Myrtenbukett. Meine Frieda hat's jesehn, heute bei's Zeitungsaustragen, als sie ihr brachten. Heute morgen. Dem Polizeiwachtmeister sein Hund hat ihr aufgespürt. Ganz weit draußen ins Feld bei den Tümpel, unter dem Kiefernbusch, dicht am Rand vons Wasser, soll se jelegen haben. Die Nacht is noch kalt, sie war janz verklammt." Man drängte sich neugierig näher heran. Ob sie sich da hatte ertränken wollen?

„Nu, weil se verrückt is. Die hat zu lange auf den Bräutigam warten müssen."

Ob sie denn wirklich verlobt war? Man hatte den Bräutigam noch niemals gesehen.

Die Frau, die in der Nähe von Dietrichs wohnte, zuckte die Achseln. „Kann sind, kann ooch nich sind. Wer weiß Bescheid mit die Mädchens. Soviel is sicher: Wenn eine jetzt einen draußen hat, un er schreibt nich un kommt nich und se weiß nich, hat se'n noch oder hat se'n nich mehr, denn kann et ihr ooch schon so jehn wie der Dietrich."

Ja, das konnte es! Es ging wie Entsetzen über aller Gesichter, sie blickten scheu. Von ferne nahte sich ihnen einer mit harter Faust, der packte die Herzen, daß sie zerbrachen. Der nahm die Gedanken und schüttelte sie, daß sie untereinandergewirbelt wurden wie Spreu in einem Sieb – das war der Krieg.

12

Der Frühling wollte kommen, aber er brachte die Eroberung von Verdun noch immer nicht mit. Ungeheuere Anstürme, ungeheuere Verteidigungen, auf beiden Seiten ungeheuere Opfer. Dieses Frühjahr war es besonders zeitig warm geworden, es blühte bereits im April, aber wer konnte sich daran freuen?

Wenn Hedwig Bertholdi jetzt durch ihren Garten ging, sah sie nicht, daß der Flieder bald Knospen ansetzte. Sie hatte Sorgen, größere Sorgen, als sie vordem gehabt hatte. Wenn Annemarie lachte, tat es ihr fast körperlich weh. Ihr Ältester war jetzt der, um den sie am meisten bangte. Es sei ihm über, als Artillerist ewig im Unterstand zu liegen und sich mit den Ratten herumzuschlagen; er hatte ein Bett da unten, eine nette Wohnung, nur auf den Knopf braucht er zu drücken, so war der Bursche auch schon da, aber dieser Stellungskrieg war das Ödeste, was man sich denken konnte. Er hatte sich zu den Fliegern gemeldet; da war doch noch Freiheit und ein selbständiges Handeln. Den Hauptmann Bölcke hatte er kennengelernt, der hatte sein Gesuch unterstützt. Nun wußte die Mutter ihn freilich augenblicklich nicht im Kampf, hinter der Gefahrzone machte er seine Ausbildung durch. Aber ging er nicht noch viel größeren Gefahren entgegen als Rudolf, der als Infanterist vor Verdun lag? Heinz flog schon, und seine Briefe, die seit dem Urlaub selten gekommen waren und die ihr eigentümlich müde und unlustig gedünkt hatten, strömten jetzt über von einer Lebhaftigkeit, die sich wie Begeisterung las. Aber das feine Ohr der Mutter hörte unter der Begeisterung doch noch etwas anderes: Was war mit Heinz?

Wenn sie jetzt nachts im Bette lag, flog auch sie. Dann war es ihr, als höbe ihr Körper sich aus den Kissen, als schwebe sie durch unendliche Räume, die man Himmel nennt, und fühlte mit Schaudern die Erde unter sich versinken. Warum nur hatte Heinz sich dazu gedrängt? Sie las jetzt nur von Abstürzen. Wußte er denn nicht, daß ‚Flieger' das Allergefährlichste ist?

„Fliegen, die reine Lebensversicherung", antwortete er ihr. „Ein herrliches Gefühl, so allem entrückt zu sein, auf den Flügeln des großen Vogels durch den Äther zu schweben, von allem andern losgelöst. Dann denkt man nicht mehr an das, was gewesen ist, oder was sein könnte, alles ist vergessen, man fliegt, fliegt und genießt das."

„Laß ihn doch", sagte Annemarie. „Ich finde es riesig schneidig von ihm."

Was wußte diese junge Frau, die mit einer unerklärlichen Unbefangenheit in den Tag hineinlebte, von den Gedanken einer Mutter? Die Ältere hätte die Jüngere beneiden mögen um ihren Gleichmut – hatte die ein glückliches Temperament! Und es war ja auch so, als sollte sie recht behalten mit ihrem täglichen: ‚Es wird schon gutgehen', noch immer hatte sie die besten Nachrichten von ihrem Mann. Briefe flogen hin, Briefe flogen her. Mitten in allen Kriegsgreueln blühte das Liebesglück. Und Hedwig sagte sich: So muß wohl die Frau sein, die es ihrem Mann leichtermacht zu dieser Zeit. Sie wußte nicht recht, sollte sie die Schwiegertochter oberflächlich nennen, oder herzenskühl, oder sie beneiden? Es hatte sie als etwas ganz Unfaßliches berührt, wie die beiden Menschen voneinander Abschied genommen hatten. Strahlend waren sie von Dresden wiedergekommen, Rudolf hatte seine Frau noch nach Hause gebracht am letzten Tag des Urlaubs, am Abend mußte er fort. Annemarie würde ruhig bei der Mutter bleiben, bis er wiederkam, dann würde man ja schon weitersehen. Und Annemarie hatte sich hineingefügt mit derselben Leichtigkeit, mit der sie sich eben in alles fügte. Sie hatte wohl geweint, als ihr Rudolf sie zum Abschied küßte, aber als sie dann auf dem Bahnsteig stand und ihm nachwinkte, hatte sie doch schon wieder unter Tränen gelächelt. Und er hatte ihr lächelnd wiedergewinkt, obgleich auch ihm das Wasser in den Augen stand. Sie waren eben jung, sie hatten noch nie das große Leid erfahren, das das Innerste um und um kehrt – glückliche Kinder.

Es gab Stunden, in denen es Hedwig Bertholdi schwerfiel, nicht ungerecht gegen die Schwiegertochter zu werden. Wie *konnte* die nur so heiter sein! Das Lachen, das sie einst entzückt hatte, dieses volle, tönende Lachen, fiel ihr jetzt auf die Nerven. Aber mußte sie nicht eigentlich froh sein, daß Annemarie die Zeit und die Trennung so trug? Wenn die nun immer geklagt und gezagt hätte? Ohne daß Hedwig es wußte, nahm sie sich jetzt mehr zusammen; sie konnte sich von der so viel Jüngeren doch nicht beschämen lassen.

Annemarie genoß das Behagen, das sie in dieser Häuslichkeit umgab. Es war doch schön, Frau zu sein, selbst wenn der Mann nicht da war. War der Krieg erst zu Ende und Rudolf zurück, würde es freilich noch schöner sein. Jetzt beschäftigte sie das Kind, das sie erwartete. Noch war es lange hin, bis das geboren werden sollte, aber sie fühlte sich schon ganz als junge Mutter. War es Eitelkeit, war es Stolz auf das Kriegskind? Oder schon Liebe? Sie pflegte nicht über sich nachzudenken, aber ihr selber unbewußt wachte ein Trieb in ihr auf: der Trieb zum Kinde. Sieben Söhne möchte sie haben, sieben schöne, gesunde, muntere Jungen, sieben Söhne für den Kaiser. Und leise trällerte sie das alte Soldatenlied vor sich hin, das sie als Mädchen oft gesungen:

>„Musketier sein lustge Brüder,
>Haben guten Mut.
>Fidera, fidera, fiderallala!"

In den beiden benachbarten Gärten gingen die beiden jungen Frauen. In ihrer gesunden Fülle guckte Annemarie über den Zaun: Frau Rossi war noch immer so schlank; war sie nicht wie eine Lilie zart und weiß? Annemarie bewunderte die schöne Frau im stillen; sie hatte die kennengelernt, Frau Rossi war einmal herübergekommen und hatte einen Besuch gemacht. Aber sprechen hatte sie nicht viel mit ihr können, die Schwiegermutter führte die Unterhaltung. Sie sprachen über den Tod des Leutnants Rossi, wo und wie er gefallen war. Die Witwe hatte sehr leise, fast zögernd, die teilnahmsvollen Fragen beantwortet; dabei waren ihre Augen mit einem zerstreuten, unruhig suchenden Ausdruck durchs Zimmer geglitten. Ein Bild von Heinz stand da. Sie nahm es in die Hand, sah darauf nieder und hielt es so während des Gespräches eine ganze Weile. „Ein neues Bild meines Sohnes", sagte die Mutter. Da errötete sie leicht und stellte es hin.

Hatte die etwas Weibliches, Sympathisches und so etwas Gehaltenes! Hedwig Bertholdi war ganz entzückt.

Nun sah Annemarie mit einer gewissen Neugier hinüber zu der jungen Frau. Was machte die wohl den ganzen Tag? Keinen Mann, an den sie schreiben konnte, und kein Kind, auf das sie warten konnte. Das mußte doch zu langweilig und traurig sein. Still und langsam ging Frau Rossi zwischen den mit Buchsbaum eingefaßten Rabatten, gleich einer Nonne, ab und zu bückte sie sich, sie pflückte Veilchen. Aber kein Lächeln kam dabei auf das ernste Gesicht.

Das ganze Gefühl ihres Reichtums überströmte die junge Frau Bertholdi. Sie grüßte mit ihrem frohesten Lachen, wollte gern besonders freundlich sein: Die war ja so arm. Und wie eine, die Millionen zu verschenken hat, sagte sie: „Sie sind immer so allein, kommen Sie doch öfter mal zu uns herüber, ja?" Sie streckte ihre Hand hin.

Jetzt lächelte Lili; sie nahm die dargebotene Hand, aber dann wurde ihr Gesicht gleich wieder ernst. Zurückhaltend sagte sie: „Ich bin nicht so allein, ich habe ja meine Mutter am Ort. Aber gewiß, ich werde schon gern einmal kommen."

Annemarie fühlte: Das war nur so gesagt. Die würde natürlich nicht kommen; das war dumm, sie waren doch beide jung, sie würden gut zueinander passen. Mit der ganzen Unbefangenheit ihres Wesens hielt sie fest: Die gefiel ihr nun einmal, und die sollte sie nicht mit einer Redensart abspeisen. „Sie kommen ja doch nicht, wenn Sie so sagen: ‚Ich werde schon gern einmal kommen.' Och!" Sie warf den Mund auf und schüttelte den Kopf: „Nein, damit gebe ich mich nicht zufrieden. Sie sollen sagen: ‚Ja.' Morgen? Übermorgen? Meinetwegen auch erst in drei Tagen. Aber Sie müssen sagen: ‚Ich komme.' Sie sind doch auch jung. Ich bin achtzehn. Wie alt sind Sie?"

„Fünfundzwanzig."

„Schon fünfundzwanzig? Aber, na, jung ist das doch auch noch. Es wäre so nett, wenn wir uns öfter sähen." Und von einem plötzlichen Impuls getrieben, langte Annemarie über den Zaun und zog mit beiden Armen die andere näher zu sich heran. „Soll ich hinüberklettern zu Ihnen?" Sie machte schon Anstalt dazu, aber dann besann sie sich: „Nein, das darf ich ja nicht mehr." Sie lachte und errötete stolz: „Ich muß jetzt Rücksicht nehmen."

Mit einem Gefühl, das nicht ganz frei von einem schmerzlichen Neid war, dachte Lili an diese erste Unterredung mit der jungen Frau von Rudolf Bertholdi zurück. Die war ein glücklicher Mensch! Von Tausenden vielleicht der einzig Glückliche – wenigstens von Frauen gewiß die einzige jetzt. Die Männer fanden schon eher ein Glück, es lag für sie sogar eines in dieser Zeit. War ihr Mann denn nicht glücklich gewesen in seinen Kämpfen? In seinem Tod? Und war Heinz nicht glücklich auf seinen Flügen?

Es war nichts Auffälliges dabei, daß Lili die junge Frau nach dem Schwager gefragt hatte; die wußte ja, daß sie mit Leutnant Bertholdi öfter zusammengewesen war. Aber sie merkte bald, Annemarie hatte keine Ahnung davon, wie nahe sie dem älteren Bruder gestanden hatte. Um so eher hatte sie fragen dürfen: „Wie geht es dem Bruder Ihres Herrn Gemahls – auch gut?"

„Der ist Flieger geworden – warum wundert Sie das so?"

Lili hatte einen Ausruf nicht unterdrücken können. Ein „Ach!" war ihr entfahren, sie war sehr bleich geworden, der zarte Anhauch ihrer Wangen gänzlich verschwunden. Mit Mühe nur hielt sie an sich, sie durfte ja nicht zeigen, wie sehr sie das erregte. Nun erst mußte sie doppelt in Sorge um ihn sein, in doppelt berechtigter Sorge. Flieger, Flieger! Was hatte ihn dazu getrieben? *Sie* vielleicht? Um Gottes willen: sie?!

Es war eine Nacht voller Qual, die Lili hiernach verbrachte. War sie nicht eine Törin, daß sie ihn so hatte gehen lassen, *so?!* Hätte sie ihm nicht doch sagen können, sagen dürfen: ‚Geh jetzt. Aber wenn du wiederkommst, bin ich dein.' Hatte der Tote denn alles Recht, der Lebende keines? Sie wußte viel von Fliegererfolgen und konnte sich wohl denken, daß die Herrschaft in der Luft einen jungen kühnen Menschen reizte. Aber nein, er hätte es doch nicht tun dürfen. Wußte er denn nicht, daß sie nun hier in Ängsten die Hände so fest ineinander wand, daß die Gelenke knackten? Sie konnte keinen Schlaf finden, keine Minute – ach, sie würde nie mehr ruhig schlafen können!

Mit brennenden, trockenen Augen sah sie hinüber zum Bild ihres Mannes an der Wand. Angst hatte sie auch um ihn gehabt, hatte Angst kennengelernt, wie alle Frauen sie kennen, die ihre Männer draußen haben; aber jetzt war noch etwas anderes bei ihrer Angst. Es empörte sich etwas in ihr gegen sie selber. Warum war sie so abweisend gewesen, hatte sich so kühl gezeigt? Hatte sich in die Tugend der unwandelbar treuen Witwe gehüllt, von der ihr Herz doch schon nichts mehr wußte. Warum, warum sich immer selber belügen? Warum so wohlerzogen sein, so in den Formen der Welt befangen, daß man nicht offen zu sagen wagt: „Ja, ich bin dein, da, nimm mich!"

In einer leidenschaftlichen Unrast bäumte die blonde Frau sich auf in den Kissen. Wenn er nun stürzte, wenn er, durch die Abwehr des Feindes getroffen, oder durch die Tücke des Elements bezwungen, sich zu Tode verletzte? Sie, sie allein war verantwortlich! Sie ächzte laut. Die peinvolle Einsamkeit der Nacht malte ihr die Schrecknisse nur noch schreckensvoller aus. Und dann zürnte sie auch wieder ihm. Mehr hatte sie doch nicht zeigen können, als sie ihm gezeigt hatte. ‚Ich kann nicht zum zweitenmal all die Qual und Angst des Wartens durchmachen', so hatte sie zu ihm gesprochen – hatte er das denn nicht gehört? Gehört; aber nicht verstanden. So spricht doch keine Frau zu einem, der ihr gleichgültig ist. Wie hatte er nur von ihr gehen können im Trotz, im Zorn, in einer so knabenhaften Verletztheit, daß er es jetzt darauf anlegte, sein Leben zu verlieren? Sie stiegen alle nicht ungestraft auf zur Sonne, die Helden der Luft.

Im einsamen Dunkel, das ihr Bett umgab, sah Lili plötzlich sein so liebes, so junges Gesicht, und schwere Tränen fingen an ihr langsam über die Wangen zu sickern. ‚Kommen Sie wieder!' Sie hatte im letzten Augenblick des Scheidens nicht hindern können, daß ihr das über die Lippen geschlüpft war; aber sie hatte es geflüstert, so leise, daß es unhörbar blieb. Jetzt, in der Angst um den, der sich, einem Vogel gleich, hoch in die Lüfte hob, unbekümmert um das, was er hier unten ließ, streckte sie ihre Hände bittend aus und rief mit der ganzen Hingabe des Weibes, das weiß, was Liebe ist: „Komm wieder!"

Die Tage waren jetzt schon viel länger. Für Glückliche mag es schön sein, wenn die Nächte lange dunkeln, für die, so einsam sind und bleiben, ist es Erlösung, wenn der Abend spät kommt und der Morgen früh. Und überall begann es sich grünend zu regen. Schon zeigten die Büsche in den Gärten Blättchen, und die Krokusse auf den Rasenplätzen waren so farbenbunt, als wäre es niemals Winter gewesen. Lili hörte eine Amsel singen drüben im Bertholdischen Garten, und eine andere, zwischen den Krügerschen Buchsbaumrabatten, antwortete. Als sie zum erstenmal diesen Lenzgesang vernahm, hob sich etwas in ihr. War es Hoffnung, was da aufstieg? Befreiung? Sie hatte nie einen Brief von ihm erhalten, aber sie wußte, gestern hatte seine Mutter Nachricht von ihm bekommen. Er lebte! Das mußte ihr für jetzt genügen. Mit träumerischen Augen sah sie hinab in den ländlichen Garten.

Dort schaffte Frau Krüger jetzt emsig. Im hellen Frühlingsschein sah man recht, wieviel Schnee dieser Winter ihr aufs Haar gelegt. Doch sie hatte noch Kräfte. Wie ein Mann stach sie den Spaten ein, sie grub ihre Beete um. Sie schaffte den Dung aus dem Ziegenstall unter. Das sollte alles fruchtbar werden, zutragen, einbringen – für wen?! Ein finsterer Gedanke schoß der Frau durch den Kopf, die Falte über der Nasenwurzel furchte sich noch tiefer. Warum all die Arbeit, die Schwielen an den Händen, die Schweißperlen auf der Stirn? Wozu säen, pflanzen, ernten? Saß einer mit ihr am Tisch, dem sie den Teller füllen konnte? Zu dem sie sprechen konnte: „Schmeckt es dir? Ich habe es selbst gezogen. Alles für dich!"

Nun hatte sie's schon in alle Zeitungen setzen lassen:

VERMISST
wird seit dem 10. November 1914 der Reservist Gustav Krüger, Inf.-Reg. 203, 3. Komp. Kameraden, welche mit ihm bei Dixmuiden kämpften, oder Angehörige von solchen, welche seit gleicher Zeit vermißt werden, und Nachrichten (eventl.

aus Gefangenschaft) erhalten haben, werden herzlich um Mitteilung gebeten. Unkosten werden gern vergütet.

Jemand hatte ihr das geraten. Und sie hatte den Rat seinerzeit auch gut befunden. Vielleicht war der Gustav doch nicht in Korsika, sondern wo anders. Leicht möglich, in Sibirien. Da kriegte ja niemand eine Nachricht her.

Sie war zu mehreren Versammlungen in Berlin gewesen, wo alle sich zusammenfanden, die keine Nachricht erhielten. Man war wie *eine* Familie. Die Mütter saßen zusammen, als wären sie Schwestern, die Väter berieten gemeinsam. Einer erzählte dem andern seine Geschichte: Am Ende wußte der andere doch einen Rat. Da ging sie nun längst nicht mehr hin. Von denen hatte schon mancher sein Kind wiedergefunden. Als sie das letzte Mal die Elternversammlung besucht hatte, war eine Mutter dagewesen, die hatte vor Freude laut geweint:

Heut, heut hatte sie einen Brief erhalten von ihrem Sohn. Aus Sibirien. Wie durch ein Wunder. Kaum leserlich, zerfetzt, über unzählige Meilen gegangen. Erst hatte der Sohn im Lazarett gelegen – *wo,* wußte er selber nicht –, nun mußte er Bäume fällen in einem Urwald, es war eiskalt, er hatte es unsäglich schwer, aber er lebte. Er lebte! Es war ihm gelungen, einem Schweden den Brief zuzustecken, der hatte ihn weiterbefördert. Die Mutter war wie außer sich vor Glück: ‚Mein Sohn lebt!' Sie schrie es in den Saal. Darin war zu anderen Zeiten getanzt worden, von der Tribüne herab, auf der die Musik flotte Tänze geschmettert hatte, sollte sie den Brief vorlesen, aber sie konnte es nicht, die Freudentränen erstickten sie. Sie hielt nur das Blatt empor und schwenkte es: „Lebt, lebt!" Und dann sank sie auf die Knie. Betete sie? Sie falteten alle die Hände. Keiner sprach ein Wort.

Die hatte also doch Nachricht bekommen – und sie? Die Krüger war nicht mehr hingegangen. Auch in die Zeitungen würde sie es nicht mehr setzen lassen, schon sehr viel Geld hatte das gekostet – wozu? Es war besser, sie legte das beiseite für Gustav. Wer weiß, wie er wiederkam! Ob er es nicht nötiger brauchte; er war vielleicht krank. Oder er kam als Krüppel, ohne Arme, ohne Beine. Gleichviel, wenn er nur da war! Sie würde schon für ihn sorgen, ihn auf Händen tragen, ihm an den Augen absehen, was er sich wünschte.

Mit jugendlicher Kraft stieß die alte Frau den gewichtigen Spaten ein und hob Scholle auf Scholle. Hier sollten Frühkartoffeln her, Kaiserkronen, die er so gerne aß. Ob er wohl schon da war, wenn sie die ausbuddelte? –

Die Krüger war wirklich nicht bei Trost, daß die noch immer auf ihren Jungen hoffte. Da war doch nichts mehr zu hoffen. Kein Mensch glaubte mehr daran, daß Gustav Krüger wiederkommen könnte. Man sagte es der Mutter bloß nicht ins Gesicht, aber man ließ sie es doch fühlen, und das brachte die Frau in eine fast feindselige Stimmung. Sie nahm es den Leuten übel, daß die nicht mit ihr warteten und glaubten. Grollend zog sie sich in ihren Garten zurück, zu ihren Tieren: Die waren besser als Menschen. Und doch hielt sie es jetzt wiederum kaum mehr aus in ihrer Einsamkeit; ein unsägliches Verlangen trieb sie zu fragen: ‚Glaubt ihr, daß er wiederkommt?' Diese Frage bestätigen zu hören mit: ‚Ja, gewiß!'

Hedwig Bertholdi sah die alte Frau in ihrem Garten arbeiten: Wie weiß die geworden war. Arme Frau! Mußte man jetzt nicht Mitleid mit jeder Mutter haben? Mit der, die schon um Verlorenes trauert – mit der, die noch zu verlieren fürchtet. Welche war schlimmer daran? Es war für beide gleich schwer. War diese Zeit für Mütter nicht noch schwerer als für Gattinnen? Die Hingabe der Gattin kommt nicht der Hingabe der Mutter gleich. Die alternde Frau hat nichts zu erhoffen mehr, was bleibt ihr noch? Jugend, Schönheit, Leidenschaft sind nicht mehr, sie selber begehrt nicht und wird auch nicht mehr begehrt. All das, was sie einst beglückt hat, beglückt sie jetzt nicht mehr, ihre Sinne sind kühler geworden, ihre Wünsche kleiner; sie hat sich bescheiden gelernt, bescheiden lernen müssen, die Welt geht an ihr vorüber, sie steht beiseite. Die Alternde kann nicht noch einmal wie die Junge von neuem beginnen. Der Sohn ist ihr das Letzte: die Hoffnung, das Glück.

Wenn Hedwig Bertholdi darüber nachdachte, überkam sie ein großes Mitgefühl. Obgleich die Schwiegertochter neben ihr lebte, war sie sehr einsam; dieses junge Geschöpf verstand sie nicht, und sie verstand es nicht mehr. Jugend muß erst durch tiefes Leid gehen, um nachzufühlen, wie die empfindet, die schon jenseits der Grenze steht. Es war ihr ganz natürlich, daß sie die Hand hinüberstreckte: „Frau Krüger, wie geht es Ihnen?"

Die Emsige blickte auf. Zögernd legte sie ihre arbeitsharten Finger in die weiche, geschonte Hand. Als sie aber in das Gesicht der Dame blickte, wurde der Druck ihrer Hand fester: Die sah auch aus, als ob sie wüßte, was Kummer ist. Und den Söhnen ging es doch noch gut; die schrieben ihr. „Die Frau Rossi hat es mir gesagt, Ihr Ältester ist unter die Flieger gegangen. Die junge Frau von Herrn Rudolf ist ja noch ganz vergnügt. Ich höre ihr singen. – Mein Gustav hat noch immer nicht geschrieben." Eine angstvolle Klage zitterte bei den letzten Worten in der müden Stimme.

Sollte sie dieser armen Mutter die letzte Hoffnung nehmen? „In vielen Gefangenenlagern dürfen sie nicht schreiben", sagte Hedwig Bertholdi. „Das ist grausam. Aber da es bekannt ist, ist es wiederum ein Trost. Man weiß nun doch, woran es liegt, wenn man keine Nachricht bekommt."

„Glauben Sie denn noch, daß mein Sohn lebt?" fragte die Krüger und sah die andere durchbohrend an aus ihren eingesunkenen glanzlosen Augen.

Und wiederum überkam es Hedwig, sie konnte nicht anders, sie mußte lügen. „Warum soll ich es denn nicht glauben?" sagte sie eifrig. „Aber Frau Krüger, Sie waren doch sonst so voller Zuversicht – wissen Sie noch, wie Sie zu mir kamen, ihn erkannt hatten auf dem Gefangenenbild?"

„Es ist schon so lange her", murmelte die Frau. „Es wird immer länger. Manchmal denke ich, er is am Ende doch tot." Sie blickte düster vor sich nieder. Aber nun fuhr sie auf: „Das hätt' ich doch erfahren müssen, nich wahr? Man kann doch ein Kind nich einfach einscharren, ohne es seiner Mutter zu wissen zu tun, nich wahr?"

Es überlief Hedwig. Ach, nun kam der peinvolle Zweifel! „Machen Sie sich keine solchen Gedanken", sagte sie herzlich. „Was nützt uns alles Denken, alles Hin und her zwischen Zuversicht und Zweifel. Jetzt spielt das Schicksal mit uns so unbegreiflich wie nie zuvor!"

„Ach was, Sie weichen mir nur aus!" Die Krüger blickte argwöhnisch. „Sagen Sie mir, glauben Sie, daß mein Gustav noch am Leben is?" Sie hatte sich aufgerichtet, ihre hager gewordene Gestalt reckte sich am Zaun, ihre Hand ballte sich zur Faust: „Verfluchter Krieg! Lebt mein Sohn, oder lebt er nicht?" Ihr Ton war drohend.

Hedwig nickte beängstigt. „Sicherlich lebt er noch. Sonst hätten Sie doch etwas zu hören bekommen."

„Ja, das meine ich auch!" Die Krüger stieß einen tiefen Seufzer der Erleichterung aus: „Na, denn man zu!" Und wie mit neuer Kraft setzte sie den Fuß auf den Spaten und trieb ihn tief hinein in die widerwillige Erde. „Der Boden is hart wie 'ne Tenne, aber ich wer' ihn schon locker kriegen. Warte man, du!" Sie stieß wieder den Spaten tief ein: „Kartoffeln sollen hier wachsen – 'ne Menge – schöne mehlige Kaiserkronen. Der Gustav soll sein Vergnügen dran haben!" Und sie grub weiter, eifrig, den Rücken krumm gebückt, ohne sich weiter mehr um die andere zu kümmern.

Frau Bertholdi blickte bekümmert: Die Krüger war wirklich sehr verändert. Es war schon so, wie Emilie gesagt hatte: Die Frau war seltsam geworden. ‚Verrückt', sagten die Leute. War es ein Wunder? Ach, tot wissen ist ja nichts gegen Ungewißheit!

Ihr eigener Kummer kam Hedwig plötzlich sehr klein vor. Sie ging ins Haus zurück, es trieb sie förmlich an den Schreibtisch, sie wollte an Heinz schreiben, an Rudolf, die Söhne ihre ganze Liebe fühlen lassen, solange es noch Zeit dazu war. An Heinz schrieb sie: ‚Was hat Dich zu den Fliegern getrieben? Sage es mir, ich bitte dich! Es ist nicht allein Dein Mut, Deine Unternehmungslust, Dein Betätigungsdrang, die Dich dazu bewogen haben. Und eine Lebensversicherung ist es auch nicht. Das redest du mir, Deiner Mutter, nicht vor. Neulich war Frau Leutnant Rossi bei mir, eine liebe und auch sehr reizvolle Frau – das brauche ich Dir wohl nicht erst zu sagen. Sie hat mein ganzes Herz gewonnen. Ich werde sie wieder besuchen; ich hoffe mit ihr in nähere Beziehung zu kommen.'

Und an Rudolf schrieb sie: ‚Annemarie geht es ausgezeichnet, sowohl körperlich wie seelisch. Sie ist die rechte Frau für einen, der im Felde steht. Das sehe ich immer mehr ein. Es wird dir lieb sein, zu hören, daß wir gut miteinander auskommen. Wenn ich anfänglich einer so schnell geschlossenen Ehe in Deinen jungen Jahren widerstrebte, so geschah das nur aus Sorge Deiner Zukunft wegen. Ich mache mir keine Sorge für die Zukunft mehr. Jetzt ist die Zeit des ‚Heute' – der morgende Tag wird für das Seine sorgen. Und sollte ich einmal in den alten Fehler verfallen, so hoffe ich, Du hast ein wenig Geduld mit Deiner alten Mutter, mein geliebter Junge. Aber ich denke, wenn du zurückkehrst, bin ich nicht umsonst durch die harte Schule des Krieges gegangen, dann findest Du mich, mich restlos mit Dir, mit Euch freuend.'

Das hatte sie längst ihrem Jüngsten sagen wollen, damit auch der letzte Hauch von Verstimmung zwischen ihm und ihr verschwand. Es war nicht der rechte Abschied gewesen, den sie nach dem Urlaub voneinander genommen hatten. Er hatte sie wohl umarmt und geküßt, und doch war es innerlich nicht so gewesen, wie es sein soll, wenn es vielleicht ein letzter Abschied ist.

Mit einem Gefühl der Erleichterung schloß die Mutter den Brief. Mochte nun kommen, was da wollte! Sie konnte, ohne sich einen Vorwurf zu machen, an ihn denken.

13

Es wurden viele Briefe geschrieben zu dieser Zeit. Bangende, sehnsüchtige, liebevolle und verzweifelte Briefe. Verdun war etwas unbeschreiblich Hartes – die ‚Hölle von Verdun'. Um die, so in diesem Fegefeuer waren, bangten Tausende von Müttern, Gattinnen, Bräuten. Alles andere wurde klein dagegen. Es war merkwürdig, wie viele jetzt auch von denen starben, die doch ohne Gefahren zu Hause saßen: Die alten Leute konnten nicht recht mehr aushalten, die heimliche Qual des Wartens, des Ausharrens war zuviel für sie. Und auch Junge starben.

„Wissen Sie schon", sagte die Dombrowski eines Abends zu Gertrud, als diese eben nach Hause gekommen war, „vorhin beim Fleischstehen hab' ich's gehört: mit Ihrer ehemaligen Freundin, der Dietrich, soll's ja nu zu Ende gehn. Na, die arme Person ins Irrenhaus!" Sie zog die Achseln bedauernd hoch. „Aber jetzt müssen ganz andere sterben."

Gertrud hatte lange nichts von Margarete Dietrich gehört. Seit die in der Anstalt untergebracht war, hatte sie wohl im Vorübergehen ein paarmal bei der Mutter nach ihr gefragt, aber es war immer irgendein Feldgrauer im Laden gewesen, und die kleine Frau stand so verschüchtert und einsilbig hinter ihren Zigarrenkisten, daß sie nicht viel Näheres hatte erfahren können. Sie beschloß, gleich den nächsten Tag hinzugehen, da kam auch schon andern Morgen ein Brief.

Frau Dietrich schrieb: ‚Geehrtes Fräulein! Man hat meine arme Tochter zu Unrecht eingesperrt. Sie tut doch keinem Menschen was, aber sie machen jetzt nicht viel Federlesens, und nun fühlt sich Gretchen so unglücklich da, sie wird nicht lange mehr dableiben, wollen Sie sie nicht noch mal besuchen? Morgen ist Sprechstunde, ich gehe hin, wenn Sie mich begleiten wollen, Gretchen wird sich sicher sehr freuen, sie spricht von Ihnen. Denn holen Sie mich Sonntag um zwei Uhr ab. Mit freundlichem Gruß Frau Dietrich.'

Gertrud hatte Herzklopfen. Sie hatte für ein paar letzte erübrigte Groschen die ersten Kirschen des Jahres gekauft: rote, blanke, lachende Kirschen; nun stand sie, blaß und ernst, mit Frau Dietrich vor der Tür des Saales in der Frauenabteilung und preßte die Tüte mit dem teueren Einkauf achtlos an sich. Ihr war schrecklich zumute: im Irrenhaus, im Irrenhaus! Und doch sah es hier aus wie in jedem anderen Krankenhaus, nur daß die Fenster vergittert waren. Soldaten, statt in Feldgrau in blauweiß-gestreiften Anzügen, waren ihnen auf der Treppe begegnet; die gingen frei herum. Man merkte äußerlich nicht, was hier eigentlich war. Frau Dietrich wußte gut Bescheid, sie versäumte nie die Sprechstunde, derweilen schloß sie ihren Laden. Sie ging voran in den Saal, mit immer stärkerem Herzklopfen folgte Gertrud.

Die Wärterin trat ihnen entgegen. „Is nich mehr hier, Ihre Tochter", sagte sie. Frau Dietrich erschrak. „Wir ha'm se aufs Separatzimmer gebracht. Erst war sie so unruhig – sie störte die anderen – nu is se ganz stille. Ja, ja" – die stämmige Person stieß einen dicken Seufzer aus –, „hier kriegt man allerlei zu sehn. Es tut mer leid um das Fräulein, sie war wirklich 'n gutes Mädchen. Aber der Krieg, der Krieg, der war ihr zu Koppe gestiegen. Kann er das denn nich?" Sie seufzte wieder. „Mein Mann ist auf der Männerabteilung – so viele Soldaten! Sonst ganz gesunde, junge Kerls. Es is 'n Jammer. Aber die Nerven, die Nerven, die leiden zu sehr."

Frau Dietrich weinte leise.

„Na, na", die Stämmige klopfte ihr auf die Schulter, „noch is se ja nich tot. Aber lange dauert's nich mehr, sagte schon gestern der Professor. Wir wundern uns, daß se heute noch lebt. Gönnen Se ihr doch die Ruhe!" Sie schob die Mutter zur Tür. „Gehn Se man, gehn Se man zu ihr rüber. Kennen wird se Ihnen wohl freilich nich mehr."

Oh wie bleich, wie entsetzlich zusammengefallen! Kein junges Mädchen mehr, eine uralte Frau mit einem ganz winzig gewordenen Gesicht. Tief erschüttert beugte sich Gertrud über Margarete Dietrich.

Die lag still und wächsern, die Hände über der Brust gefaltet, als wäre sie schon tot. Sie schlief. Gertrud hatte es nicht acht, daß aus ihrer Tüte Früchte fielen: rote, blanke, lachende Kirschen. Sie waren nieder aufs Bett gefallen; da lagen sie wie lauter Sommer, wie Freude und Leben und Genuß.

Frau Dietrich war auf den Stuhl am Bett gesunken, sie weinte in ihr Taschentuch. Die Wärterin war wieder fort. Sie hatte die Tür hinter sich zugezogen, nun waren sie ganz allein mit der Kranken.

„Gretchen", flüsterte Gertrud, sich tiefer niederbeugend. Sie fand keine Tränen, sie war zu entsetzt. Die Kranke hob die gefalteten Hände auseinander, wurde unruhig, seufzte – die Niedergebeugte fuhr zurück: Jetzt schlug sie die Augen auf. Erst wirrten sie umher; aber jetzt – das war ein ganz verständiger Blick.

„Kennst du mich?" Gretchen lächelte; ein Lächeln, was sich so Lächeln nennt: ein verzerrtes Ziehen der Mundwinkel. Aber sie schien sich zu freuen.

„Trudchen!"

Die war doch nicht verrückt, die erkannte sie ja, nannte sie gleich beim Namen! Gertrud bekam einen großen Schrecken. Wenn die wirklich zu Unrecht hier festgehalten wäre?!

Nun aber zog die so schwach Daliegende, der man nicht zutraute, einen Strohhalm heben zu können, sie plötzlich mit einer wahren Riesenkraft herunter. So tief, daß Gertruds Kopf auf ihrer Brust lag. Und tuschelte ihr ins Ohr: „Mein Mann ist gefallen – ich weiß nicht wo. Ich hoffe, sie haben ihn begraben, daß die Füchse ihn nicht anfressen. Daß die Krähen ihm nicht die Augen aushacken. Seine lieben Augen – oh!" Sie stöhnte.

Und dann stieß sie Gertrud von sich. „Weg, weg!" Ihre Hände suchten unruhig auf der Bettdecke, wilde Angst schien sie zu ergreifen; nun fing sie an zu schreien: „Mein Kind, mein Kind! Wo ist das? So ein liebes, kleines Kind! Wo ist es – mein Kind – weg, ihr da!" Sie stieß mit Händen und Füßen, sie bäumte sich auf und wollte aus dem Bett.

„Wann kommt er, wann kommt er?" Ihr Schreien wurde immer lauter, es schüttelte sie wie Krämpfe und warf ihre Glieder wild durcheinander.

Die Wärterin steckte den Kopf in die Tür. „Nanu, was 's denn los? Aber Fräulein Dietrich!" Sie trat ans Bett, packte die Ungebärdige, legte sie platt hin und deckte ihr die Decke wieder ordentlich über. „Was für'n Radau! Benimmt man sich so, wenn man Besuch hat? Nehmen Se sich mal 'n bißchen zusammen, meine Liebe!"

Die Kranke keuchte, man sah durch die Decke, wie ihr Herz flog.

„Das arme Herz!" Die Wärterin legte eine Kompresse auf. „Das hält's nich mehr aus. So – sooo sind Se brav!"

Die Kranke war ganz still geworden, ermattet lag sie da, plötzlich ganz teilnahmlos; ein menschliches Gehäuse, aus dem die Seele genommen war wie aus einem Uhrgehäuse das Werk.

Die Wärterin suchte den Puls. „Sehr schwach, kaum zu fühlen. Setzt immer aus, wer weiß wie lange. Lassen Se ihr man lieber. Gehn Se nach Hause. Sie regen ihr nur auf." –

Sie warteten noch eine Viertelstunde, aber die Kranke beachtete sie nicht mehr. Sie lag stumm da mit weit geöffneten Augen. Aber diese Augen schienen nicht zu sehen, was um sie war; blickten immerfort geradeaus und so, als spähten sie nach etwas, das kommen sollte.

Es machte Gertrud ganz trostlos. „War Gretchen denn immer so?" fragte sie zitternd die Mutter.

„Ich weiß es nicht. Mein Kind, mein armes Kind!"

„Kommen Sie, wir wollen gehen!" Gertrud drängte mit Mühe das Weinen zurück. Wenn die Arme doch schon hinüber wäre! Da lag sie nun und schaute aus nach dem, den sie erwartet hatte so lange schon: Es war der Tod.

Frau Dietrich streichelte über die schlaff herabhängende Hand der Tochter, sie drückte einen Kuß darauf. Dann gingen sie.

Als Gertrud diesen Abend im Bette lag, fürchtete sie sich. Sie hatte ihren Kleinen wohl bei sich, hielt ihn im Arm, aber das Kind war doch noch so gut wie niemand. Sie grauste sich vor der Einsamkeit. Eine lange Weile hatte sie das Licht noch brennen lassen, konnte sich nicht entschließen, dunkel zu machen, aber dann fiel ihr ein, daß es doch eine Verschwendung sei, jetzt in der Nacht Licht zu brennen, es kostete zuviel Geld. Und daran hätte sie am meisten denken sollen. Aber sie war ganz beherrscht von Furcht. Vor was fürchtete sie sich denn so? Draußen ging die Frühlingsnacht auf weichen Sohlen; es war ruhig und lind. Kein Wind wehte ums Haus; die Scheunentür klappte nicht, keine verrostete Angel quietschte. Es war eine friedvolle Nacht, eine Nacht zum Glücklichsein. Und Gertrud dachte zurück an Nächte, in denen er zu ihr gekommen war; poch, poch – leise hatte er an ihre Tür geklopft ... horch, kraspelte nicht draußen etwas?! Es ging jemand über den Hof. Nein, niemand! Wie man sich nur so etwas einbilden kann! Das kam vom Denken und von dem Immer-allein-sein, da bildet man sich zuletzt alles mögliche ein. Gertrud hätte darauf schwören mögen, daß ein vorsichtiger Tritt übers Hofpflaster tappte. An der Scheunentür strich etwas vorbei, eine Hand fühlte tastend. Der Mond gab fahles Licht, er zitterte durchs Fenster. War es eine ziehende Wolke, die plötzlich einen so großen Schatten warf?

Sie unterdrückte einen Schrei: Stand da nicht etwas Dunkles vor ihrem Fenster, spähte hinein, duckte sich dann rasch nieder? Sie fuhr aus dem Bett, sie zog den Vorhang zusammen und steckte ihn noch mit einer Nadel zu. Die Erinnerungen sollten nicht herein, die Erinnerungen. Die machten sie ganz wirr und toll.

Ob Gretchen nun schon tot war? Ach, wenn sie doch ausgelitten hätte! Jetzt fühlte Gertrud erst recht, wie nah ihr dieses Schicksal ging. Das arme Geschöpf! Oh, wieviel arme Geschöpfe waren jetzt auf Erden! Aber mußte man denn gerade um Gretchen so verstört sein? Was hinterließ die denn groß? Nur eine alte, verängstigte, kleine Mutter. Da waren andere, die noch in der Fülle des Lebens standen, die so viel zurückließen, und denen ging es auch nicht besser. Alle nahmen ein klägliches Ende.

Mit zitternder Hand fuhr sich Gertrud über die heiße Stirn. Hatte sie Fieber? Ihre Pulse klopften, Schweiß lief ihr über den Körper. Aber sie war ja nie krank gewesen, nur ein einziges Mal in der Kindheit, als sie die Masern gehabt hatte; sie wurde auch jetzt nicht krank, das war nur die Aufregung über Gretchen. Und dann die Frühlingsnacht. Die war so schwül.

Es war eine beklemmende Luft in der Stube. Aber Gertrud getraute sich nicht, das Fenster zu öffnen. Da war vorhin doch jemand draußen gewesen und hatte hereingeguckt. Wer konnte das gewesen sein?! Die Dombrowski war längst nach oben gegangen; sie hatte Besuch. Heut war der aus Berlin gekommen, der Barbier. Daß der Kerl schon wieder auf Urlaub war! Gertrud fühlte eine Wut in sich aufsteigen – so eine Schande! – und zugleich eine große Angst. Und nun wußte sie, warum sie so unruhig war: Nicht um das arme Gretchen, das nahm ja nun der Tod in seinen Arm, sie war unruhig, weil sie einen da oben wußte. Herr Dombrowski hatte lange nichts von sich hören lassen, aber das letzte Mal hatte er etwas von ‚Urlaub‘ geschrieben. Minka hatte es ihr gezeigt, vergnügt lachend: ‚ihr guter Stani!'

Horch! Gertrud setzte sich jetzt im Bette auf: Das war wirklich nicht auszuhalten, sie fühlte es ganz deutlich, draußen war jemand. Ob sie nach der Dombrowski rufen sollte? Die kam ja doch nicht. Die hatte sich's ein für allemal verbeten. Ob sie die schlafenden Kinder weckte? Was sollten ihr die? Sie nahm all ihren Mut zusammen. Wenn es einer war, der stehlen wollte, würde er davonlaufen, wenn er sah, daß er bemerkt war.

Sie öffnete das Fenster spaltbreit: „Wer ist da?" Keine Antwort. Alles totenstill. Der laue Atem der Frühlingsnacht wehte besänftigend um die heiße Stirn der Erregten. Sie streckte den Kopf vollends hinaus: ah, das tat gut! Jetzt merkte man deutlich, wie es wuchs, wie es dem Sommer zudrängte.

Von den Feldern kam der Duft satter, feuchter Erde; der ganze Hof war voll davon. Zwar war es nur der Geruch karger Ackererde; aber, gemischt mit dem Hauch des Kiefernwaldes, hatte er etwas Berauschendes. Es trank sich die Luft wie Wein, liebkosende Hände streckte die Nacht aus. Von dem Luch draußen im Acker, um den es im Feuchten üppiger grünte, kam jetzt ein langgezogenes schluchzendes Locken: Das war die erste Nachtigall.

Mit einem Seufzer schloß Gertrud das Fenster: Gott sei Dank, sie hatte sich doch wohl geirrt, es war niemand auf dem Hof! Was gab es denn auch hier zu stehlen? An dem alten Männeranzug – zerschlissener Rock, zerfranste Hose –, der an der Scheunentür baumelte, würde sich niemand vergreifen, der taugte nur noch, als Mann auf der Stange ins Feld gestellt, die Rehe und Hasen zu schrecken.

Sie hoffte jetzt endlich Schlaf zu finden. Aber kaum lag sie im Bett, so hatte sie doch wieder das Gefühl, draußen schleiche jemand. Dicht zog sie ihr Kind zu sich; als könne sie bei dem kleinen Körper Schutz finden, schmiegte sie sich an. Ihre Gedanken flatterten umher, sie waren wie aufgeschreckte Vögel, die bang zu einem Horst streben. Bald ließen sie sich da nieder, bald dort: Gretchen – Minka – der Mann – das tägliche Brot – Arbeit – Not – Krieg – der immer furchtbarer werdende Krieg. Nirgendwo ein bergendes Nest.

Gertrud hatte im Alltag ihres Lebens nicht mehr an Beten gedacht. Heute, jetzt, fiel ihr auf einmal wieder das Kindergebet ein, das sie hatte sprechen müssen, wenn die Mutter abends an ihrem Bette stand. Ganz brachte sie es nicht mehr zusammen, aber auch das Wenige beruhigte sie:

„Kranke Herzen heile zu,
Nasse Augen trockne du,
Alle Menschen groß und klein
Sollen dir befohlen sein!"

Es war *doch* einer auf dem Hof. Ganz leise tappte Herr Dombrowski. Der Soldat erfährt es nicht lange vorher, wann er Urlaub bekommt – wozu nun erst noch schreiben? Er war ja selber eher da. Was würde sich seine ‚Minkerl' freuen! Die Reise war ihm zur Ewigkeit geworden. War das eine Lungerei und Saumseligkeit auf den Stationen, nicht zum Aushalten. Er konnte nicht mehr essen vor Erwartung. Geschlafen hatte er auf der Fahrt auch nicht; daran war aber nicht die harte Bank schuld und das gepferchte Sitzen zwischen anderen Urlaubern, er hatte in viel schlechterer Position, mitten im Geschützdonner in einer Gefechtspause, den Tornister noch auf dem Buckel, auf durchweichter, blutgetränkter Erde traumselig und fest geschlafen. Jetzt schmiegte er sich vergebens in die Ecke des Abteils und drückte die Augen zu. Seine Minkerl, seine Minkerl, wie würde die sich freuen! Die Kinder würden auch hübsch groß geworden sein. Aber an die dachte er kaum, die Frau verschlang all seine Gedanken. Wie hatte sie geweint, als er Abschied nahm, und so lange nachgewinkt! War es nicht eigentlich eine Gemeinheit, daß er sie so lange nicht hatte sehen dürfen?! Nun sollte das aber eine Glückseligkeit werden. Vierzehn Tage Urlaub! Schon fühlte er sie in seinem Arm.

Seine Augen waren vom Staub der Eisenbahn, vom langen Wachen und der Helle des Frühlings, die er im dunklen Graben nicht gewohnt war, verschwollen und rot entzündet, als er endlich in Berlin ankam. Er fühlte nicht, daß sie brannten, fühlte auch nicht den Hunger, der sich endlich meldete; mit dem letzten Zug der Vorortbahn fuhr er noch hinaus zu ihr. Es war schon spät, vom Turm der Kirche schlug es eins, als er auf den Hof tappte. Sie schlief. Das Häuschen war ganz dunkel. Ob er sie noch weckte? Sie würde sich sehr erschrekken, wenn es so spät klopfte. Er wagte es, in ein Fenster zu spähen: Er sah eine fremde Frau. Aha, sie hatte vermietet, das war tüchtig von ihr – ja, seine Minkerl!

Am Ende legte er sich doch besser in der Scheune nieder und wartete bis morgen früh. Er fand noch etwas verfaultes Stroh. Aber die sehnsüchtige Ungeduld ließ ihm keine Ruhe. Er umschlich das Haus, er konnte sich nicht entschließen, sie herauszupochen, aber vielleicht, daß sie ihn von selber hörte, das Fenster öffnete wie vorhin die Fremde, und fragte: ‚Wer ist da?' Dann – oh, dann!

Wenn ein Steinchen unter seinem Fuß knirschte, oder ein Mörtelstückchen von der Wand, an der er jetzt entlangstrich, abbröckelte, freute er sich: Vielleicht, daß sie ihn jetzt hörte. Gut, daß die Fremde ihn nicht gesehen hatte, überraschen wollte er seine Minka ganz und gar. Er hörte schon den hellen Schrei, den sie ausstieß; sie überschüttete ihn mit Zärtlichkeit. Es überlief ihn heiß und kalt.

Er hatte sich nun doch eine Weile aufs Stroh in der Scheune hingestreckt, fern schlug es zwei, als es ihn wieder aufriß. Die Nachtigall hatte ausgeschluchzt, jetzt quakte ein Frosch sein Liebeslied. Aber pochen würde er nicht. Sie lag im Bett, er würde einsteigen zu ihr, aber nicht durch die Tür – Minkerl, Minkerl, seine schöne junge Frau! Das Herz hämmerte ihm gegen die Rippen. Da unten im Zimmer wohnte die Fremde. Ein Fenster weiter – er schlich und spähte hinein: zwei Kinderbettchen. Er war enttäuscht. Die Küche hatte eine vergitterte Luke. Halt, sie schlief gewiß oben im Mansardenstübchen! Darin hatte er gehaust, allemal wenn sie in Wochen war. Hinauf zu ihr!

Wie eine Katze klomm er an der Dachrinne empor; mit den Füßen sich in eine Mauerritze klemmend, hing er in der Schwebe am Fenstersims. Das Fenster stand offen – er schaute hinein. Es war gerade hell genug. Er sah.

Das war der helle Schrei, den er sich ersehnt hatte. Und doch nicht *der* Schrei.

„Tu mir nichts!" kreischte Minka. Sie war aufgewacht von dem Plumps, mit dem er ins Zimmer sprang; sie hatte sofort ihren Mann erkannt. Nun suchte sie ihm die Arme festzuhalten.

Aber er stieß sie beiseite, er packte den andern: „Verfluchter Hund!" Sie rangen.

Der Überraschte fühlte, es ging um sein Leben, und das gab ihm Riesenkraft. Er stieß den Angreifer zur Seite; der war schwach, die Arme hatten jetzt nicht Kraft, nicht Mark, und er hielt sich nicht auf den Füßen, taumelte von dem wuchtigen Stoß und stürzte der Länge nach hin.

Ehe Dombrowski sich wieder aufraffen konnte, war der andere schon bei der Tür, riß sie auf, schlug sie hinter sich zu, rannte davon wie er war, im bloßen Hemde, ließ alles im Stich.

„Tu mir nichts, tu mir nichts!" Die Frau fiel vor dem Mann nieder. Jetzt würde er *sie* totschlagen, der andere war ja fort. Im Morgendämmer sah sie seine wilden Blicke rollen. Oh, wenn er so mit den Augen rollte, dann war es aus und vorbei!

„Stani, Stani, ich tu's nie mehr wieder! Nee, nur dies eine Mal, dies eine einzige Mal, gewiß und wahrhaftig nur dies eine Mal!"

Er sagte noch immer nichts, er schlug auch nicht zu. Das war ihr unheimlich, erfüllte sie mit noch größerer Angst. Sie sprang auf die Füße, sie flüchtete hinter das Bett. Mit einem Wimmern duckte sie sich da. Sie schluchzte herzbrechend: „Warum warst du auch so lange fort? Ach Gott! Und so 'ne Sehnsucht! Da kam er – was die alles reden – ich hab nich gewollt, nee, bei Gott nich – ich hab gar nich dran gedacht – auf der Stelle will ich sterben, wenn das nich wahr is! Andere sind längst mal auf Urlaub gekommen – nur du nich!"

Sie faßte Mut. Hinter den Händen, die sie sich vors Gesicht hielt, blinzelte sie nach ihm: Seine Augen rollten nicht mehr, er hatte sie zugedrückt, das Gesicht verzogen, als hätte er Schmerzen. Nun wagte sie es, zu ihm hinzurutschen, sich an seine Beine zu drücken, wie eine Katze sich anschmiegt, die schmeicheln will.

„Alle waren sie schon hier, was meinste wohl, alle bei ihren Frauen!" Er erzitterte unter ihrem Anschmiegen. Ihre Hände streichelten an ihm auf und ab, ihre nackte Brust preßte sich an seine Knie, ihre gelösten Haare fielen auf seine Füße. Sie fühlte sein Zittern, und das machte sie keck: Sie hatte *doch* noch immer ihre Macht. „Warum bist du denn nich auch gekommen – ach Stani, so lange nich! – Du hast mich schön sitzen lassen. Siehste, das kommt nu dervon!"

„Kanaille!" Er hob die Faust, er gab ihr einen Tritt, daß sie umfiel.

Sie glaubte in seiner erhobenen Faust ein Messer blinken zu sehen und sprang mit einem gellenden Schrei auf die Füße: Totstechen wollte er sie, totstechen! Sinnlos vor Angst kreischte sie: „Er macht mich tot, macht mich tot", und stürzte, immer schreiend, die Treppe hinab.

An die Tür von Gertrud Hieselhahn hämmerte sie mit beiden Fäusten: „Auf, machen Se auf, er macht mich sonst tot!"

Gertrud war eingeschlafen gewesen, sie hatte im Traum das Lärmen gehört, das paßte hinein. Sie träumte vom Krieg. Gustav und einer im Stahlhelm kämpften ums Leben – nun war's doch Wirklichkeit und an ihrer Tür. Sie war wie gelähmt.

„Er macht mich tot! Er macht mich tot!" Das war der Dombrowskis Stimme. Es war ihr sofort alles klar: Der Mann war nach Hause gekommen! Von Entsetzen gejagt, sprang sie aus dem Bett, riegelte die Tür auf und riß die Halbnackte herein.

Nun lauschten sie beide, dicht aneinandergedrängt. Nebenan begannen die Kinder sich zu rühren. Noch waren die nicht ganz wach geworden, sie schliefen sorglosen Schlaf, man hörte, wie sie sich jetzt in den Betten warfen.

„Er macht sie auch tot, macht sie auch tot! Oh Fräulein, haben Se auch fest zugemacht, kann er nich rein?" Zitternd wimmerte das Weib, es hängte sich an Gertrud: „Fräulein, retten Sie mich! Mein Mann, oh Jesus, mein Mann! Er is drüber zugekommen – so'n Pech! Und wenn er nu 's Fenster hier einschlägt?!" Sie hatte einen scheuen Blick nach dem Fenster geworfen, nun flüchtete sie hinter den Schrank. „Sagen Sie ihm doch, er soll mich bloß nicht totmachen – ach, bloß nich tot!"

Gertrud sagte: „Still doch!" Sie war zu Tode erschrocken. Nun horchte sie: Ließ sich etwas hören, kam Dombrowski die Treppe herunter, verfolgte die Frau bis hierher? Es blieb alles still. Was machte er nun? Hielt er den Liebhaber oben gepackt, würgte er ihn ab? Sie lauschte auf ein Getrampel, lauschte auf einen Schrei. Aber nur das Wehen des nahenden Morgens war zu vernehmen. „Wo ist denn der andere hin?" fragte sie.

„Der is ja fort", wimmerte die Dombrowski. „Oh, so'n Kerl! Der soll mir noch mal kommen! Fortgelaufen is er, anstatt mir beizustehn. Ach Fräulein, Fräulein, hören Sie nichts?"

„Ich höre nichts." Gertrud öffnete ein wenig die Tür und lauschte hinauf. Vor Herrn Dombrowski hatte sie keine Angst – der unglückliche Mann! Sie fühlte ein grenzenloses Mitleid.

Aber die Dombrowski fuhr jetzt hinterm Schrank vor und schlug hastig die Tür wieder zu. „Um Gottes willen, Fräulein. Sie kennen ihn nich. Wenn *der* fuchtig wird! Der murkst Sie un mich ab." Sie zerrte Gertrud von der Tür fort. „Je, je" – sie fuhr sich in die Haare –, „daß er auch gerade drüber zukommen mußte. Nee, aber auch so'n Pech! Und er tut mir doch leid – ach, Fräulein, was tut er mir leid!" Sie weinte bitterlich.

„Gehn Sie doch zu ihm", sagte Gertrud, „bitten Sie ihn!"

„Wo denken Sie hin! Nee, das kann ich nich!" Zitternd drückte sich die üppige Frau an das schlanke Mädchen

„Fräulein, Sie sind mein einziger Trost. Was finge ich an, wenn ich Sie nich hätte! Ach, ich armes Weib! Ach, Fräulein, Fräulein!" Sie war ganz aufgelöst vor Schmerz, die Zähne schlugen ihr aufeinander. Gertrud ließ sie sich in ihr Bett legen. Da kuschelte sich die Dombrowski ein neben dem Kleinen; sie zog die Decke hoch, daß sie nichts sah und hörte.

Gertrud stand noch lange lauschend: War das eine schreckliche Nacht! Sie fror vor innerem Grauen, vor Furcht, Abscheu und Mitleid mehr als vor der Kühle des Morgens. Zuletzt, als sich noch immer nichts hören ließ, streckte sie sich neben dem Weibe nieder. Sie hatten das schuldlose Kind zwischen sich.

Die Dombrowski schlief längst, da wachte Gertrud noch immer. Von Herrn Dombrowski war nichts zu hören, seinetwegen hätte sie schlafen können. Aber eine Stimme war in ihr, die rief in einem fort: ‚Krieg, Krieg, auch das ist der furchtbare Krieg!'

Herr Dombrowski war seinem Weibe nicht nachgestürzt. Leicht hätte er die Frau einholen können, mit einem Satz, sie packen, würgen, strafen für ihre schamlose Untreue, für ihren Verrat. Als sie gekreischt hatte: ‚Er macht mich tot!' war es über ihn gekommen wie Befreiung. Nein, das wollte er nicht! Wenn er sie gepackt hätte, das fühlte er wohl, hätte er sie auch nicht mehr losgelassen lebendig.

Seine Knie wankten, er fuhr sich nach der Stirn: Träumte er das nicht alles? Lag er nicht noch im Schützengraben? Da hatte er einmal einen der Eingedrungenen an der Gurgel gepackt gehabt – schon quollen dem die Augen heraus, schon bleckte die Zunge – genauso, genauso wie jetzt war ihm damals zumute gewesen. Eine wilde Mordlust hatte ihn gepackt: Ob er ihr nicht *doch* nachlief? Sie konnte ihm nicht entrinnen. Wenn er es wollte, entkam sie ihm nicht. Ihre langen Haare würde er sich um die Linke schlingen, sie daran festhalten, ihr mit der Rechten in das verlogene Gesicht schlagen – für jede Lüge einen Puff – mit der Faust auf die Nase, auf den Mund, auf die Augen. Blut quoll – das war alles ganz gleich – ihr Gesicht war wie Brei, sie war die schöne Minka nicht mehr. ‚Willst du mich noch einmal hintergehn, du Kanaille?!' – Puff – puff. Er warf sie zur Erde, er trat auf ihr herum, seine Stiefel hatten schwere Nägel. Sie atmete nicht mehr, und er –?! Der erste rote Morgenstrahl war durchs Fenster gefallen – er stand vorm Spiegel mit erhobener Faust. Nun sah er sich darin. Der Spiegel war nur klein, halbblind das Glas, aber er zeigte genug.

Er stand allein im verwüsteten Zimmer; schwerfällig den Kopf wendend, sah er langsam hinter sich. Da das zerwühlte Bett, ein umgestürzter Stuhl, verstreute Kleider – und hier, hier, ganz allein, er, Stanislaus Dombrowski, der Urlauber.

Oder war der es nicht? Wie ein Irrer schüttelte der Mann den Kopf: Das war der Dombrowski doch nicht?! Einer war ausgezogen von hier, der hatte braune Haare, einen braunen Schnurrbart. Aber der Kerl da im Spiegel war ja so grau, ganz grau – wer war das?

Er brachte sein Gesicht näher ans Glas, er sah sich selber und prallte zurück, ganz entsetzt: ein alter Kerl! Eisgrau an den Schläfen, das Gesicht verfurcht. Was hatte er doch für hundert und hundert Schrumpeln! Und so mager am Hals! Wie bei einem alten Gockel der Hautlappen, so hing ihm der Kehlkopf. Der feldgraue Rock schlotterte. Und so ein Mannsbild, so ein alter Kerl – vergraut, verstaubt, verschrumpelt – so einer, ja was wollte denn so einer hier? Paßte der zu der schönen Minka, der jungen Frau?

Herrn Dombrowskis blutunterlaufene Augen zwinkerten, er verzog das Gesicht, als wollte er weinen. Ein gequälter Laut, Schluchzen und Lachen zugleich, entrang sich seiner vertrockneten Kehle. Was sollte denn werden? Er hatte plötzlich Mitleid mit ihr. ‚Mach dich fort, mach dich fort' – sagte etwas in ihm. Ja, das war das beste, er ging wieder fort, ging, woher er gekommen war. Lieber wieder im Schützengraben. ‚Zu Hause war's nicht schön', würde er sagen; sie würden ihm glauben, vielleicht auch nicht. Es war schon manch einer eher wiedergekommen, als der Urlaub zu Ende gewesen. So ein alter Kerl, so ein alter Kerl! Er stierte noch einmal sein graues Spiegelbild an und nickte tiefsinnig. Dann schwang er sich aus dem Fenster. Ohne Geräusch glitt er an der Mauer hinab.

Die Nacht war zu Ende. Im Morgenrot schwammen die Felder in rosa Duft, trillernd stieg eine Lerche vom Ackerrain und wirbelte empor zum erglühenden Antlitz der Sonne.

14

Wenn jetzt Frau von Voigt spazierenging, sah sie, wie überall, an Stelle der weiten, gras- und gestrüppbewachsenen Flächen, die den Vorort umgaben, das Ödland sich anschickte, Acker zu werden. Da hatten überall Häuser hinkommen sollen, freundliche Villen in Gärten gebettet, aber der Krieg hatte Halt geboten. Alle Bautätigkeit ruhte. Sie, die da bauen sollten, lagen im Graben oder richteten die Geschütze gegen den Feind, oder fuhren Munition, oder waren bei den Armierungstruppen, betonierten die Unterstände und richteten Stacheldrahtverhaue auf. Jetzt waren die Frauen am Werk. Es war fast keine hier, die nicht ein Stückchen Land gepachtet hatte. Wenig war's, aber es würde genügen, Kartoffeln zu ernten, ein bißchen Kohl, ein paar Rüben, das Notdürftigste, was man zum Leben braucht. Die Karten allein taten's nicht, es war klüger, man baute sich selber etwas an. Wenn man nur Kartoffeln hatte. Auch ohne Fett ersetzten die Fleisch und Brot.

Wie sollte es werden?! Mit einem gewissen Bangen sah Frau von Voigt in die Zukunft. Das, was ihr Mann schrieb von militärischer Überlegenheit, von den Erfolgen zu Wasser und zu Land, von den Heimsuchungen Englands durch die Luftschiffe, von dem guten Geist in der Marine und an der Front, von den kühnen Aufklärungsflügen der Flieger, das las sich wunderschön, sie las es mit einem Aufatmen. Aber wie sah es hier im Lande aus? Würde hier auch alles so gutgehen?

Wie sich die verhärmten, abgemüdeten Frauen mühten! Jahrelang war das Land verunkrautet, von Heidegrün überwuchert; ein Pflug hätte leichter sich Bahn geschafft, aber sie gruben's um mit dem Spaten, legten ihre dürftige Saat und wanderten jede Freistunde heraus. Und es war eine stete Besorgnis: Ging es schon auf? Hackten auch die Krähen nicht alles weg?

„Sieh mal, Lili", sagte Frau von Voigt zu ihrer Tochter, „da buddelt wahrhaftig auch unser Nachbar, der alte Geheimrat!"

Die Mutter holte jetzt zuweilen die Tochter zum Spazierengehen ab. Es hatte Lili erst Überwindung gekostet – ach, sollte sie die gleichen Wege gehen, ohne ihn! –, aber die Mutter hatte so herzlich gebeten: „Es würde dir doch guttun, dir und mir, in der Natur ist Friede", daß sie nicht ‚nein' sagen mochte. Nun kamen sie an einem Stück Land vorbei, das ein paar Pfähle und dünn gespannter Draht abgrenzten. Der alte Herr, der darauf schaffte, bemerkte es gar nicht, daß die

Damen stehenblieben. Erst als sie ihn laut grüßten, wurde er aufmerksam.

Der Geheime Rechnungsrat war in Hemdsärmeln, den Rock hatte er ausgezogen und auf eine Stange gehängt, sein greises Haar flatterte im luftigen Wehwind. Verlegen wollte er in den Rock schlüpfen, aber die Generalin hielt ihn davon ab: Das wäre ja noch schöner, wenn er sich jetzt genieren wollte. „Alle Achtung, Herr Geheimrat, daß Sie so schaffen! Was pflanzen Sie?"

„Kohl, Kohl, Exzellenz. Und Kohlrüben, Spinat, Erbsen, Bohnen; allerlei. Was soll man denn essen? Die Kartoffeln habe ich drin – Gott sei Dank, daß wir so'n günstiges Frühjahr haben! Wenn meine Jungens mal auf Urlaub kommen sollten, kann ich ihnen doch wenigstens was vorsetzen. Meine Frau sagt: ‚Auf dem Markt ist's nicht mehr zu bezahlen!' Unsereiner, der mit seiner Pension auszukommen hat, muß sich eben anderweitig Rat schaffen. Übrigens bekommt mir die Landwirtschaft ausgezeichnet." Der alte Herr mit dem weißen Haar hatte Farben wie ein junges Mädchen. Er lachte: „Das hätte mir früher einer sagen sollen, als ich noch auf meinem Drehstuhl im Ministerium saß, daß ich hier einmal Mist spreiten würde! Aber Exzellenz, es geht; es geht alles jetzt. Ich habe mir auch ein paar Gartenbücher angeschafft, an ihrer Hand behandle ich diese sandige Scholle. Sehen Sie mal, Exzellenz!" Er zeigte stolz auf die schon aufgegangenen Erbsen; die stützenden Strauchreihen standen bereits. „Und wenn erst die Bohnen aufgehen! Es ist wirklich interessant, dies Keimen und Werden zu beobachten. Ich hätte es früher nicht für möglich gehalten, daß einen das innerlich so beschäftigen kann. Es zieht glücklich von trüben Gedanken ab."

Er bückte sich und pflückte ein paar bescheidene Blümchen, die zwischen den Pfählen wuchsen. Galant überreichte er sie Lili. „Wenn meine Schwiegertochter es doch auch so tapfer trüge wie Sie, gnädige Frau!" Er wollte Lili die Hand küssen.

Lili errötete tief: Ach, wenn der alte Mann wüßte! Er würde sie nicht mehr bewundern. Nur weil ihr eine neue Hoffnung aufgegangen war, trug sie ihr Geschick jetzt gefaßter. „Trägt Ihre Schwiegertochter es so schwer?" fragte sie leise.

„Sie ist noch immer ganz verzweifelt, so wie am ersten Tag, als unser Ältester mit der ‚Prinz Adalbert' unterging. Sie ist sofort von Kiel zu uns hergefahren, sie brachte uns die Nachricht; wir hatten ja keine Ahnung, wir glaubten ihn gerade auf einem Kommando an Land. Was haben wir ihr alles zum Trost gesagt! Sie hat doch den Kleinen. Er ist sechs Monat – ein prächtiges Kind!" Der alte Herr seufzte tief, über sein von der vielen Luft frisch gewordenes Gesicht legte es sich wie ein bleicher Anhauch. „Ich fürchte, sie bringt meine arme Frau noch ganz mit herunter; die war ja merkwürdig tapfer. Unser Ältester war ihr Stolz; sie war noch so jung, als er geboren wurde, sie ist Kind mit diesem Kinde gewesen. Er war ihr nicht nur Sohn – der beste Freund. Er besprach alles mit seiner Mutter. Und sie mit ihm – mehr als mit mir." Ein liebenswürdig-bescheidenes Lächeln verschönte das alte Beamtengesicht. „Er war ja auch ein ganz besonders hervorragender Mensch."

„Geht es Ihren beiden anderen Söhnen noch gut?" fragte die Generalin.

„Ja, Gott sei Dank! Der zweite, der Artillerist, ist freilich an der russischen Südwestfront, da geht nun auch eine Offensive los; aber die Russen sind ja nicht so schlimm. Unser dritter, der Kleine, der Infanterist, hat's ganz still bis jetzt an der Somme; wir können darüber wohl ruhig sein."

„Gott gebe es!" Die Generalin drückte ihm die Hand.

„Was war der Älteste?" fragte Lili, als sie weitergingen. „War das so ein besonders hervorragender Mensch?"

Frau von Voigt lächelte leicht. „Ich habe ihn nie dafür gehalten. Er war Marineingenieur, hat ganz besonders früh und immer glatt seine Examina bestanden, das war natürlich für die Eltern sehr viel. Sie haben sich quälen müssen, drei Söhne studieren zu lassen. Ich glaube, die gute Frau hat sich manchmal nicht sattgegessen. Die Dienstmädchen hielten immer nicht aus bei ihr. Ein Vergnügen haben sie sich jedenfalls niemals gegönnt, kein Theater, kein Konzert, keine Reise. Alles nur für die Söhne. Wenn die beiden ihnen nur erhalten bleiben!"

Lili machte ein ernstes Gesicht. Ihre Gedanken flogen zu Bertholdis: Da waren ja auch zwei Söhne im Feld. Gestern hatte sie die junge Frau gesprochen, die hatte schon ziemlich lange keine Nachricht von ihrem Mann vor Verdun, und er hatte bisher doch so regelmäßig geschrieben. „'s ist Sperre", sagte Annemarie, „Rudolf hat mich schon darauf vorbereitet." Aber man merkte auf dem hübschen frischen Gesicht doch eine gewisse Gespanntheit. Und der andere? Oh lieber Gott! Lili schloß die Augen, wenn sie an Heinz dachte: Der flog bei Bapaume! Was konnte sie dafür, daß ihre Gedanken immer mit ihm flogen?! Wie im Traum ging sie neben der Mutter her, es war ihr jetzt manchmal so, als wäre sie wieder das junge Mädchen, das mit der Mutter seinen Spaziergang machte. So brav. Und doch innerlich wie anders! In ihren Gedanken ein leidenschaftliches Begehren, eine himmelstürmende Sehnsucht. Wenn das jemand wüßte!

Sie schrak zusammen. Ein Karren stand quer über dem Feldweg, das ‚I-a' eines Esels schrie sie an. Es war ein kleines struppiges Tier mit einem Fell in allen Schattierungen von

Grau und Braun, und so ruppig, als hätte ein Wolf sich darüber hergemacht und darin gerauft. Aber das Tier hatte ein Gesicht, als ob es sprechen könnte, seltsam ernsthafte treue Augen. Lili fuhr im Vorübergehen mit streichelnder Hand über das verschabte Fell.

Da sagte der Ackerbürger, der Mist vom Karren ablud: „Der hat ooch schon wat mitjemacht, meine Damens! Wat jlooben Se woll, der hat Munition jetragen, hoch uf de Berge. Wat hier Sand is, is da allens Berge. Der kommt aus Tirol." Das sagte er nicht ohne Stolz, und der Blick, den er dabei von der Seite seinem Esel gab, war freundlich.

Es durchzuckte Lili! Sie wäre am liebsten weitergegangen: von Tirol, wer sprach hier von Tirol?! Sie wollte nicht erinnert sein. Da war ja ein Grab – nun mußte sie gleich wieder daran denken, es tat ihr weh. Und doch fragte sie: „Wie kommt das Tier denn bis hierher?"

Der Mann schnüffelte, er fuhr sich mit der Hand unter der Nase her: „Ja, wissen Se, ich bin ja man bloß 'n kleiner Mann, soviel Jeld hat unsereins nich flüssig, um sich gleich wieder 'n Pferd zu kaufen. Meine Ida haben se mir dazumal abjenommen – viel taugte sie ja nich mehr, sie war schon alt, aber mir war se noch viel wert. Da hat mir mein Sohn geschrieben: ‚Vater, weißte' – der war nämlich bei den Österreichern, da im Gebirge, in Tirol –, hier sind viele Esel. Wenn ich einen kaufen kann, kriegste mal einen mit 'n Transport.' Ja, 'n juter Sohn – Unteroffizier – mein Fritze, oh ja. Nu is er nich mehr." Er fuhr wieder unter der Nase her und schnüffelte. Seine kleinen, vom Staub des Ackers geröteten Augen blickten starr geradeaus, er sah den Damen nicht ins Gesicht.

Auch sie blickten geradeaus, sie wagten den Mann nicht anzusehen – was hätten sie ihm auch sagen sollen? Wieder so ein Vater, der, alt und müde, übrigblieb, während der lebensfrohe Sohn vorausgegangen war!

Lili strich wie versunken dem kleinen Esel immer auf und ab das struppige Fell. Er schien an streichelnde Hände gewöhnt, ließ es sich mit Wohlbehagen gefallen und sah sie dabei klug an.

„Dummer Esel", sagte der Mann, dem es ein Bedürfnis schien, von dem zu reden, was seinem Herzen jetzt noch das Liebste war, „ne, det stimmt nich. Wat, Fritze?" Er patschte dem Tier auf den Rücken. „Erst Munition jetragen hoch uf de Berge – was der wohl ausjehalten hat, 'n tapferes Tier –, und nu hier Mist fahren! 's is akkurat wie bei de Menschen, früher vornehm und jetzt – ei weh! Aber jut hat er's doch. Er heißt ooch Fritze, zum Andenken. Zu Hause bei uns darf er in de Stube kommen. Dann guckt er uff'n Tisch, ob da noch Kaffee steht; den trinkt er. Nu los, Fritze, los!" Er schnalzte mit der Zunge, das Eselchen ruckte an. Flüchtig an die Mütze fassend, zog der Mann mit seinem Gefährt weiter.

Sie trieben jetzt alle Landwirtschaft. Freilich eine recht bettelhafte, so eine Art von kleinstem Kleinbetrieb. Frau von Voigt, der Tochter aus einem großen Grundbesitz, entlockte es ein mitleidiges Lächeln. Aber es hatte doch zugleich etwas Rührendes, zu sehen, wie alle sich mühten. Die städtische Tracht paßte nicht recht zu der Beschäftigung, es jauchten welche in Faltenrock und weißer Bluse; andere waren beim Umgraben in braunen Halbschuhen mit hohen Absätzen. Es war für alle Bestellung reichlich spät.

Um Berlin waren sie schon ein langgewohnter Anblick, die mit mehr oder weniger Ansprüchen gebauten Lauben, um die im Sommer rote Feuerbohnen klettern, der Salat grünt und im Herbst Sonnenblumen, hoch wie Bäume, ragen und große Kürbisse reifen. Hier aber war's der Beobachtenden, als hätte die Not mit dem Finger aufs Ödland gewiesen, auf das Land, auf dem noch das Kraut der Heide um sich fraß und die Wurzeln vermorschter Kiefern den Sandboden durchsetzten. Hier mußte erst völlig urbar gemacht werden wie in Urwald und Prärie. Langsam kroch schwelender Rauch heran und brachte üblen Dunst mit; es stank nach Unkraut. Da brannten welche das Gestrüpp ab. Und überall Drähte im Viereck und in die Länge gespannt, oder auch nur abgebrochene Kiefernknüppel, so wie man sie im Wald auflas, mit vermorschter Borke und dürrem Gezweig, als Grenzzaun um das kostbare Gut gesteckt.

Hermine von Voigt war es anders gewohnt: Wo waren die üppigen Saaten Feld bei Feld, wo die tadellos bestellten Akkerbreiten ihrer Jugend? Fern nur, ganz fern ging ein richtiger Bauer hinterm Pflug her, seine Gestalt und das Pferd, getragen von einer Ackerwelle, hoben sich groß ab gegen die Helle des Horizontes. Hier aber versuchten sie so herum, der eine baute dies, der andere das; dieser nur Kartoffeln, jener nur Gemüse. Hier wieder einer von allem ein bißchen. Der eine fing's so an, der andere so; es lag etwas Ungeordnetes in dieser Art, etwas Unbehilfliches in diesen Versuchen. Und überall war etwas wie Hast dabei – oder spürte nur sie die? Es wurde Frau von Voigt bange. Wenn es den Leuten nun nicht glückte? Das Saatgut war teuer und nicht allzu reichlich. Was dann, wenn aus den Kartoffeln nichts wurde? Der Boden war schlecht; die Kartoffel, freilich anspruchslos, will doch die rechte Pflege haben, und vor allem Sonne zur rechten Zeit und auch Regen zur rechten Zeit. Möchte der Himmel nicht zuviel von beidem spenden und nicht zuwenig!

Die Preise wurden immer unerschwinglicher. Wenn die Frauen jetzt auf den Markt gingen, machten sie enttäuschte Gesichter. Spargel – was sollte man wohl mit Spargel? Den gab's; aber der machte nicht satt. Morcheln? An den schwarzen Dingern konnte man sich noch vergiften. Fleisch wollte man haben, Fische, Eier! An Butter dachte man schon gar nicht mehr, aber an Margarine. An die jungen Mohrrüben, die sonst um diese Zeit aus Frankreich kamen. An den ersten Salat; der war wenigstens voriges Jahr noch billig zu haben gewesen, und auch Radieschen und Spinat und Rhabarber, den die Kinder gern essen.

Die Händler forderten jetzt unverschämt. „Was kostet der Salat?" Der Preis war hoch. „Und das Pfund Spinat?" Der Preis war noch höher.

Niedergeschlagen ging manches Weib, es traute sich gar nicht mehr beim nächsten Stand zu fragen. Aber eine andere war nicht so zag: „Sie wollen wohl ooch reich werden wie'n Kriegslieferant und ooch so fix, was, Sie? Fuffzig Fennige für so'n Salatkopp? Sie sind wohl verrückt?" Da wurde die bäuerliche Händlerin frech wie noch nie: Ihr Mann stand auch im Feld, sie allein hatte die Mühe und Kosten, was wußten die Städter, was der Bauer für Plage hat. Wenn der Tag graut, schon raus, ganz gleich, ob die Sonne brennt oder der Regen klatscht – und graben, pflanzen, sich tausendmal bücken. „Und dann kommt 'n Unwetter und alles is futsch. Lieber eß ich mein Zeugs da alleene, eh' ich's billiger gebe, oder laß es verfaulen. 's is Krieg!"

Da warfen sie ihr die Körbe um.

Die Dombrowski hätte es besser haben können als viele der Frauen, Dombrowski hatte vor dem Krieg schon sein Stück Land fleißig durchgearbeitet, es war gut in Kultur, im vergangenen Jahr hatte sie reichlich Kartoffeln darauf geerntet und Kohl wie Riesenköpfe; aber sie hatte ganz die Lust daran verloren. Sie ging wohl einmal mit den Gerätschaften hin; kaum hatte sie jedoch angefangen zu arbeiten, so warf sie auch die Hacke weg und rannte wieder nach Hause. Es war graulich draußen so allein; hinter jeden Busch guckte sie scheu. Sie, die sich nie gefürchtet hatte, fürchtete sich jetzt.

Sie bat Gertrud flehentlich, unten bei ihr in der Stube schlafen zu dürfen; die Kinder schienen ihr nicht Schutz genug. Gertrud willigte ungern ein: Nun hatte sie nicht einmal mehr die paar Stunden der Nacht für sich, aber durfte sie ‚nein' sagen? Der alte Liebhaber kam nun nicht mehr, und Minka schien sich auch nach keinem weiter umzusehen. Sie hatte es Gertrud erzählt: Im Hemd, im bloßen Hemd war der geflohen. Der alte Anzug, der schon so lange an der Scheunentür gebaumelt, und der durchlöcherte, aufgeweichte Hut, den Erich der Pumpe aufgestülpt hatte, waren seitdem verschwunden. „Die hat er sich angezogen, haha – das muß ausgesehen haben, hahahaha!" Aber es war mehr die Angst als das Lachen, was die Frau dabei schüttelte. Sie war eine unruhige Schlafgenossin.

Sie hatte ihr Bett heruntergeschafft, dicht neben das von Gertrud hatte sie's gerückt, oft faßte ihre Hand herüber nach der Gertruds: „Fräulein, sind Sie auch da?"

In dieser Nacht fuhr Minka Dombrowski auf. Der Mond schien hell ins Zimmer. Gertrud, die sehr ermüdet war, schlief fest; da wurde sie wachgerüttelt: „Fräulein, hören Sie nichts? Draußen is jemand. Es tappt am Haus lang!"

Die Dombrowski saß aufrecht im Bett, der Mond beschien ihr angstverzerrtes Gesicht, es sah geisterbleich aus. Gertrud bekam einen Schrecken: Sollte Dombrowski wiederkommen? Sie lauschte, aber es waren keine Schritte zu hören. „Da ist niemand", sagte sie beruhigend.

„Doch, doch!" Die Frau ließ sich nicht überzeugen, obgleich Gertrud ans Fenster ging und hinauslauschte. Derweilen kroch sie ganz unter die Decke, zog sich die bis über den Kopf.

„Das ist nur der Nachtwind." Es rauschte draußen, es huschelte ums Haus. „So macht's immer, wenn es windig ist."

„Nein, Fräulein, ach nein!" Die Frau weinte fast. „Wenn Sie wüßten, was ich weiß – der kommt gewiß wieder. Ich hab' so schrecklich geträumt." Sie stieß plötzlich einen gellenden Schrei aus und klammerte sich an Gertrud. „Hören Sie, da ruft er schon!"

Ein Kauz klagte langgezogen, er mußte dicht beim Hause sitzen, vielleicht gar am Fenster hinter den ausgebrochenen Mauersteinen. Es klang so nah, als ob er in der Stube schrie.

Nun fing es auch Gertrud an zu überschauern. Da konnte es einem ja wirklich graulich werden: der schauerlich klagende Käuzchenruf, die zitternde Frau! Aber sie nahm sich zusammen. „Lassen Sie mich doch los!" Sie versuchte sich freizumachen. „Ich werd' einmal zum Fenster raus in die Hände klatschen, daß er fortfliegt."

Aber die Dombrowski gab sie nicht frei: „Nein, nein – er kommt, er kommt rein. Ach, ich hab' so 'ne Angst. Er holt mich, er holt mich!" Sie wimmerte und steckte den Kopf ins Kissen.

Das waren Nächte, die nicht dazu taugten, den Menschen frisch zu machen und fähig zur Arbeit. Es war Gertrud ganz recht, daß die Dombrowski nun davon sprach, mehr hinein in den Ort zu ziehen. Sie fühlte, wie die Unruhe und Unrast der Frau sie selber mit ansteckte. Es würde sich ja auch schon für sie dort eine Stube finden; so billig wie hier würde sie freilich wohl nie mehr wohnen. Das machte ihr Sorge; aber *so* war es eben hier nicht mehr auszuhalten. Ihr Land hatte die Dombrowski längst abgegeben, einen Pächter hatte sie sofort dafür gefunden; am liebsten wäre sie auch noch am gleichen

Tage aus dem Hause fortgegangen; mit Mühe nur hielt Gertrud die Unbesonnene zurück, auch das loszuschlagen um jeden Preis. Fort wollte die Dombrowski, fort, hier war's ihr verleidet.

Es war ihr alles verleidet. Ihre Putz- und Waschstellen hatte sie aufgegeben, bei der Generalin, bei Frau Rossi, bei der Frau Geheimen Rechnungsrat, alles Stellen, auf die sie früher stolz gewesen war. Wozu arbeiten? Sie hatte einen Widerwillen dagegen. Die früher einst so Lebhafte war langsam, die Lustige einsilbig geworden. Anderen fiel das weniger auf als Gertrud; sie wußte auch, woher das kam: Der tat vieles leid. Herr Dombrowski hatte noch nicht geschrieben – würde er überhaupt jemals wieder schreiben?

Die Kinder fragten nach ihrem Vater. Erich kam trotzig-verbissen heim aus der Schule: Von seinem Nebenmann war der Vater gekommen, der Junge hatte so viel erzählt. Dem sein Vater hatte tausend Franzosen totgeschossen und tausend Engländer; und ein lieber Vater war der, er hatte seinen Emil hochgehoben und geküßt, und was mitgebracht hatte der ihm auch. Warum kam denn sein, dem Erich sein Vater, nicht?! Auch Minna wußte zu erzählen, daß von andern Kindern der Vater da war.

Die kleinen Dombrowskis waren voller Ungeduld. Täglich trieben sie sich am Bahnhof herum, da sahen sie viele Züge aus- und einlaufen, Menschen aus- und einsteigen und wunderten sich: Ihr Vater war noch immer nicht darunter.

Die Mutter mochte es nicht hören, wenn sie fragten. „Laßt doch das ewige Gefrage", sagte sie unwirsch. Da schlug der Junge nach ihr: „Du! Du magst Vatern nich, du willst nich, daß er kommt. Ich mag dir ooch nich."

Die Frau weinte: Der Bengel war zu ungezogen.

„Schreiben Sie doch mal an Herrn Dombrowski", redete

Gertrud zu. „Es kann alles noch wieder in Ordnung kommen. Schreiben Sie ihm, wie leid es Ihnen tut." Das brachte die Dombrowski aber nicht fertig: Es war ja doch alles umsonst.

So verließen sie denn am ersten Juli das Haus. Frau Dombrowski hatte es sehr billig vermietet, sie konnte ja nicht viel für die alte baufällige Bude verlangen. Der Mann, der ihr Land gepachtet hatte, hatte nun auch das Haus genommen. Er arbeitete in der Fabrik, die weiter draußen am Kanal lag; da hatten sie vordem Seide gewebt, jetzt machten sie Munition.

Es war ein Abschied, den Minka Dombrowski herbeigesehnt hatte und der ihr nun doch nicht leichtfiel. Die Kinder freuten sich, denen gefiel es besser drin im Ort; da hatten sie mehr Abwechslung. Sie rannten vergnügt schreiend hinter dem Wagen her, der die wenigen Möbel und all das Gerümpel, das sich angesammelt hatte, hineinrumpelte. Aber die Frau sah sich oft um: Es hatte doch auch gute Zeiten hier draußen gegeben. Wenn sie's recht bedachte, der Stanislaus war immer nett zu ihr gewesen – *sehr* gute Zeiten waren es gewesen! Und sie sah sich um, solange sie noch das kleine Gehöft sehen konnte, das wie ein großer Maulwurfshügel aus dem Grün der Felder tauchte.

Gertrud, die so lange schon mit dem Gedanken umgegangen war, die entlegene Wohnung aufzugeben, fühlte, nun es soweit war, doch auch Bedauern. Sie hatte eine billige Stube gefunden, ganz am entgegengesetzten Ende des Ortes, aber wieder ein wenig weit draußen, denn mittendrin war alles zu teuer. Die alte Frau Richter, bei der sie gemietet hatte, war billig mit der Wohnung, weil sie nicht gern allein bleiben wollte. Man hatte ihr jetzt auch den letzten Sohn eingezogen, auf den sie geglaubt hatte, sicher rechnen zu können, war er doch von Kindheit auf schwächlich und hatte zudem einen kleinen ‚Verdruß'. Aber er war genommen worden zum Train. Der Mann war zwar noch da, aber der galt für nichts; er war schlagrührig und ein gelinder Simpel. Die Richter versprach Gertrud, für den Kleinen zu sorgen, wenn sie zur Arbeit weg war, und so hatte sie zugegriffen.

So hörte sie denn des Nachts nicht mehr das unruhige Sichwerfen der Dombrowski, nicht deren angstvolle Schreie im Schlaf und wurde nicht aufgeweckt durch die nach ihr tastende Hand. Dafür grummelte jetzt nebenan die lallende Stimme des Simpels, der seine Frau alle halbe Stunde fragte, wieviel Uhr es sei und ob der Krieg bald aus wäre.

Vater Richter hatte nur mehr ein einziges Interesse: das Essen. Und das war jetzt knapp; er konnte nicht mehr soundsovielmal herum ums Brot kriegen. So greinte er denn wie ein unverständiges Kind: „'ne Stulle, Mutter, 'ne Stulle! Gib mer doch 'ne Stulle – Hunger, hab' Hunger!" Es hörte sich schrecklich an.

Der Abschied Gertruds von der Dombrowski war herzlich gewesen, herzlicher, als sie es je für möglich gehalten hätte. Wie oft war sie böse auf das leichtsinnige Weib gewesen! Nun das mit seinen hübschen dunklen Augen vor ihr stand, in denen es heute feucht spiegelte, das runde Gesicht sie gutmütig anlächelte, war es ihr, als hätte sie etwas verfehlt. Hätte sie nicht die Dombrowski bereden können, draußen auf ihrem Land zu bleiben, und hätte sie nicht bei ihr aushalten müssen in Geduld und Verzeihen? Die Frau war ja nicht allein schuld: Der Krieg war schuld. Und ein wütender Haß stieg auf in Gertrud gegen diesen Krieg, der alles vernichtete; auf Menschen und Hoffnungen trat, als wären es Staubkörnchen, die man nicht achtet unterm Fuß. Tag und Nacht fuhren die Züge oben auf dem Bahndamm, zu dem sie vom Fenster ihrer

Wohnung aufschaute, vorbei, und trugen neuen Fraß hinaus für das Ungeheuer, den Krieg.

Das Häuschen der Richters lag neben der Bahnunterführung, tiefer an der Landstraße; es war das letzte der Häuser, die hier schon weit auseinanderrückten. Auch hier waren Felder, aber nicht schon längst angebaute wie drüben auf der anderen Seite des Ortes, hier fing man jetzt erst an, welche herzustellen. Mitten in der noch verunkrauteten Heide lag der neue Kirchhof. Zwei Musiken gab es hier immer zu hören: das Schnauben, das Rasseln, das Stampfen der Eisenbahnzüge und die Trauerklänge, die langsam anrückende Leichenzüge begleiteten. Gertrud gewöhnte sich besser an die Trauermusik als an die andere. Früher hatte sie in der Nähe des alten Kirchhofs gewohnt; nun war es ihr oft, als sei sie inzwischen weit weg gewesen an einem ganz anderen Ort, sei jetzt aber wieder in die Heimat zurückgekommen. Nur das eine störte sie an der neuen Wohnung: Das Krügersche Haus lag jetzt nicht mehr ganz so fern; der nächste Weg zum Bahnhof führte an ihm vorbei, sie aber machte lieber einen Umweg. Sie mochte die Frau nicht sehen, jetzt noch weniger als damals. Das Wohnen in der alten vertrauten Gegend weckte die Erinnerungen stärker auf. Liebe Erinnerungen an ihn, mit dem sie hier abends am Bahndamm entlanggeschlendert war – dort bei der Unterführung im Dunkeln hatte sie sich zum erstenmal von ihm küssen lassen –, böse Erinnerungen an seine Mutter, deren Herz so verhärtet und vertrocknet war wie die Heide, an der die Leute sich müde gruben. Nie hatte sie die Frau so gehaßt wie jetzt. Aber für ihn hatte sie keinen Zorn mehr und kein Gekränktsein. Wenn sie ihn doch wenigstens hier auf dem Kirchhof hätte!

Mancher Soldat wurde vorbeigeführt zur letzten Ruhe. Dann stand sie mit brennenden Augen und sah dem Zuge nach. Sonntags war es ihre einzige Erholung, auf den Kirchhof zu gehen, dann schmückte sie die Gräber der Soldaten; mitten im Kirchhof war noch ein Kirchhof angelegt, bloß für die. Sie sammelte von den kleinen gelben Immortellen und den bräunlichen Katzenpfötchen, den einzigen Blumen, die zu finden waren. Sie verstand es, sehr schöne Kränze daraus zu binden; das hatte sie abgeguckt damals, als sie noch in der Kranzbinderei bei dem Gärtner wohnte. Damals, in jener glücklichen Zeit! Gustav hatte einmal gesagt: ‚Den Brautkranz mußt du dir selber binden, keiner kann's so schön wie du' – ja, wenn seine Mutter nicht gewesen wäre! Dann hätte sie ihren Myrtentopf nicht zum Fenster hinauszuwerfen brauchen, daß er unten zerschellte. Wenn sie den fremden Soldaten um ihre Kreuzchen aus Birkenstamm solch einen Immortellenkranz hängte – Blütchen an Blütchen dicht aneinandergefügt, den Kranz rund gewunden wie eine goldene Rolle –, war es ihr, als hängte sie ihn um *sein* Kreuz. Dann hielt sie die kleine Hand ihres Knaben, der nun schon neben ihr herwakkeln konnte, fest in der ihren und sagte ihm vor: „Pa-pa, Pa-pa!"

Wenn nur nicht die Angst gewesen wäre, die Angst ums tägliche Brot. Wer irgend konnte, schaffte sich etwas ein. Die von der Hand in den Mund lebten, die konnten das freilich nicht, aber es gab viele wohlhabende Leute. Die Schaufenster der Läden, die am Morgen noch überfüllt schienen von allerlei Büchsen – Fisch, Fleisch, Gemüse, Konserven, Honig, Schokolade, Puddingpulver, Sahne in Flaschen, kondensierte Milch –, waren am Abend leer wie ausgekratzt. Eine Hausfrau sagte es der andern: „Wissen Sie schon? Heut gibt's Aal in Gelee – Makrelen in Butter – Heringe in Tomaten – Fischklöße!" Alles Auslandsware; Holland, Schweden, Dänemark wurden reich daran. Und an Gulasch. Gulasch! Da rannte jeder, der's bezahlen konnte. Nie waren Käuferinnen so liebenswürdig gegen Verkäuferinnen wie jetzt; man bettelte förmlich um die Waren, die man doch so hoch bezahlte.

Was aber dann, wenn die Knappheit noch schlimmer wurde? Dann war für die, die das Geld nicht so flüssig hatten, nichts da. Das hieß der Mißgunst und der Unzufriedenheit Sporen geben. Es gab schon jetzt hungrige Augen genug und begehrliche Hände.

Mit einem Bangen, das ihre Seele bis jetzt nicht gekannt hatte, sah Hermine von Voigt in die Zukunft. Sie hatte es immer vermieden, sich an die Spitze von Vereinen zu stellen, es waren genug andere da, die das lieber taten als sie. Aber nun kam ihr doch der Gedanke: auch du mußt ans Werk, du darfst dich nicht länger zurückhalten. Wenn doch die Gemeindeverwaltung so ähnlich wie der Magistrat im großen Berlin hier einen Lebensmittelverkauf mit einer gerechten Verteilung einrichten würde. Es waren noch Frauen der höheren Stände genug da, die nicht in Lazaretten pflegten oder bei anderen Wohlfahrtseinrichtungen sich betätigten, auch im eigenen Haushalt nicht selber zu arbeiten brauchten, und denen es nichts schaden würde, wenn sie merkten, wie es tut, Stunde um Stunde hinterm Ladentisch stehen. Sie würden es auch gern tun; noch war nicht alle Begeisterung erloschen, und der Wunsch, zu helfen, zu dienen, noch nicht ganz untergegangen in der Hetzjagd, sich selber zu versorgen.

Es war eine schlaflose Nacht, in der die Generalin auf diesen Gedanken kam. Ach, sie hatte jetzt oft schlaflose Nächte! Die Kriegserklärung Italiens an Deutschland, die noch ausstand, war ja nur eine Frage von Tagen mehr, eine Formsache, man führte ja längst miteinander Krieg – aber wie würde es mit Rumänien werden? Im Osten tobten heftige Kämpfe, im Westen donnerte es noch um Verdun, und schon begann an der Somme ein neues Ringen. Über England schwebten Zeppeline und warfen Bomben ab, aber unerschüttert dadurch, verurteilten sie in London den edlen Casement zum Tode. In Flammen und Blut erstickte die Welt. Es war zuviel, zuviel – wer konnte da schlafen?!

15

Es war zuviel, zuviel. Gleich Hermine von Voigt warf sich auch Hedwig Bertholdi Nacht für Nacht rastlos in ihrem Bette. Ihre unruhvollen Gedanken schwirrten um die Söhne wie flügelschlagende bange Tauben, die sie mit deckenden Schwingen, ach so gern, behütet hätten. Erst die Söhne, dann das Vaterland – durfte ihr jemand das verargen? Sie fühlte sich nicht als Heldin. Es dünkte sie Sage von jener Frau des Altertums, die jubelnd den Tod des Sohnes pries, dem es vergönnt war, sich für das Vaterland zu opfern. Nein, mochte man sie klein schelten, sie mußte die Hände ringen und beten: Nimm alles, nimm, wenn es denn sein muß, Sieg, Erfolg, Gut, Geld, nimm mein eigenes Leben, nur meine Söhne erhalte, meine Söhne!

Ob nicht viele so dachten? Hinter manch großem Wort mochte sich ein kleinlautes Herz verbergen. War es denn überhaupt klein, wenn man zuerst für die geliebten Menschen zitterte und dann erst fürs Vaterland? Es war nur menschlich.

Voll bangender Unruhe war die Mutter sonderlich stets um Heinz. Sein letzter Brief hatte sie ganz verstört. Wohl war es wie Freude in ihr aufgekeimt, wie Stolz – was war er doch für ein mutiger und tüchtiger Mensch! –: Er hatte sein zweites Flugzeug abgeschossen. Erst so kurz bei den Fliegern, kaum fertig als Kampfflieger ausgebildet, und schon zum zweitenmal Sieger geblieben!

Er selber schien völlig unbekümmert, welche Sorge er denen daheim machte. Es war Jubel in seinen Zeilen: ‚Das zweite Flugzeug, hurra! Das sind die glücklichsten Stunden meines Lebens!' Redete er ihr das vor, um sie zu beruhigen, redete er sich selber das vor? Höchstes Glück – war es wirklich Glück oder nur befriedigter Ehrgeiz? Die Mutter schüttelte den Kopf. Noch hatte sie ihm auf diesen letzten Brief nicht geantwortet, hatte ihn an ihren Mann geschickt; der Vater würde den Sohn vielleicht besser verstehen und die beglückten Worte finden, die jener hören wollte. Aber nun mußte sie Heinz doch auch schreiben; es wurde ihr schwer. Sie hätte rufen mögen: ‚Halt ein! Es fliegt keiner ungestraft zur Sonne.' Aber durfte sie das? Nein, sie durfte ihn mit ihren Ängsten nicht stören. Ach, es würde ihr ja auch gar nicht gelingen, ihn zurückzuhalten. Wie ein Taumel schien es über ihn gekommen, wie ein Rausch: immer höher, höher! Immer mehr, immer mehr! Wenn sie doch nur jemanden hätte, mit dem sie sich darüber aussprechen könnte, der ihre sorgende Liebe – ihre kleine und doch so große Liebe – ganz verstehen würde!

Von Annemarie glaubte die Mutter sich nicht verstanden. Die hatte etwas zu Unbekümmertes; laut gejubelt hatte sie, als sie von den Erfolgen des Schwagers hörte. Aus dem Zimmer war sie geeilt: Das mußte sie gleich drüben bei Frau Rossi verkünden. Mit einem Lächeln, das wehmütig war und ein wenig bitter, hatte Hedwig ihr nachgesehen. Vielleicht würde Annemarie doch nicht so jubeln, wenn es ihr Rudolf wäre! Dann würde sich neben die Freude auch die Besorgnis stellen und würde so groß werden, daß sie die Freude zurückdrängte.

Lili Rossi war im Garten. Der große schattende Hut, der

das zarte Gesicht gegen die Sonne schützte, verbarg das Erbleichen nicht, als Annemarie ihr zuschrie: „Was sagen Sie bloß? Heinz, das zweite Flugzeug!"

Das Herz stand ihr still. Sie hatte die Laufbahn der bekannten Flieger verfolgt: Die stiegen auf, landeten wieder – stiegen auf, kämpften, siegten und landeten wieder – einmal, zweimal, viele Male. Dann aber stiegen sie wiederum auf, kämpften, kämpften, und – landeten nicht glücklich mehr.

Lili schloß die Augen, die lachende Sonne blendete sie. Er würde auch fliegen, kämpfen, siegen, wiederum fliegen, kämpfen, wiederum siegen, bis – in plötzlicher Angst drückte sie die Augen noch fester zu.

So konnte die andere auch nicht sehen, was in ihnen flakkerte. Annemarie sprach lebhaft weiter, sie war angenehm erregt: Nein, daß der Heinz so schneidig war! Von Rudolf hätte sie das natürlich immer gedacht, aber von Heinz! „Sie, Lili, hätten Sie ihm das zugetraut?"

Lili nickte stumm. Sie mochte nicht weitersprechen. Sie hatte sich immer gern mit der jungen Frau Bertholdi unterhalten, deren Zuversichtlichkeit und Munterkeit wie ein frischer Windhauch war, der die dumpfe Luft eines lange geschlossenen Zimmers durchstöbert; heute war es ihr nicht angenehm. Sie blieb einsilbig.

„Liebe Zeit, Lili, Sie sind ja heute so verstimmt, huh! Da mach' ich mich fort!" Annemarie lachte und lief ins Haus zurück, so schnell sie das noch konnte.

Frau Rossi blieb wie betäubt am Zaun stehen. Es war eine große Besorgnis in ihr, aber zugleich erhob sich auch ein großer Stolz – und dieser Mann liebte sie. Ob er sie noch liebte? Oder ob er sie vergessen hatte über seinen Flügen? Nein! Sie lächelte in sich hinein: Er hatte sie nicht vergessen, wie sie ihn nicht. Und wenn der Krieg nun zu Ende sein würde, wenn er glücklich wiederkehrte? Ihr Lächeln wurde stärker: Dann, oh dann! Ein betörendes Glücksgefühl überschauerte sie, sie atmete tief: Dann war es wieder eine Lust, zu leben. Dann war die Welt wieder schön.

Der Gartenkies knirschte, Frau Bertholdi stand am Zaun.

„Gnädige Frau, ich gratuliere, welch ein Erfolg!" Lili war gar nicht erstaunt über dieses plötzliche Erscheinen. Seine Mutter! Es war ihr so natürlich, daß die jetzt kam – zu ihr kam.

Sie streckte beide Hände über den Zaun, und die andere langte nach diesen Händen und behielt sie in den ihren.

Sie sprachen von ihm. Es kam Lili nicht in den Sinn, wie merkwürdig es eigentlich war, daß Frau Bertholdi so vertraulich zu ihr sprach, sie kannten sich doch eigentlich sehr wenig. Aber es floß wie ein Strom von der einen zur andern. Und Hedwig Bertholdi wiederum wunderte sich nicht, daß sie auf einmal alles, alles wußte:

Ja, die da und ihr Heinz! In quellender Zuneigung sah sie der blonden Frau tief in die Augen. „Wenn ihm nur kein Unheil widerfährt", flüsterte sie.

„Es widerfährt ihm keins!" Lili strahlte sie an. Das sonnige Leuchten, das auf ihrem ernsten Gesicht erschien, machte sie schöner denn je. Eine Zuversicht war plötzlich in ihr auferstanden, von der sie vor kurzem noch nichts gewußt hatte, eine Zuversicht, so stark und groß, daß sie jedes Bangen erstickte. Wie hatte sie nur zuerst sich erschrecken können! Zwei Siege – nein, fünf, zehn – noch viele, viele mehr! Ihr Held, da stieg er auf zur Sonne. Und sie mit ihm. Glück, oh, welches Glück!

Sie beugte sich über den Zaun und küßte die zarten Hände, die die ihren noch immer hielten – das war seine Mutter!

Es war ein rechter Regensommer, das zeitige Frühjahr hatte so viel versprochen, das weitere Jahr es nicht gehalten. An der Somme lagen sie in Schlamm und Wasser. Und hier regnete es, regnete alle Tage. Wenn nur die Kartoffeln nicht mißrieten! So viel Nässe konnten die nicht vertragen. War der Morgen auch sonnig, gegen Mittag trübte sich der Himmel wieder, es kamen heftige Güsse, die das schon gilbende Korn niederlegten, daß es an manchen Stellen aussah wie niedergestampft.

Mit besorgter Miene stand der Geheime Rechnungsrat auf seinem Land. Das hatte er nicht geglaubt, daß es so schwer wäre, Landmann zu spielen. Er hatte immer gedacht, man brauchte nur was in die Erde zu stecken, dann wüchse es todsicher. Nun hatte er so viel Saatgut hier drin, eine Menge hatte es gekostet, und nun war noch nicht einmal so viel Ertrag, daß er seiner Frau täglich ein Gericht Frühkartoffeln auf den Tisch liefern konnte. Das Gemüse stand zwar üppig, aber was fängt man mit Grünzeug an, wenn man keine Kartoffeln dazu hat? Die faulten in der Erde.

Mit einem Seufzer buddelte der alte Herr. Daß es die Söhne nun doch so schwerhatten! Und er hatte sie doch schon in einer gewissen Sicherheit gewähnt! Die Russen rückten wieder jetzt in Massen vor, in Wolhynien tobten riesige Kämpfe – ach, und an der Somme! Er traute sich seiner Frau schon gar nicht mehr unter die Augen, wenn er die Zeitung gelesen hatte. „Was steht drin?" fragte sie immer hastig und sah ihn unruhig an. Ach, seine gute Anna, die war unheimlich nervös geworden! Wenn doch der Jüngste bald schreiben würde; sie hatten lange keine ausführlichere Nachricht von ihm. Nur vor acht Tagen eine Karte mit ein paar kurzen Bleistiftzeilen: ‚Noch lebe ich. Seid tausendmal gegrüßt.' Die Mutter hatte die Karte immer bei sich. Die lag nachts auf dem Tischchen neben ihrem Bett, und wenn sie nähte, lag sie im Nähkorb vor ihr. Er hatte schon versucht, die wegzustecken, aber da war sie so außer sich geraten und hatte so verzweifelt gesucht, daß er sie ihr schnell heimlich wieder in den Nähkorb gelegt hatte. Ja, es war schwer für die Mutter – für alle Mütter –, eine furchtbare Zeit!

Der alte Herr versuchte sich mannhaft zu recken, aber es fiel ihm schwer. Nun war er pensioniert, hatte nach einer langen Beamtenmühsal, in der er nichts geatmet hatte als den Staub beengender Büros, gehofft, sich den Rest seiner Tage sorglos an seinen Söhnen erfreuen zu können – und nun kam dies. Wenn Anna nur besser schlafen könnte! Er schlief doch wenigstens ab und zu ein paar Stunden – so viel Schlaf hatte man in seinem Alter ja auch nicht mehr nötig –, aber sie schlief gar nicht. ‚Mutter, na, wie steht's denn?' hatte er vor acht Tagen morgens noch immer zu sagen gewagt; das sagte er jetzt nicht mehr. Es war zu schlimm an der Somme. Wenn der Himmel doch wenigstens bald ein Einsehen hätte, den Regen aufhören ließe! Dieses ewige graue Naß machte noch trübseliger. Mit seinen etwas schwachsichtig werdenden Augen blinzelte der alte Mann rundum: alles wolkenverhangen, die Ferne wie ein Sack, es fing schon wieder an zu tröpfeln. Nun trommelte es ihm auf den kahlen Schädel. Ei, da mußte er doch wohl nach Hause eilen. Aber dann besann er sich: Sein Jüngster im Schützengraben wurde noch viel nasser. Und er blieb. Der Vater ließ den Regen über sich strömen und achtete ihn nicht, er jätete dabei all das wuchernde Unkraut aus. Die Brille hatte er absetzen müssen, sie war so beschlagen, daß er gar nicht mehr durchsehen konnte. Nun holte er sie endlich wieder aus der Tasche, putzte sie und setzte sie auf – der Regen hatte plötzlich nachgelassen. Siehe da! Die Sonne stahl sich sogar hervor und versuchte zu scheinen. Ordentlich warm und wie mattes Gold. Und da – oh, wie schön!

Ein Regenbogen war auf einmal zu sehen. Seine Füße

standen im weißlichen Schwaden der durchtränkten Erde, seinen Bogen aber mit den leuchtenden sieben Farben schwang er hoch in den lichtblauen Äther.

‚Meinen Bogen habe ich gesetzt in die Wolken, der soll das Zeichen sein des Bundes zwischen mir und der Erde. Und wenn es kommt, daß ich Wolken über die Erde führe, so soll man meinen Bogen sehen in den Wolken. Alsdann will ich gedenken an meinen Bund zwischen mir und euch.'

Stand nicht so in der Bibel? Ein Bund zwischen Gott und der Erde! Der Bibelfeste nickte ganz verklärt, er konnte seine Augen nicht abwenden von den leuchtenden sieben Farben – das war ja der Bogen des Friedens, der spannte sich weit über alle Welt! In Grau und Graus war er erstanden, in klarer Sonne wölbte er sich jetzt. Nach der Sintflut das Zeichen der Versöhnung. Gott hatte seine Erde noch nie vergessen, er würde ihrer auch jetzt nicht vergessen. ‚Solange die Erde steht, werden nicht aufhören Sonne und Ernte, Frost und Hitze, Sommer und Winter, Tag und Nacht.' Und – Krieg und Friede.

Friede, Friede! Der Vater lächelte. Beschwingten Schrittes eilte er heim, es drängte ihn, der Mutter, die um ihre Söhne bangte, Zuversicht zu bringen.

Der Bauer weiß: Auf Regen folgt Sonnenschein; aber der Bogen, der den Himmel so schön ziert, ist nur ein Künder weiteren Regens. Und es regnete weiter. Es war gut, sagte sich Frau von Voigt, daß sie so viel zu tun hatte. Wer sich erst hineingrübelte in das, was noch kommen konnte – ach, kommen würde –, der war verloren. Wieviel besser war es voriges Jahr um diese Zeit noch gewesen! Dachte man daran zurück, so glaubte man sich fast in Friedenszeiten versetzt. Da war es noch nicht so ängstlich um jedes Stück Brot gegangen, da hatten die Menschen noch so lange essen können, bis sie satt waren. Das konnten sie jetzt nicht mehr. Von Woche zu Woche wurde es knapper; man glaubte jetzt täglich die Einschnürung zu fühlen, die jeden, aber auch jeden zwang, mit den bescheidensten Lebensmitteln wie mit dem kostbarsten Gut umzugehen. Ein Glück, daß die Gemeinde sich entschlossen hatte, die Versorgung ihrer Mitglieder selber in die Hand zu nehmen. Was sie einkaufte im ganzen, verkaufte sie im einzelnen ohne Preisaufschlag; so war jeder Wucher ausgeschlossen und auch jede Bevorzugung. Ob hoch, ob niedrig, ob arm, ob reich, jeder bekam nur das, was er nach seiner Ausweiskarte zu beanspruchen hatte.

Hermine von Voigt, als Tochter des Landwirts, hatte sich manches großzügiger gedacht: Täte die Gemeinde nicht gut daran, selber Schweine zu mästen, Ziegen zu füttern, womöglich Kühe zu halten, Land zu pachten, so viel Land sie nur erwerben konnte, und das zu bestellen mit aller Kraft? Und zwar so schnell als möglich? Es war keine Zeit zu verlieren. Sie sagte das auch den Herren; und sie wurde gehört. Es war nicht die Stellung ihres Mannes allein, die ihr das Recht gab, aufzutreten, man fühlte wohl: Jetzt war die Zeit der Frau. Und nur die Frau mit praktischem Blick, mit der Erfahrung, die der eigene Hausstand der Hausfrau gibt, war dem gewachsen, vor dem die Männer hilf- und ratlos standen.

Es gab der Widrigkeiten genug. Nicht die kleinste Schwierigkeit lag in dem Verkehr mit den Käufern. Was hatten die Frauen doch immer zu klagen! Nun standen sie schon wieder ein, zwei Stunden und länger und waren noch immer nicht daran, und zu Hause schrien die Kinder, und das Essen sollte gekocht werden und Gott weiß was noch geschafft, und hatte man sich dann müde und matt in der Schwüle gestanden und kam endlich an die Reihe, dann wurde man noch angelassen, wenn man sich einen Augenblick überlegte, was man denn eigentlich hatte haben wollen. Die Kassiererin war auch gleich unwirsch: Konnten sie denn nicht mehr zusammenrechnen? Zwei mal zwei machte doch vier und nicht fünf. Man war gegenseitig unzufrieden miteinander.

„Geduld, wir müssen Geduld haben!" Hermine von Voigt seufzte. Es war oft schwer, das Geduldhaben, waren die Damen, die den Verkauf übernommen hatten, doch selber manches Mal müde zum Umsinken, die Füße taten weh und wurden kalt auf dem Keller-Steinboden des Verkaufsraums, während der Kopf glühte, benommen durch die beklemmende Ausdünstung von Waren und Menschen. Aber Geduld! Es war Krieg, und dieser Krieg bedeutete: Geduld haben.

„Wir dürfen nicht ungeduldig werden, wir nicht", sagte ermutigend Frau von Voigt. „Kinder, hört doch einmal auf mit eurem Murren. Was sollte bloß werden, wenn's euren Männern draußen auch zuviel würde?!"

„Denen is's schon längst zuviel!" rief eine Stimme keck. Die vordersten lachten dazu, die anderen murmelten zustimmend: „Die wollen ooch nich mehr!"

„Das ist nicht wahr!" Die Generalin reckte sich, sie blickte über die Köpfe weg nach der Ecke, aus der die kecke Stimme gekommen war. „Traurig genug, wenn einer nicht mehr mag – es kommt aber nur daher, weil er nicht mehr kann. Aber ihr, ihr könnt noch. Ihr habt noch nicht Jahr und Tag im Schützengraben gelegen, ihr habt noch nicht dem Trommelfeuer standgehalten. Ihr habt euch noch alle Abend in euer Bett legen können. Ihr könnt euch noch waschen und die Kleider wechseln, euch frißt das Ungeziefer nicht. Ihr seht doch alle Morgen die liebe Sonne. Was *das* heißen will! Und wenn euch mal was quergeht und wenn ihr hier 'n bißchen länger stehen müßt, dann wollt ihr gleich aufbegehren? Schämt euch!"

„Es geht uns auch dreckig", sagte eine. Sie stand dicht vor Frau von Voigt und sah ihr ins Gesicht; nicht frech, ganz ruhig. Und es klang auch nicht frech: „Was glauben Sie wohl, meine Dame, was schwerer is? Im Schützengraben liegen oder hier so drinne sitzen, daß man überhaupt kein Ende von absieht? So einer weiß doch: Nu kommt gleich 'ne Granate, und denn bin ich weg, weiß selber nich wie. Aber wir –? Warten, immer warten! 's kann noch 'n halbes Jahr dauern, vielleicht auch noch ein Jahr; keiner weiß, wann Ende is."

Es zuckte in ihrem Gesicht, ihre ruhige Stimme wurde plötzlich heftiger: „Das is zum Verzweifeln! Wozu denn Krieg? Was haben wir getan, wir Frauen, die Kinder, daß wir hungern müssen?! Mein Ältester is bei Ypern gefallen, mein Mann is noch draußen, es is mir nich so schwer, als wenn meine Kleinste abends so weint und ich se nich satt geben kann!"

Nicht satt?! Hermine von Voigt starrte das blasse Weib an, dem die dunklen graudurchschossenen Haarsträhnen finster in die Stirn hingen. Sie war nicht imstande, etwas zu erwidern.

Die Blasse bekam das Viertelpfund Haferflocken auf ein Attest für ihr krankes Kind und ging; ohne Gruß.

„Die weiß nur nich, was sich gehört, gnädige Frau", sagte Minka Dombrowski, die jetzt an die Reihe kam. „Se meint das nich so schlimm." Ihre einschmeichelnde Stimme war eine reine Wohltat. Und es tat auch wohl, ihr freundliches Gesicht zu sehen. Aber so hübsch wie früher war das auch nicht mehr, weniger rund und nicht mehr so blühend. Sie hatte gleich die Karten vom ganzen Haus mit – sieben Parteien –; sie holte für alle. Es war eine lange Auseinanderrechnerei, eine umständliche Abfertigung; sie mußte jedes für jeden besonders haben, und dabei schwatzte sie. Es tat ihr zu leid, daß sie die gnädige Frau so bemühen mußte. Das gnädige Damchen sollte nur nicht verdrießlich werden. Aber sie hätte es der Nachbarin auf dem Flur nicht gut abschlagen können, die hatte den kranken Vater, den konnte sie nicht allein liegen lassen. Und das Fräulein, die Lehrerin, war in der Schule. Und die junge Frau unten lag in Wochen. Und die alte Frau daneben konnte nicht stehen wegen der Gicht. Und wenn die Leute ihre kleinen Kinder schickten, so wurden die immer hintenan gedrängt und kamen überhaupt nicht mehr nach Hause.

„Na, wird's nu bald?" fragte eine ungeduldig. „Sie denken wohl ooch, Sie haben's hier alleene jepachtet. Man voran!"

Die Dombrowski wandte sich empört um: „Schubsen Se doch nich so!"

„Ich schubse ja jar nich!"

„Doch schubsen Se!"

„Sie sind ja verrickt!"

„Nee, Sie!"

„Ruhe, ich bitte um Ruhe!" Die Generalin erhob die Stimme: Das ging nicht an, daß hier gezankt wurde.

Die beiden Weiber maßen sich mit drohenden Blicken. Eine allgemeine Reizbarkeit zitterte in der Luft. So war das früher nie gewesen; da hatte man sich leicht verständigt – eine kleine Anzüglichkeit, ein derber Scherz –, es wurde gelacht, und alles war wieder gut. Jetzt schien auch hier innen kein Friede werden zu wollen.

„Aber Frau Dombrowski!" Die Generalin kannte sie von früher her als eine gutmütige, leidliche Person, aber jetzt schien auch sie nicht Vernunft annehmen zu wollen. Ihre schwarzen Augen funkelten, ihre Nasenflügel bebten, sie atmete rasch.

„Die drängelt doch so – au! Lassen Se doch – was, kneifen? Unterstehn Se sich!"

Die Gegnerin lachte höhnisch: „So'ne! Will sich mausig machen, so'ne!"

Da kreischte die Dombrowski auf. Es wäre zu Handgreiflichkeiten gekommen, hätten die Nächststehenden die beiden nicht auseinandergedrängt. Jede hatte ihre Anhängerinnen und Verteidigerinnen. Minka Dombrowski weinte. Da stand sie nun, den hübschen Kopf gesenkt, an jedem Arm einen Korb, beladen mit den Siebensachen für das ganze Haus, überströmt von Tränen. Oh, daß sie sich so behandeln lassen mußte! Und sie tat doch niemandem was zuleide, und sie hatte den Mann im Feld – ach, ihren guten Mann! – und keinen sonst, der für sie sorgte! –

Es waren trübe Gedanken, die Hermine von Voigt im Kopf herumgingen, als sie heute nach Hause kam. Sie war böse auf die Weiber, die so unverständig die Zeit nahmen, die das Leid, das an ihnen fraß, in Groll ausließen gegen die Höherstehenden und in Unverträglichkeit gegeneinander. Und doch konnte sie ihnen wiederum nicht böse sein. Warteten sie nicht schon zwei Jahre auf ihre Männer, auf ihre Söhne, die draußen waren? Warten geht auf die Nerven. Sie wußte es ja von sich selber, wie es wirkt, wenn man lange warten muß; gar nicht von jetzt, nur von ganz gewöhnlichem Warten zu reden. Erst schickt man sich in Geduld, dann gähnt man, wird abgespannt, faßt nach der Stirn, fühlt eine allgemeine Mattigkeit; eine plötzliche innere Leere stellt sich ein, man vermeint umsinken zu müssen. Und dann kommt die Unruhe. Man sieht nach der Uhr: schon wieder eine Viertelstunde! Man springt auf, man läuft auf und ab, man seufzt, man fängt an sich zu beklagen, man ärgert sich, man wird aufgebracht, man hat kein Einsehen mehr, man ist nicht mehr derselbe Mensch, der man vordem war, man hält's nicht mehr aus. Und nun *dieses* Warten! Und zu der inneren Not die äußere!

Immer sah sie die Frau vor sich, der die finsteren Haarsträhnen in die blasse Stirn hingen. Und so waren viele. Ein Heer von müden, vergrämten, verbitterten Gesichtern stürmte gegen sie an. Und denen wollte sie zürnen? War sie denn nicht selber ihrer Zeit so müde, oh, so entsetzlich müde? Wenn ihr Mann auch draußen immerhin in einer gewissen Sicherheit war, wenn sie auch keine Söhne dabeihatte wie nebenan der alte Geheimrat und seine Frau, um die sie zittern mußte; wenn sie auch heute an einem Tisch saß, auf dem noch ein Abendbrot stand, von dem man satt werden konnte, wenn sie auch kein kleines Kind weinen hörte vor Hunger.

Sie seufzte und stützte den Kopf in die Hand. Da war sie neulich in Berlin gewesen, stundenlang war sie umhergelaufen, schwer beladen mit Paketen, sehr müde hatte sie zuletzt noch eine Droschke gefunden, die leer daherzockelte. Der eisgraue Mann auf dem Bock schien zu schlafen trotz des Gewirrs der Straße; das Pferd schien auch zu schlafen, einen Huf setzte es vor den andern so langsam, so zögernd, als klebe der Asphalt.

„Wo woll'n Se denn hin?" Der Kutscher schien nicht sehr erbaut über einen Fahrgast.

Sie hatte den Bahnhof genannt.

„Na, dahin wird's woll noch jehn. Was, Roland?"

Das Pferd senkte betrübt den Kopf, es hielt an.

„Sind se ooch nich zu schwer?" Mit mißtrauischem Blick hatte der Alte ihre Pakete gemustert. Nun ruckte das Pferd an, sie zockelten weiter. Langsam nur ging es, sehr langsam, sie wäre wohl ebenso schnell zu Fuß weitergekommen. Plötzlich hielt der Wagen. An der Ecke, wo früher ein

Droschkenhalteplatz gewesen war; aber Wagen waren jetzt keine mehr da, nur das Schild: ‚Halteplatz für sechs Droschken.'

Was war denn, warum hielten sie hier an?

„Er will nich mehr", sagte der Alte und kletterte steifbeinig vom Bock herunter. „Steigen Se man immer aus, meine Dame, nu jeht's nich weiter. Was sagste, Roland?" Er faßte das Pferd vorn bei der Kinnkette, das Tier hatte den Kopf geschüttelt. „Sehn Se, meine Dame, wenn er *so* schüttelt, dann weeß ick Bescheid. Denn sagt er: ‚Nee.' 'n jutes Tier, 'n jeduldiges Tier. Aber was zuviel is, is zuviel. Kann man denn ooch verlangen, det er rennen soll den janzen Dag die weiten Wege mit man een Pfund Hafer in'n Bauch? Kartoffelschalen soll ick verfuttern, Rüben, so allerlei – 'n Pferd is doch keen Schwein. Was, Roland?" Er klopfte sein Tier. Ohne sich zu regen, stand das da mit hängendem Kopf, mit hängender Mähne, mit hängendem Schwanz, mit hängenden Ohren, ein Bild der Trauer. Nun hatte sie erst gesehen, wie entsetzlich mager es war, man konnte die Rippen zählen.

Warum ihr nur jetzt dieses arme verelendete Tier wieder einfiel? Gut, geduldig – aber was zuviel ist, ist zuviel! –

Es litt sie nicht mehr allein in der Wohnung. Das Mädchen, das abräumte, wunderte sich, wie wenig Exzellenz gegessen hatte. Hermine von Voigt fühlte eine quälende Unruhe: Wenn das gute, geduldige Tier nun nicht mehr wollte? Jetzt galt es, Menschen zu finden, die mit weicher und doch strammer Hand die Zügel führten. Nur keinen Frieden aus der inneren Not heraus! Nur keinen Frieden machen müssen nach außen, weil die innen nicht mehr wollen! Sie seufzte schwer: Um Gottes willen, nur *so* einen Frieden, *so* einen nicht!

Sie ging zu Lili. Als sie am Haus des Rechnungsrats vorbeikam, an dieser kleinen geduckten Villa, der man es förmlich ansah, wie mühsam die Groschen zusammengespart waren, von denen sie erbaut war, sah sie die Läden geschlossen. Verreist waren die Leute nicht – war jemand krank? Totenstill lag die kleine Villa; selbst der Kanarienvogel, der sonst schmetterte, schmetterte nicht. Auch im Gärtchen, in dem an solchen Abenden wie heute der alte Herr sich eine Zigarre vergönnte, war niemand. Es wehte etwas her von dem totstillen Haus, das ihr ein Gefühl der Beklemmung verursachte. Ach, die armen Leute, die mußten in einer ständigen Angst leben: Wolhynien und die Somme! Um welchen Sohn mußten sie wohl in der größten Sorge sein?!

Bei Lili war es auch still, aber es war eine andere Stille. Es lag etwas über der jungen Frau, das die Mutter lange, lange nicht an ihr wahrgenommen hatte. Ein stilles Leuchten schien da zu sein, von innen herauszustrahlen mit einer lautlosen, aber tief erwärmenden Kraft. Die Mutter war verwundert: Solch ein Empfang war ihr lange nicht geworden. Sie war oft gekommen, zehnmal öfter hierher, als die Tochter zu ihr gekommen war, und immer hatte sie das gleiche, müde, entsagungsvolle Wesen gefunden, das sie mit tiefer Wehmut erfüllte.

Heute aber fiel ihr Lili um den Hals. Und gab ihr Küsse und schmiegte sich an sie, wie sie's als kleines Mädchen getan hatte, wenn sie so recht von Herzen froh war. Frau von Voigt fragte nicht: Was macht dich so froh? Wenn Lili ihr's erzählen wollte, würde sie es schon tun; vielleicht aber hatte sie gar nichts zu erzählen, wußte es selber nicht, wie sehr ihr Wesen verändert war. Kam jetzt endlich die Zeit, in der die gequälte Seele sich löste aus ihren Kämpfen, in der die Jugend wieder aufwachte und neben der Trauer ihr Recht fand?

Lili hatte sich ein Herz gefaßt – sie hatte an ihn geschrieben. Wenige Zeilen nur, einen Glückwunsch. Lange hatte sie überlegt: Sollte sie es tun, sollte sie es nicht tun? Seine Mutter würde ihn ja von ihr grüßen – wenn sie ihm nun selber einen Gruß schrieb, war das nicht ein zu großes Entgegenkommen? Sie hatte ihn beim Abschied gebeten, sie etwas von sich hören zu lassen, er hatte es nicht getan – war das nun nicht zuviel, daß sie nicht länger auf ein Zeichen von ihm wartete? Vergab sie sich etwas? Nein! Mit einem entschlossenen Lächeln hatte sie sich zum Schreiben niedergesetzt: Jetzt war nicht die Zeit für kleinliche Äußerlichkeiten. Wer weiß, wie lange man noch einem Mann zeigen konnte, daß man ihn liebte!

Und sie schrieb zu seinem Erfolg einen Glückwunsch: Worte, auf die ihre Tränen fielen und ihr Lächeln, daß sie betaut und besonnt waren wie blühende Rosen des Sommers.

Seitdem war sie froh, von einem tiefen, zuversichtlichen Glücksgefühl beseelt. Er würde sie ja verstehen. Und nun wartete sie auf einen Dank von ihm, der nicht ausbleiben würde, bald kommen würde – bald!

Frau Krüger wunderte sich, daß sie ihre Mieterin singen hörte. Das hatte sie gar nicht gewußt, daß die auch singen konnte. Hell klang es durch die Zimmerdecke:

„All mein' Gedanken, die ich hab,
Die sind bei dir –"

Die Krüger nickte: Das kannte sie, das war ein altes Lied, das hatte auch sie mal gesungen. Es war schon lange her. Nun war es ihr fast beleidigend, daß die da oben sang – wer mochte jetzt singen hören! Aber dann lauschte sie doch den Worten: ‚All mein' Gedanken, die ich hab, die sind bei dir –.' Wenn der Gustav nicht bald etwas von sich hören ließ, überkam sie die Verzweiflung. Sie hatte jetzt zuweilen Stunden, in denen sie ihr fester Glaube verlassen wollte. Es waren furchtbare, grausige Stunden. Gegen die half auch das Arbeiten nicht mehr. Legte sie sich auch wie zerschlagen vor Müdigkeit ins Bett, wenn *die* Gedanken kamen, auf ihrem Bettrand hockten als böse Geister, sie plagten, herumzerrten, hin und her warfen, dann pochte ihr Herz zum Springen. Ihr Kopf war wüst, ihre Gedanken irr. Sie hörte allerhand, was nicht da war: ein vorsichtiges Tappen – war draußen der Gustav? Kam er leise, so leise ins Haus, um sie nicht aufzuwecken? So war er damals geschlichen, wenn er von der Hieselhahn kam!

Sie fuhr aus dem Bett, sie stürzte an die Tür: „Diebe!" Wollten sie jetzt auch hier ausräumen, wie sie schon bei vielen ausgeräumt hatten? Aber sie sollten sehen, daß auch eine einsame Frau sich nicht fürchtet. „Kommt nur mal her!" Mit drohender Miene stand sie in ihrer Stubentür. Einen Stuhl hatte sie hochgehoben mit starken Armen, den wollte sie dem ersten auf den Schädel schmettern. Nicht anrühren sollten sie ihr etwas von den Vorräten, die mußten alle, alle für Gustav bleiben. Damit er satt hatte, wenn er wiederkam.

Sie selber gönnte sich nichts. Sie spürte auch keinen Hunger. Wenn andere klagten: das Brot mache nicht satt mehr, zu wenig Kraftmehl sei drin, lauter Ersatz, hatte sie nur ein verächtliches Lächeln. Was brauchten sie sich denn den Bauch so vollzuschlagen – hatte Gustav denn wohl immer satt?

Wenn sie nur nicht so ganz allein gewesen wäre! Nach solchen Nächten, in denen die Furcht vor Dieben sie umtrieb, daß sie bis in den Keller hinunterstieg, ihre Vorräte nachzuzählen, daß sie in den Stall zu Ziege und Schwein, zu Kaninchen und Hühnern lief, in den Garten zu Obst und Gemüse – die Nacht war finster, sie tappte mit ihren Händen die Beerensträucher ab, noch war alles dran –, nach solchen Ängsten fühlte sie, es taugte ihr nicht mehr, allein zu sein. Aber die Furcht vor der Finsternis ihrer Gedanken war die größte.

Sie hatte gehört, die Hieselhahn war wieder mehr hier in die Nähe gezogen. Nun paßte sie auf: Kam die nicht mal am Haus vorbei? Aber die kam nicht. —

Wenn Gertrud jetzt zur Arbeit fort war, spielte ihr Kleiner beim alten Richter. Die Frau setzte den Blöden, wenn das Wetter nicht gar zu schlecht war, immer vor die Haustür. Da saß er denn mit seinem langen weißen Bart Stunden und Stunden auf seinem Stuhl, und die Kinder, die vorbeiliefen, zupften ihn am Bart. Er war ein Kinderspott. „Haste Hunger?" fragten sie ihn. Dann nickte er. Sie hielten ihm einen Stein hin: „Willste?" Dann griff er zu, biß hinein, spuckte und stammelte: „'ne Stulle, Mutter, 'ne Stulle!"

Das sah der Kleine mit an, und in seinen großen blauen Augen dämmerte schon etwas wie Verständnis. Er spielte, machte Häufchen von Erde, die er mit seinen kleinen Fingerchen zusammenkratzte, oder er saß auch ganz still vor den Füßen des Alten und streichelte sein hölzernes Pferdchen.

So sah ihn die Krüger. Sie war nicht ganz zufällig hier vorübergegangen; nun blieb sie stehen.

„Ist das der Hieselhahn ihr Junge?" fragte sie den Alten. Der gab keine Antwort, starr sah er an ihr vorbei. Was fragte sie den alten Simpel denn noch, sie wußte es ja, daß das der Kleine war: Gustavs Augen, so schön, so blau! Sie bückte sich zu dem Kind und hob mit ihrer großen Hand sein kleines Gesicht. Lange sah sie hinein. Dann seufzte sie und ging fort. Aber sie kam wieder, schon am nächsten Tag. Nicht immer traute sie sich nahe heran, blieb oft in einiger Entfernung stehen und beobachtete das Kind. Wenn es lachte, lächelte auch sie; sie war ganz entzückt. Es war merkwürdig, seitdem hatte die Krüger nicht so böse Nächte mehr. Wie Beruhigung war es auf sie herabgeflossen: Sah sie denn da nicht schon etwas vom Gustav? Wenn sie doch sein Kind nur immer bei sich haben könnte, was gäbe sie darum! Aber sie, die sonst so Energische, war jetzt scheu vor der Hieselhahn. Das Mädchen war ihr nur einmal begegnet, aber sie waren aneinander vorbeigegangen ohne Gruß. Die Mutter hätte gern gegrüßt, sie lauerte nur darauf, aber die andere tat, als kenne sie sie nicht. Und die hatte sie doch erkannt, die wollte nur nicht. Dabei tat der Krüger das Herz weh: Wie sah die aus – schmal, blaß, schier verhungert. Der ging's schlecht!

Wem ging es jetzt nicht schlecht? Selbst Minka Dombrowski hatte nicht mehr das unbekümmerte Lachen. Sie war immer noch ganz zufrieden, aus dem Haus da draußen fort zu sein – es war ja auch viel mehr Leben hier mitten im Ort, sie brauchte auch nicht mehr so weit zu laufen, wenn sie schwatzen wollte –, aber es war doch hart, daß sie selber nun gar keine Kartoffeln gebaut hatte, kein Gemüse, gar nichts. Jetzt ging ihr das weiße Kleid, in das sie sich voriges Jahr mit Gewalt zwängen mußte, bequem zu. Aber sie zog es nicht an. Wozu auch? Es hatte nicht Zweck, sich anzuputzen: Sie hatte keinen, und sie wollte auch keinen mehr. Sie hatte genug von dazumal. Wenn sie daran zurückdachte, bekam sie das Schaudern immer noch. Ihr Mann ließ nichts von sich hören. Sie schämte sich schon vor den anderen Frauen; wenn die fragten, mußte sie lügen. Ach, war das gräßlich! Es war alles gräßlich. Die Kinder waren immer hungrig, das Geld flog nur so, sie würde sich doch entschließen müssen, wieder zu arbeiten. Aber was? Wasch- und Reinemachestellen? Puh, das mochte sie nicht. Munitionsfabrik? Man verdiente da wohl viel; sie kannte welche, die hatten früher nicht ein ganzes Hemd gehabt, jetzt raschelten sie sonntags mit seidenen Unterröcken, hatten Blusen mit Spitzen an und echte Reiher auf den Hüten. Das könnte ihr schon gefallen. Aber schwer war's in so einer Fabrik, und gefährlich sollte es auch sein, und das mochte sie nicht: ihr Leben, ihr teures Leben! Für das bangte sie; und für ihre Schönheit. Sie bekamen alle bald fahle Haut. Da könnte es ihr schon besser passen, als Kutscherin auf dem Bock zu sitzen; man thronte hoch oben und schwippte mit der Peitsche, hatte den weiten Mantel des Postkutschers an und seine Mütze schief auf der Frisur. Das stand gut. Aber dazu mußte man das Fahren erst erlernen und das Mit-Pferden-umgehen. Auch das Amt einer Schaffnerin auf dem Bahnhof hätte ihr wohl angestanden; Türen auf- und zumachen, ‚Platz nehmen' schreien, ‚Aussteigen' und ‚Abfahrt'; das war kein mühseliges Geschäft, und wenn sie sich in den Hosen dachte, die nur bis zum Knie reichten, wurde sie rot vor Vergnügen. Sie konnte ihre Beine wohl sehen lassen – Staatsbeine! Aber als sie sich meldete, waren alle Stellen besetzt; es kamen erst die daran, deren Männer oder Väter früher diesen Posten bekleidet hatten. Mit kritischem Blick musterte sie das vorhandene Beinwerk; auf ihr gutmütiges Gesicht kam dabei ein belustigtes Lächeln: krumm und schief, zu dick oder zu dünn – ja, ihr reichte keine das Wasser!

Nun wartete sie vorerst ab und tat nichts. Aber zufriedener wurde sie dabei nicht, im Gegenteil, immer weniger vergnügt. Wenn sie ihr bißchen Haushalt besorgt hatte, die Kinder in der Schule waren oder auf der Straße spielten, wurde ihr's ganz beklommen. Der Schweiß brach ihr aus. Was wohl ihr Stanislaus machen mochte? Man hörte jetzt so viel von der Schlacht an der Somme; die war über alle Maßen schrecklich. Sie sah ihren Mann dabei mit rollenden Augen, den Mund wütend verzerrt, in der erhobenen Hand blinkte das Messer; er sah aus wie ein Wilder. So, so hatte er auch vor ihr gestanden. Es grauste sie, aber es grauste sie nicht *vor* ihm, sondern *für* ihn. Oder ob er jetzt gegen die Rumänen focht? Und wenn er nicht fiel, wenn es Friede wurde und er wiederkam – was dann?! Eine furchtbare Angst beschlich sie, sie war verzagter Stimmung.

In solcher Stimmung kam sie eines Sonntags zur Hieselhahn. Sie hatten sich wenig mehr gesehen, nun fand die Dombrowski das Fräulein recht mager, förmlich gealtert. Sie hatte der anderen die Ohren vollklagen wollen, nun fand sie, daß die eigentlich noch mehr zu klagen hätte.

Aber Gertrud klagte nicht, dessen hätte sie sich geschämt. Sie kniff die blassen Lippen zusammen, daß ihr nur nichts entschlüpfte, nicht daß sie Hunger litt, nicht daß sie hereingefallen war mit der neuen Wohnung.

Die Richter hielt nichts von dem, was sie versprochen hatte. Wenn das Kind weinte, ließ sie es weinen, sie kümmerte sich nicht einmal um ihren alten Mann. Wo er saß, da ließ sie ihn sitzen. Die Frau war des Lebens müde geworden in diesem Krieg – alle Söhne weg, wer weiß, ob einer von ihnen je wiederkam?! Sie war verdrossen und teilnahmslos.

Da hatte Gertrud es draußen in der entlegenen Behausung trotz alledem noch besser gehabt. Mit einer Art von Freude begrüßte sie Minka Dombrowski. Auch sie fand, daß die andere gealtert war.

Von der Kirche läutete es zu einem Begräbnis, man hörte Musik; wieder wurde ein Soldat beerdigt, schon nahte der Zug. ‚Jesus, meine Zuversicht' tönte voraus. Minka stürzte ans Fenster: Wie hübsch man das alles hier sehen konnte! Sie hing mit halbem Leib überm Fensterbrett. „Feine Kerle dabei!" Aber als sie sich dann wieder zurückwandte, sah Gertrud Tränen in den blitzenden Beeraugen.

Stumm saßen sie dann beieinander; der Zug der Soldaten, die den toten Kameraden geleiteten, war vorüber, aber auf dem Bahndamm ratterten und rasselten und sausten endlose Züge – Fernzüge, Nahzüge – das Leben ging weiter. Dazwischen deutlich die Klänge: ‚Ich hatt' einen Kameraden' – Lokomotivenpfiff, Dampfgeschnaube –, ‚Wie sie so sanft ruhn' – nun ein flotter Marsch. Sie kamen schon wieder vom Begräbnis zurück.

„Ich könnte das nich immer so mit anhören", sagte die Dombrowski. „Oh Jesus!" Sie schauderte. "'s is schon schlimm genug, daß man später mal selber sterben muß. Und nu immer den Kirchhof so vor der Nase – nee, Fräulein!"

„Mir macht es nichts aus." Gertrud lächelte traurig. „Ich habe früher beim alten Kirchhof gewohnt – meine glücklichste Zeit –, nun hier beim neuen." Sie seufzte tief. Das war das einzige, was sie über sich selber sagte. Sie ließ die Dombrowski von sich reden.

Und die redete; es erleichterte sie. Das Fräulein hörte sich geduldig alles mit an. Zum Schluß redete Gertrud ernstlich zu: Wenn die Dombrowski arbeiten würde, so würde sie sich sicher viel besser fühlen, das Zuhausesitzen und Nachdenken, das taugte ihr nicht.

Na, denn würde sie sich schon mal umsehn nach was! Minka Dombrowski versprach es lachend; sie war nun schon ganz getröstet, umarmte Gertrud und ging lachend fort.

Wie schon einmal, damals, als jene losgezogen war im weißen Kleid, sah Gertrud ihr nach, fast neiderfüllt: Wer doch auch so sein könnte!

Die Straße des letzten Ganges, den Kirchhofsweg, tänzelte die Dombrowski hinunter, sie wiegte sich in den Hüften. Das bißchen Aussprache hatte ihr wohlgetan, schon war sie wieder die schöne Minka. Ihre Wangen blühten rot, ihre Augen glänzten. Ein Mann, der an ihr vorbeiging, drehte sich um. Sie sich auch. Sie sah es, dem gefiel sie, das machte ihr Spaß und hob sie vor sich selber. Ehe die Straße eine Biegung machte, blieb sie stehen und winkte nach Gertrud zurück. Ein leichtsinnig-fröhliches Lächeln spielte um ihre Lippen. Sie schrie, daß es weithin hallte: „Auf Wiedersehn!"

16

Nun war es Herbst. Zum dritten Male Herbst. Gut, daß man nicht gewußt hatte, als der Krieg anfing, daß er so lange dauern würde. Und doch, wie die Zeit raste! Wenn Hedwig Bertholdi jetzt zurückdachte an voriges Jahr, wollte es sie bedünken, als sei es gestern gewesen. Da hatte sie Annemarie gerade erst ins Haus genommen; und nun war die bereits lange ihres Sohnes Frau und sah der Geburt eines Kindes entgegen. Ein Knabe? Ein Mädchen? Die junge Mutter, die fast mit Neugier, ohne jede Angst dem großen Ereignis entgegensah, wünschte sich brennend einen Jungen. Der junge Vater schrieb: ‚Wäre es doch ein Mädchen, dann brauchte es wenigstens nicht in den Krieg.'

Rudolf hatte genug vom Krieg, das las die Mutter aus jedem Brief. Wenn er auch nie klagte, Leutnant geworden war, selber eine Kompagnie führte, es hatte ihn doch zu mächtig gepackt, daß am letzten Großkampftag fast sämtliche Offiziere des Regimentes gefallen oder verwundet worden waren. Er war von Verdun an die Somme gekommen. Seine Nerven waren nicht mehr die des flammenden Knaben, als der er in den Krieg gezogen, auch nicht die des verliebten Jünglings mehr, die Mutter fühlte es: Sie waren die eines müden Mannes. Nun hoffte er bald Urlaub zu erhalten; wenn sein Kind geboren war, sein erstes Kind, dann würde er wohl kommen.

Hedwig Bertholdi hatte das Sich-ängstigen aufgegeben, sie kämpfte tapfer dagegen an; ganz verlieren wird es eine Mutter ja nie. Aber sie hatte gelernt, hart gegen sich zu sein. Sie mußte es sein. Ihr Mann fern, beide Söhne in steter Todesgefahr, alle Sorgen des Haushaltes allein zu tragen – sie mußte dasein und bereit, des Sohnes Kind zu empfangen, die Frau, die er liebte, zu pflegen.

Annemarie war kerngesund. Alle die kleinen Sachen lagen schon bereit, sie freute sich daran mit einem fröhlichen Lachen. Das hatte noch nichts von seinem vollen, tönenden Klang verloren. Hedwig dachte jetzt oft an die Zeit, in der *sie* ihr erstes Kind erwartet hatte. Wie anders war sie gewesen! Die Zeit war anders geworden – Gott sei Dank, daß auch die jungen Mütter anders geworden waren! Vieles, was ihr an Annemarie nicht gefiel, übersah sie jetzt, vergaß es. War diese echt-rheinische Sorglosigkeit, die sie, die Norddeutsche, nicht begriff, nicht doch etwas Wundervolles? War dieses fröhliche Herz, das nicht erwägte, was kommen könnte, das Heute unbefangen genoß und nicht fragte: was bringt dir das Morgen?, nicht ein großes Glück?

Die junge Frau saß im Wintergarten, dessen Schiebefenster schon geschlossen waren gegen die herbstliche Kühle, und las einen Brief ihres Mannes. Die Schwiegermutter schob ihr ein Bänkchen unter die Füße; die Schwiegertochter nahm es als selbstverständlich, sie ließ sich gern verwöhnen. Den Kopf auf den vollen Arm gestützt, las sie und lächelte dabei. Plötzlich blickte sie auf. „Da hätte Heinz aber schön zu Unglück kommen können – na, es hat ja noch gutgegangen!"

„Was – was?" Hedwig zitterte. „Lies!" drängte sie.

„Heinz hat zwanzig Treffer in den Apparat bekommen im Luftkampf bei Bapaume. Ein Kamerad, der von dort kam, hat es Rudolf erzählt. Es ist ihm aber noch gelungen, herunter zu kommen und in unserer Linie zu landen. Sein Fokker ist freilich hin. Nun fliegt er aber bereits wieder. Nein, der Heinz! Er ist wahrhaftig schon eine Art von Berühmtheit geworden!" Die junge Frau sagte es, stolz auf den Schwager. „Das fünfte Flugzeug schon! Paß mal auf, Mama, er wird noch ein zweiter Bölcke!"

Die Mutter legte die Hand über die Augen, schwarz drehte es sich plötzlich vor ihrem Blick. Wie aus weiter Ferne drang die Stimme Annemaries an ihr Ohr: „Aber, Mama, du brauchst doch nicht nachträglich noch so zu erschrecken. Du hörst ja, er ist sicher gelandet." Die warme Hand der Schwiegertochter legte sich auf ihre eiskalte.

Sie schüttelte die Hand ab. „Laß nur! Es ist schon wieder gut." Sie stand auf und verließ den Wintergarten. Sie mußte allein sein, allein mit sich und ihrer Angst. Wie lange war es her, daß Bölcke, der Unüberwindliche, zu Tode gestürzt war? Erst wenige Tage. Noch trauerte Deutschland um ihn. Sie hatte den berühmtesten aller Flieger nie gesehen, nicht gekannt, hatte gar keine persönliche Beziehung zu ihm, aber sie war seinen Flügen gefolgt mit schier mütterlicher Hingabe. Nahm ihr Sohn, ihr Heinz, nun denselben Weg, ging er dem gleichen Schicksal entgegen? Sie hatte geglaubt, schon stark zu sein, nun fühlte sie, wie schwach sie noch war. Tastend griff ihre Hand um sich: zwanzig Treffer – mit Not und Mühe gelandet – seine Maschine zertrümmert – und nun flog er doch wieder! Sie preßte die Hände gegen die Schläfen, es hämmerte in ihrem Kopf. Es trieb sie aus den Zimmern, es trieb sie durch den Garten. Jenseits des Zaunes stand die blonde Frau.

Als ob die es geahnt hätte. Mit großen Augen sah Lili herüber, Blutwelle auf Blutwelle jagte über ihr zartes Gesicht. „Haben Sie Nachricht bekommen?"

„Mein Sohn Rudolf schrieb eben", sagte mühsam die Mutter. „Ich bin sehr beunruhigt über Heinz."

„Ich weiß." Eine neue Blutwelle stieg in Lilis Gesicht. „Ich habe auch Nachricht heute", sagte sie leise, „einen Brief – von ihm selber. Es ist ihm nichts geschehen. Wie durch ein Wunder." Und nun wurde ihre Stimme kräftig, sie sah seiner Mutter voll ins Gesicht: „Es wird ihm auch nichts geschehen. Seien Sie ruhig, gnädige Frau. Ich bin auch ganz ruhig. Um meinen verstorbenen Mann habe ich mich immer geängstigt – um diesen nicht. Ich bin zu stolz auf ihn!" Sie reckte sich in ihrer ganzen Schlankheit. Nie war sie Hedwig als besonders groß erschienen, nun mußte sie aufsehen zu ihr. Es war etwas Königliches in ihrer Haltung, etwas Freies, Befreites, das auch andere befreite. Die Mutter fühlte, wie die Angst von ihr wich. Sie streckte beide Hände über den Zaun und zog die junge Frau näher. Die folgte willig. Das schöne blonde Gesicht war dicht bei Hedwig, sie küßte es innig.

In der Villa Bertholdi ging man heute auf Zehen. Die beiden Frauen und die beiden Dienstmädchen hatten nie viel Lärm gemacht, aber heute war es besonders still. Die alte Köchin stand mit verstörtem Gesicht am Küchenherd und kochte Kamillentee: Es hatte die Emilie auf einmal so überkommen, daß sie die hatte zu Bett bringen müssen. Dann war die Köchin zu Frau Bertholdi gelaufen: „Gnädige Frau, mit der Emilie – oh Gott, gnädige Frau – ich glaube wahrhaftig, da – da is was los!" Sie hatte sich gar nicht getraut, es auszusprechen; nun es heraus war, war sie über sich selber entsetzt. Was würde die gnädige Frau dazu sagen?

Hedwig wurde nur rot und dann blaß. Blitzschnell schoß es ihr durch den Kopf: Längst hättest du das doch ahnen können.

Wenn sie der verzweifelten Tränen gedachte, die das Mädchen damals vergossen hatte, als es ihr von der unerfüllten Bitte des Geliebten erzählte, schien es ihr jetzt fast wie selbstverständlich. Auf Urlaub war der Bräutigam gekommen, kurz danach. Und er mußte sich wohl mit Emilie rasch ausgesöhnt haben, denn die war bald wieder fröhlich, wieder ganz die alte Heitere, und trällerte oben auf ihrer Kammer. Jetzt hatte sie freilich längst recht blaß ausgesehen. Hedwig schüttelte den Kopf: Wo hatte sie nur ihre Augen gehabt? Des Mädchens Gesicht war so in die Breite gegangen, gar nicht mehr hübsch; neulich hatte jemand scherzend gesagt: ‚Der sieht man wahrhaftig die Knappheit nicht an.'

Hedwig stieg hinauf zu der Mansarde; die Knie zitterten ihr nun doch ein wenig. Sie fand das Zimmerchen so peinlich sauber, so in Ordnung, wie Emilie es immer zu halten pflegte. Heute morgen noch hatte sie gründlich geräumt, man hatte sie klopfen und wirtschaften hören. Auf der mit blühweißer Decke geschmückten Kommode standen in Reih und Glied die Photographien des Vaters, der verstorbenen Mutter, der beiden Brüder in Uniform und der jüngeren Geschwister. Über dem Bett hing das Bild des Bräutigams, lebensgroß; Emilie hatte es sich nach einem kleinen vergrößern lassen.

Emilie lag dumpf ächzend im Bett. Die Knie hochgezogen, von Schauern geschüttelt, die Zähne aufeinandergebissen. Sie wollte nicht schreien. Sie nahm die Eingetretene kaum wahr.

Frau Bertholdi setzte sich neben das Bett. „Emilie", sagte sie sanft, „was fehlt Ihnen denn?"

Mit seltsam glasigen Augen sah die Gefragte sie an. Sie versuchte zu lächeln.

„Soll ich den Arzt holen lassen?"

Jetzt schüttelte sie den Kopf verneinend.

„Vielleicht besser jemanden anderes?" sagte die Herrin mit Betonung. „Die Frau Weiß vielleicht? Sprechen Sie doch!"

Das Mädchen schüttelte nicht ‚ja' und nicht ‚nein'. Es zog nur die Augenbrauen hoch. Der Ausdruck peinvoller Qual war auf dem todblassen Gesicht.

„Emilie, armes Mädchen!" Ein großes Mitleid erhob sich plötzlich in Hedwig. Wie tapfer die ihre Schmerzen zu verbergen suchte! Aber es ging nicht, das Lächeln wurde jetzt zur wilden Grimasse, mit beiden Händen nach ihrem Leibe fassend, bäumte die Gemarterte sich plötzlich auf.

Als Frau Bertholdi von oben herunterkam, um nach Beistand zu schicken, gab es für sie keinen Zweifel mehr. Sie fand auch Annemarie im Bett; die hatte sich eben niedergelegt. Aber sie lachte die Schwiegermutter aus, als diese besorgt zu ihr trat; nein, es war gar nichts, sie hatte sich gestern abend wohl etwas erkältet, es war kühl gewesen, oder am Ende hatte sie zuviel gegessen.

Als die Weiß erschien, war sie gleich ohne Anmeldung zum Schlafzimmer der jungen Frau marschiert – die alte Dore hatte den Kopf verloren, sie gar nicht unterrichtet –, nun war sie höchst erstaunt, die junge Frau noch ganz vergnügt zu finden: „Was, noch so munter?"

Frau Bertholdi winkte sie hinaus.

Nun war die Weiß sehr enttäuscht. „Was, bloß das Mädchen? Na, ich sage schon. Das hätt' ich wissen sollen, denn hätt' ich mich auch nich so aus der Puste gerannt."

„Es ist ein sehr ordentliches Mädchen", sagte Hedwig ernst. Es war ihr auf einmal, als müsse sie Emilie verteidigen. „Ich wünsche, daß alles genauso sorgsam geschieht wie im andern Falle."

„Nee, so 'ne Dame! So 'ne liebe Dame! So was is mit der Laterne zu suchen. Wenn das erst die Mädchens wissen, wird bald 'n Gerenne sein um die Stelle hier!" Die Weiß nahm's gemütlich.

Das Lachen der Frau war Hedwig unangenehm; sie trieb zur Eile. Ein paarmal schon war sie wieder oben gewesen, das Befinden Emiliens flößte ihr Sorge ein. Die Wehen hatten nachgelassen, aber die schlaffe Hand, nach deren Puls sie fühlte, war glühend heiß, die Lippen waren wie verdorrt. Ob sie nicht doch nach einem Arzt schickte? Mehrere waren im Felde, mehrere im Lazarett tätig, aber einer hier im Ort würde doch wohl jetzt zu Hause sein.

Noch überlegte sie, da kam auch die Frau schon von oben wieder herunter. Jetzt lachte sie nicht mehr. „Wer weiß, was die angegeben hat! Gott, ich sage, die Mädchens! Wir wollen man lieber nach 'm Arzt schicken, gnädige Frau!"

Als am nächsten Morgen der erste Sohn von Rudolf Bertholdi kräftig die Welt anschrie, war auch bei der Emilie ein Junge angekommen. Aber bei ihr war's nicht so leichtgegangen. Am Abend hatte man sie noch weggeschafft in ein Krankenhaus, der Arzt hatte ein bedenkliches Gesicht gemacht. Dann war das Kind da, ein gesundes Kind, aber das Mädchen hatte viel leiden müssen. „Noch nicht außer Gefahr", sagte die Stationsschwester, die sich Frau Bertholdi hatte ans Telephon rufen lassen.

Es war merkwürdig, und Hedwig wunderte sich selber darüber, wieviel ihre Gedanken zu Emilie wanderten. Als ob sie hier zu Hause nicht genug zu denken hätte! Da war doch ihres Rudolfs junge Frau, da ihres Rudolfs Kind! Die waren ja so gut versorgt, die Wochenpflegerin war ausgezeichnet und Annemarie so wohl, so strahlend. Es ging alles ganz glatt – aber die andere, die andere?! Emilie war ihr ein treues Mädchen gewesen, hatte vom siebzehnten Jahre an bei ihr gedient, immer hatte sie die Freundliche, allzeit Heitere gern gehabt, daß ihr deren Geschick so nahegehen würde, das hätte sie dennoch nicht für möglich gehalten. Nun war es ihr, als müßte sie sich um Emilie ganz besonders kümmern; die hatte keine Mutter mehr. Und was würde deren Vater sagen? Man mußte es ihm doch mitteilen; keine leichte Aufgabe. Er würde toben, er war ein strenger Mann. Hedwig legte sich zurecht, was sie dann erwidern würde. Ihm dasselbe wie der alten Köchin. Die hatte sie geärgert mit ihrem Schmälen: „Nee, so was, nee, die Emilie, für so wenig anständig hätt' ich die denn doch nich gehalten." Wer durfte hier sagen: anständig und nicht anständig? Es war Krieg! Immer wieder hörte Hedwig die Worte des Mädchens: ‚Man soll einem, der in den Krieg zieht, nicht die letzte Bitte abschlagen.' Leichtsinnig war Emilie nicht, Hedwig glaubte zu wissen, wie die mit sich gekämpft hatte; aber als der Bräutigam dann auf Urlaub gekommen war – ach, so ein paar kurze Tage nur! – wer konnte ihr einen Vorwurf machen?! Am Ende hatte sie ja selber am schwersten daran zu tragen, zu tragen gehabt schon all die Zeit. Mußte man nicht die Willenskraft bewundern, mit der das Mädchen seinen Zustand verborgen hatte? Nie hatte es sich vor einer Arbeit gescheut. Und wie war Annemarie geschont worden!

Ein lebhaftes Mitleid erhob sich in der Herrin.

Hedwig Bertholdi hatte eine paar schlaflose Nächte. Wenn sie denken sollte, daß Emilie sterben müßte! Noch immer lauteten die Nachrichten nicht gut. War es nicht seltsam, wie rasch sich jetzt Ansichten änderten, wie man sich selber änderte? Man brach plötzlich mit allem Hergebrachten. Draußen ging eine Welt in Trümmer, hier drinnen auch – als müßte alles neu werden.

Wie betäubt ging Hedwig Bertholdi heute zum Krankenhaus. Emilie hatte so sehr bitten lassen.

Eben war ein Brief von Heinz gekommen; er schrieb nichts davon, aber in der Zeitung hatte sie heute morgen gelesen, und mit einem Erschrecken hatte sie's gelesen, das ihr das Blut in die Wangen trieb: ‚Leutnant Bertholdi das sechste und siebente Flugzeug abgeschossen.'

Oh Heinz, Heinz! Die Mutter streckte die Hände aus, sie hätte ihn halten mögen, herabziehen von der schwindelnden Bahn; zu Lili Rossi war sie gleich hinübergeeilt – auch die hatte es gelesen. Aber sie begrüßte die Mutter mit einem so strahlenden Ausdruck von Stolz und Freude, daß Hedwig sich nichts von Kleinmut zu sagen getraute. –

Es war ein weiter Weg, den Hedwig zum Krankenhaus zu machen hatte. Aus den Feldern rechts und links der Chaussee stieg ein verwelktes Duften auf. Es war ihr weh ums Herz: ihr Heinz, ihr Heinz! An ihn mußte sie immerfort denken. Und dazwischen auch an die Emilie: Wie würde sie die finden? Ihre Gedanken wirrten hin und her. Oh, wie man immer aus einem ins andere gerissen wurde! Man konnte nicht eines zu Ende denken. Aber es war gut so; sonst müßte man ja verzagen in solcher Zeit.

Frau Bertholdi fühlte eine leise Verlegenheit: Wie sollte sie dem Mädchen gegenübertreten, durfte sie denn so zeigen, wie wenig hart sie den Fehltritt beurteilte? Ein paar ernste Worte würde sie doch sprechen müssen; nicht streng, aber ernst.

Emilie selber half ihr über das erste Wiedersehen weg. Sie war noch unendlich elend. Hätte Frau Bertholdi nicht gewußt, das ist die Emilie, sie hätte sie nicht erkannt. Wie ein altes, abgehärmtes Frauchen lag die junge Person in den Kissen, dunkle, verwirrte Haare, die man noch nicht hatte kämmen dürfen, um ein spitz gewordenes Gesichtchen; zu schwach noch, um sich aufzurichten, zu schwach noch, um zu sprechen.

„Dabei geht's heute schon ganz famos, nun sind wir über den Berg", sagte die pflegende Schwester.

Seltsam ergriffen, beugte sich Hedwig Bertholdi über das Bett: „Wie geht's, Emilie?" Die schweren Lider hoben sich von den matten Augen. Das Mädchen machte einen Versuch, sich aufzurichten; es gelang nicht; so zeigte es nur mit den Blicken nach der Seite des Bettes. Da lag in dem verhängten Waschkorb das Kind. „Ein Junge", sagte Emilie schwach. Und dann lächelte sie.

Frau Bertholdi besah sich das Kind, es schlief; die Schwester ging weg auf Zehen. Sie setzte sich neben das Bett. „Sie haben mich gern sehen wollen, Emilie, ich bin gern gekommen – was haben Sie denn für einen Wunsch?" Frau Bertholdi sprach ganz mild, es schien ihr plötzlich unmöglich, etwas zu sagen, was an Vorwurf grenzte. Wie sah die arme Emilie aus! Sie mußte unmenschlich gelitten haben.

Hedwig merkte ihr eine Unruhe an. „Was ist denn, Emilie?" Die wollte gewiß, daß es ihrem Vater beigebracht wurde, hatte Angst davor. „Soll ich es Ihrem Vater schreiben?"

Emilie lächelte.

„Sie haben wohl Sorge deswegen?"

Emilie schüttelte verneinend.

„An Ihren Bräutigam schreiben, nicht wahr?"

Emilie nickte, sie lächelte stärker.

Aber da war noch immer etwas, das sie beunruhigte. Die Scham war es wohl, die das Mädchen bedrückte. Die wachsgelbe Hand suchte tastend auf der Bettdecke. „Emilie, was ist denn?" Da fühlte Hedwig Bertholdi ihre Hand von der eisig-kalten der Schwachen umklammert, sie empfand einen leisen Druck.

„Hab Ihnen – viel Last – gemacht – danke – gnädige Fr..."
Die müde Zunge stolperte über das ‚Gnädige Frau', das wollte nicht heraus.

Unwillkürlich beugte sich Hedwig näher, dieser Dank rührte sie. Was hatte sie denn groß für das Mädchen getan? Lieber Gott, wenig genug. Wie wenig Güte braucht man doch eigentlich nur zu säen, um Dank zu ernten! Sie strich dem Mädchen das von der Anstrengung feucht gewordene Haar aus der Stirn.

„Gnäd – ge –!"
„Nun, was denn, mein Kind?"
Des Mädchens Blicke schwammen. Hedwig Bertholdi las aus diesen matten Augen manches heraus: Bitte, Flehen und zugleich etwas wie Mutterstolz. Das war ja auch eine Mutter – Hedwig wurde weich – eine Mutter, wie sie selber eine war, wie tausend andre waren – eine, die litt – eine, die hoffte – eine, die bangte – eine, die stolz war! Und hier war auch ein Kind, ein Sohn, wiederum ein neues Blatt am Baum des Vaterlandes!

Sie trat zu dem Korb, betrachtete das kleine Gesichtchen und nickte wehmütig: Möchte dieser kleine Sohn einst genießen, was die großen Söhne jetzt erkämpften, und nur im Frieden seinen Stein herzutragen zum Bau des neuen, des glücklicheren Deutschlands! Ach ja – im Frieden! In der Hoffnung gesegneten Friedens durchflutete es sie ganz warm. Lächelnd trat sie vom Körbchen des Kindes ans Bett der Mutter.

Emilie lag still, die Hände ineinander gefaltet. Nun suchten ihre Augen die der Herrin; ihre Blicke tauchten ineinander. Langsam fingen ein paar Tränen an, dem Mädchen zu rinnen.

„Mußt nicht weinen, mein Kind", sagte Hedwig Bertholdi; es war ihr gar nicht verwunderlich, daß sie ‚du' zu Emilie sagte, sie bemerkte es selber nicht. „Mußt nicht weinen, es wird alles gut!"

„Alles gut", stammelte die Kranke nach. Und dann suchte sie, nach der Hand der Herrin zu greifen: „Gnäd – ge – gnäd – ge Fr –!" Mehr brachte sie nicht heraus.

Wollte die bitten? Wollte die danken? Hedwig neigte sich näher und näher. In einem Impuls von Mütterlichkeit, einer Mütterlichkeit, die alle umfängt – waren sie sich denn nicht alle gleich? Mütter, nur Mütter! – und hingerissen von einem Gefühl, das alle Schranken umstößt, die die Welt aufrichtet, ganz hingenommen von der starken Empfindung, gemischt aus Mitleid, Rührung und Menschenliebe, sagte sie: „Laß jetzt das ‚gnädige Frau' – und küßte die Magd.

Als Hedwig Bertholdi durch die Felder nach Hause ging, war ihr lange nicht mehr so schwer zumut wie auf dem Hinweg. Die herbstlichen Felder dufteten ihr nicht mehr nach Sterben, sie dufteten nach Leben. *Mußte* ihr Heinz denn stürzen? Mußten sie denn alle hingehen wie nach ehernem Gesetz? Es starben die einen, die anderen wurden geboren – tagtäglich neue. Sie dachte an die zwei kleinen Knaben, an ihres Rudolfs und an der Emilie Kind. Und ihr Heinz, der würde fliegen und siegen und glücklich landen! Jetzt glaubte sie auf einmal ganz fest daran. Zu Hause fand sie Annemarie glückstrahlend; die hatte sich ihren Knaben geben lassen und hielt ihn an der Brust. Sie sang ihn ein, mit ihrer selbst bei diesem leisen Summen vollen Stimme. Es war das alte Soldatenlied:

> „Musketier sein lust'ge Brüder,
> Haben guten Mut...
> Fidera, fidera, fiderallalla."

„Großmutter", rief sie lachend, als Frau Bertholdi zu ihr trat, „Großmutter, sieben Söhne möcht' ich haben. Lauter schöne, gesunde, muntere Jungens, sieben Söhne für den Kaiser – was meinst du dazu?"

Es war gut, daß Kinder geboren wurden. Wo sollte sonst wohl Ersatz herkommen für die vielen Leben, die Deutschland verlieren mußte? An den Baum fast jeder Familie griff der Krieg mit seiner Faust und riß ein Blatt ab. Eine unendliche Bangigkeit lastete auf der Welt. Dazu der graue herbstliche Himmel, der nur um Mittag Sonne scheinen ließ.

In den Stuben keine mollige Wärme. Wenn jetzt schon mit Feuerung gespart werden sollte, wie würde es dann erst im Winter werden, wenn der Frost knackt? Es wollte keine rechte Zuversicht mehr aufkommen und auch kein Vertrauen zu denen, die zu regieren hatten.

Die Kartoffelernte war schlecht gewesen, der nasse November hatte auch diese Hoffnung zerstört. Die Kartoffeln, die nicht schon beim Ausbuddeln kranke Stellen zeigten, faulten im Keller. Wenn man nun nicht Kartoffeln genug hatte, was sollte man dann essen?!

Die Dombrowski hatte beim Kartoffelausmachen geholfen; ungern zwar hatte sie sich zu der Arbeit angeschickt, aber die Sorge ums tägliche Brot hatte sie dazu getrieben. Die Kinder schlangen wie die jungen Wölfe, sie selber hatte auch immer mehr Appetit, als Vorrat im Schranke war. Nun ruhten Spaten und Hacke wieder; sie hatte das alte Arbeitsgerät ihres Mannes mitgebracht in die neue Wohnung, und nun fiel es ihr ein, sie könnte es ja machen wie der Stanislaus. Streckenarbeiter, das war noch nicht das Schlechteste, der Wochenlohn jetzt doppelt so hoch, und wenn dann mal etwas zu kriegen war, konnte man es sich wenigstens kaufen. Und besser war's immerhin als in der Munitionsfabrik, man hatte wenigstens gute Luft, den Himmel frei über sich, und man sah, wie die Züge vorbeisausten.

Unter den Sachen ihres Mannes kramte sie seine Mütze vor; wenn sie denn nicht Schaffnerin spielen sollte, eine Dienstmütze wenigstens hatte sie doch auch. Sie probierte vorm Spiegel: Wenn sie die so aufs eine Ohr schob, sah sie noch immer zum Verlieben aus. Ihr Spiegelbild lachte sie an.

Es waren nicht genug Hände da, um alle Arbeit zu bewältigen, überall fehlten Kräfte, besonders im Bahnbetrieb. Die jüngeren Beamten waren sämtlich eingezogen, was vor einem halben Jahr für unabkömmlich gegolten hatte, mußte jetzt auch hinaus; wer nur eine Flinte schleppen konnte und einen Tornister auf dem Buckel. Reklamationen wurden nicht mehr berücksichtigt. Nur ein paar alte Knacker waren noch da, aber die waren langsam und griesgrämig: ihre Söhne im Feld, zum Teil tot, verwundet – und zu essen hatte man auch nicht satt.

Als die Dombrowski sich meldete zur Arbeit auf der Strecke, erhellte sich das Gesicht des Inspektors: eine stramme Person. Zu anderen Zeiten hätte er sie wohl in die bräunliche Wange gekniffen, jetzt hatte er nur ein befriedigtes Kopfnicken. Sie wurde einem Trupp von Frauen zugeteilt, die ein früherer Weichensteller beaufsichtigte. Der war ein alter Bekannter ihres Mannes, fragte sie gleich nach Dombrowski. Puh, das fing schlecht an! Es fuhr ihr ordentlich in die Knochen. War es nicht scheußlich? Nun wollte sie vor den Gedanken fliehen, und nun waren die gleich wieder hinter ihr her. Ob sie wohl jemals Ruhe vor denen kriegte? Sie lachte, als der Mann sie fragte; oh, es ging Dombrowski ganz gut.

Wo war er denn? I, wenn sie das wüßte! Schreiben durften

sie es ja nicht, die armen Kerle. Sie log sich heraus. Aber den ganzen Tag war sie verstimmt deswegen: Kam ihr der Dombrowski schon wieder in die Quere!

Sonst wäre es ganz nett gewesen und nach ihrem Gefallen. Zu überarbeiten brauchte man sich gerade nicht. Alle paar Augenblicke kam ein Zug. Dann pfiff der Aufseher, der aufzupassen und auf die Signale zu achten hatte. Dann hieß es: schnell aufs Nebengeleise. Da stand man denn, die Hände auf den Stiel der Hacke gestützt, das Kinn daraufgelegt, und sah mit offenem Mund dem vorbeirasenden Zuge nach. Was da alles vorbeijagte: Truppen, Kanonen, Pferde, Geschütze aller Art, Flugapparate, Maschinen, Fässer, Bretter, Kupfer, Eisen, Schienen, ganze Gerüste, Kartoffeln, Stroh, Heu – alles zur Front; Kohlen und Kohlrüben – Kohlrüben für hier. Die lernte man nun essen. Kohlrüben, Kohlrüben, Kohlrüben. Kartoffeln waren zu knapp. Die übrigen Weiber, die mit der Dombrowski auf der Strecke arbeiteten, beklagten sich oft darüber; aber Minka lachte: Das focht sie eigentlich am wenigsten an, wenn sie nichts weiter zu beklagen hätte!

Ein paar polnische Mädel von der Grenze waren unter den Arbeiterinnen, die sagten, sie seien so weit hergekommen, um viel zu verdienen, hätten sie aber gewußt, wie hungrig es hier sci, kein Mensch hätte sie hergebracht.

Mit der Stasia und der Kasia schloß Minka bald Freundschaft, und nun erfuhr sie, nicht der Verdienst war's, der die beiden hergelockt: zwei preußische Soldaten waren es, die einquartiert gelegen hatten in ihres Vaters Bauernhaus. „Waren sehr schöne Soldat, liebe Soldat!" sagte die schwarze Kasia, und die Augen der noch schwärzeren Stasia glänzten. Die hofften sie nun hier wiederzufinden: „wenn sich Krieg zu End ist." Ihre Hoffnung hinderte sie aber nicht, auch nach anderen Soldaten zu sehen. Und Minka sah mit!

Wozu nutzte das, sich Vorwürfe zu machen und den Kopf hängen zu lassen?! Sie begriff sich jetzt manchmal selber nicht, warum sie sich einmal so hatte schrecken lassen. Ach, der Stanislaus würde schon wieder gut werden, wenn er wiederkäm! Wer weiß, *ob* er wiederkäm? An diesen Zweifel hängte sich eine Hoffnung; eine ganz leise, deren sie sich selber nicht recht bewußt war. Es *war* ihr nur so, als wäre es vielleicht besser, er käme nicht; für sie und für ihn. Manchmal preßte es ihr freilich ein Tränchen aus, wenn sie dachte: ‚Du siehst ihn nicht mehr.' Aber nur manchmal.

Die Stasia und die Kasia und die Minka steckten die Köpfe zusammen, sie hatten immer etwas zu bereden; mit den beiden hatte die Dombrowski doch mehr Gemeinsames als mit der Hieselhahn. Die sah sie gar nicht mehr. Sonntags fuhren die drei zusammen nach Berlin. Dann waren sie montags so müde, daß ihnen die Augen fast zufielen bei der Arbeit. Der Aufseher schimpfte mit den Mädels: Hatte das keine Knochen im Leib? Bei der Dombrowski traute er sich nicht so, die hatte ein doppeltgeschliffenes Mundwerk.

Aber nach solchen Sonntagen konnte es doch oft sein, daß die Dombrowski, wie in tiefe Gedanken versunken, auf ihrer Hacke lehnte und schier schwermütig einem Zug nachsah, der an ihr vorübersauste. Soldaten drin, Soldaten, lauter Soldaten. Die sangen:

>„Im Feld des Morgens früh,
>Wenn noch die Nebel sanken,
>Die Halme fallen und wanken,
>Da denkt die junge Mäherin
>An ihren Schatz mit frohem Sinn,
>Im Feld des Morgens früh."

Sie konnte an keinen denken mit frohem Sinn, und das reute sie. Es war doch eigentlich gar nichts, daß sie bloß mit den Mädels ausging, im ‚Kaffee Vaterland" saß oder in einem Kino. War das wohl ein Leben? Die Soldaten, die vorüberfuhren, winkten, schrien ihr zu: Scherze, Liebesworte, begehrliche Redensarten; dann fuhr sie auf, riß das rote Tüchelchen, mit dem sie sich die kecke Mütze fest aufs Haar gebunden hatte, ab und winkte ihnen. Lachend, ungestüm. Winkte, daß Haare und Röcke flogen, sah den nickenden Köpfen, den ausgestreckten Armen nach, als wollten ihr die Augen aus dem Kopfe springen.

Es kamen noch ein paar goldene Herbsttage. Heute am Montag war die Dombrowski ausnahmsweise vergnügt; sonst war sie gerade dann immer verdrossen; aber der gestrige Sonntag, der war es wert gewesen, daß sie nach Berlin gefahren war. Einen so schönen Sonntag hatte sie lange nicht verlebt. Ob der hübsche Unteroffizier, der sich im Kaffee zu ihnen an den Tisch gesetzt hatte, wohl heute an sie dachte? Sicherlich! Ein Glücksgefühl durchschoß sie plötzlich: Sie war doch noch die schöne Minka. Wo sie wohnte? hatte er sie leise gefragt – und Augen dabei gemacht, Augen! Sie hatte es ihm gesagt, ganz genau. Oh, er würde kommen, er hatte es ja versprochen, und dann – und dann –

„Paß auf!" schrie die Kasia, packte sie am Arm und riß sie aufs Nebengeleis. Sie hatte das Warnungssignal des Aufsehers gar nicht gehört.

In langer Reihe standen die Weiber nun und ließen den Zug passieren. Es war ein Güterzug. Wie im Traum sah die Frau die hochbefrachteten Wagen – ein unendlich langer Zug – schwarz, schwer, rauchig, schnaubend stampfte er. Nun traten sie wieder aufs Geleise zurück; sie zerkleinerten Schotter.

Was kümmerte es die Dombrowski, daß der Aufseher jetzt

auf sie losfuhr: Konnte sie nicht besser aufpassen? Er war wütend vor lauter Schrecken: Stand das Weib da und duselte! Er hatte laut genug gepfiffen; hatte sie denn keine Ohren mehr, keine Augen? Oh ja, die hatte sie. Ganz träumerisch lächelte sie den Aufseher an: Augen hatte er gemacht, Augen – und kommen wollte er, kommen – wann er wohl kam? Ob morgen, ob vielleicht heute schon?!

Schon wieder ein Zug. War das ein Gefahre! Es gingen heute wieder große Truppentransporte an die Front. Es flog an den Weibern vorüber, donnernd, sausend, winkend, singend, juchzend; lauter brausendes Getöse. Und mitten im Brausen und Vorübersausen – war das nicht, war das nicht –?! Minka starrte und staunte: ihr Unteroffizier!

Da fuhr er hin. Er fuhr fort, konnte nicht kommen! War er's denn, war er's denn wirklich? Nein, er war's nicht! Doch, doch, er war's! Sie sprang in die Höhe, sie schrie gellend auf – er sah nach ihr hin – eine flüchtige Sekunde, ein Augenblitz, eine winkende Hand, ein wildes Begehren, ein lähmendes Bedauern...

„Zurück!"

Von entgegengesetzter Seite rast noch ein Zug heran. Sie sind alle auf die rettende Böschung gesprungen. Nur Minka nicht. Und Räder rasseln wieder, und rasseln weiter und begraben unter sich.

Tag und Nacht hörte auch Gertrud Hieselhahn die Transporte bei sich vorbeirasen. Ihr Ohr war schon geübt; sie konnte ganz genau unterscheiden, ob Menschen verladen waren oder nur lebloses Material. Es versetzte sie in eine krankhafte Unruhe, wenn sie wußte: Da werden wieder soundso viele hinausgefahren, um zu verbluten. Man hörte an der Arbeitsstätte zuviel erzählen von den Schrecknissen der Front – jede wußte etwas anderes, Fürchterliches – und hier im Lande, war es hier nicht auch fürchterlich? War es wohl eine Art, daß die einen sich eingeschleppt hatten wie die Hamster? Denen sollte man einmal die Nester ausräumen. Nun kamen sie auch noch und holten auf ihre Karten und bekamen genausoviel wie die, die gar nichts im Vorrat hatten. Eine schreiende Ungerechtigkeit!

Bei dem Lebensmittelverkauf der Gemeinde war es ein paarmal schon erregt zugegangen. Frau Richter, die für Gertrud das Wenige mitbrachte, erzählte zwar nichts, ihr war es schon zuviel, den Mund aufzumachen; aber sie warf am heutigen Abend Gertruds Lebensmittelkarte vor sie hin: „Da, Fräulein, holen Se sich's man jetzt alleene, ich bin müde und alt. Ich leg mer hin, ich mag nu nich mehr. Zum Verrecken zuviel, zum Leben zuwenig!"

Der Blöde jammerte: „'ne Stulle, Mutter, 'ne Stulle!"

Der kleine Knabe bettelte auch, er wollte gern etwas essen, und Gertrud selber empfand einen quälenden Hunger. Aber schlimmer als das Hungergefühl war die Schwäche, die sie beschlich. Die hatte sie schon seit Tagen empfunden, sich aber immer dagegen gewehrt: Nur nicht nachgeben! Sie hatte sich auch immer wieder zusammengerafft, die Augen, die ihr oftmals bei der geisttötenden Eintönigkeit ihrer Arbeit zuzufallen drohten, immer wieder aufgerissen, Verzagtheit und Mutlosigkeit immer wieder abgeschüttelt. Nun war dies zuviel. Dies einfache Hinwerfen der Karte, dieses gleichgültige: ‚Ich mag nich mehr!' der Frau, löste verwandte Gefühle in ihr selber.

Sie brach in Tränen aus. Auch sie mochte nicht mehr. Wozu sich noch quälen? Von früh bis spät dieses Hungern und Frieren, dieses Darben an Leib und Seele – wozu, wozu? Wozu all der furchtbare Kampf?

Es gab ja doch keinen Sieg. Verloren, verloren! Sie hörte nicht das Lallen des armen Alten mehr, nicht das bittende Stimmchen ihres Kindes. Mit starren Augen sah sie ins Leere, während Träne auf Träne ihr in den Schoß tropfte.

In dieser Nacht raste ein furchtbarer Sturm. Es war, als empöre sich die ganze Natur, wolle den Himmel herab auf die Erde reißen. Wehe den Booten, die auf dem Meere waren! Den Luftschiffen, die nach England fuhren! Mit einer Art von wollüstigem Grimm hörte Gertrud das Toben. Wie die Ziegel vom Dach prasselten, wie es oben am Bahndamm in den Telegraphendrähten sauste! Es stöhnte, kreischte, pfiff, krachte, heulte, jammerte, alles, was nicht fest war, stürzte, Bäume entwurzelten – mochte die Welt untergehen, ihr sollte es recht sein! Dann brauchte sie nie mehr aufzustehen.

Und doch mußte Gertrud aufstehen; die Händchen ihres Kleinen, die ihr streichelnd übers Gesicht fuhren, weckten sie aus einem kurzen Morgenschlaf. Eben hatte sie von Frau Krüger geträumt, von *seiner* Mutter. Unwillig schüttelte sie den Traum ab. Das fehlte auch noch, wie kam sie denn auf die? Zwischen sie und ihn hatte die sich gedrängt, sie sollte sich nicht auch noch in ihren Traum drängen. Gertrud war böse auf sich selber: Warum kehrten ihre Gedanken doch immer wieder zu jener zurück? Die Krüger litt gewiß noch nicht Not. Gustav hatte ihr oft erzählt, was seine Mutter alles besaß in Garten und Keller. Und die würde sicher zu denen gehören, die sich vorgesorgt hatten. Da hätte der Kleine nicht zu weinen gebraucht vor Hunger. Aufgefordert hatte die Krüger sie ja – sie könnte jetzt ruhig hingehen – vielleicht würde die sich sogar freuen – der Junge war jetzt so lieb, so niedlich, und er sah Gustav so ähnlich. Aber nein!

Den Gedanken, der sie in ihrer Verzagtheit beschlichen hatte wie eine Versuchung, stieß Gertrud von sich. War sie schon so heruntergekommen, so gesunken durch ihre Armseligkeit? Durch die mangelhafte Ernährung so schwach geworden am Willen wie am Leib, daß sie auch nur einen Augenblick daran denken konnte, an jene Tür zu klopfen? Wie eine Bettlerin. Nein, sie war keine Bettlerin. Stolz richtete sie sich auf. Zu ihr müßte jene kommen, sie hundert-, tausendmal bitten, dann vielleicht. Aber auch dann nur ‚vielleicht'. Sie entzog sich den streichelnden Händen ihres Kindes, gebot ihm so streng, ruhig zu sein, daß sein Schmeicheln erschrocken verstummte.

In einem finsteren Brüten kleidete sie sich an. Als sie vorm Spiegel ihre Zöpfe aufsteckte, war sie betroffen über das eigene Aussehen. Als hätte sie keinen Tropfen Blut mehr in sich; und die Augen ganz glanzlos. Eier, Milch! Die täten ihr not. Aber es gab nur für die kleinen Kinder noch Milch. Es mußte eben *so* gehen. Sie biß sich auf die blutleeren Lippen. Wenn nur nicht immer die weite Entfernung zur Arbeitsstelle wäre! Es half nichts, sie würde wohl daran denken müssen, nächsten Monat hier zu kündigen, nach Berlin hineinzuziehen. Dann hatte sie wenigstens nicht die lange Fahrt. Was hielt sie denn auch hier? Eine Blutwelle schoß in das durchsichtige Blaß ihrer Haut: Erinnerungen? Ja, die waren mächtig. Sie fühlte ihr Herz sich zusammenkrampfen. All die heimlichen Wege, die sie an glücklichen Abenden gegangen war, würde sie dann nicht mehr gehen. Es war vielleicht gut so, gerade gut, dann war endlich Schluß gemacht. Daß sie so hier am Orte hing! Das hatte sie bis jetzt gar nicht gewußt.

Plötzlich schwach werdend, setzte sie sich nieder am Tisch und legte den Kopf auf die Arme; wieder wie gestern abend mußte sie weinen. Ach ja, lieber würde sie doch hier bleiben.

Es war auch soviel besser für das Kind, das wuchs dann wenigstens in Luft und Sonne auf und nicht im Häusermeer. Wenn sie doch hier am Ort Beschäftigung finden könnte, die sie und den Kleinen ernährte! Daß auch hier keine Munitionsfabrik war! Sie hatte einmal mit der Dombrowski darüber gesprochen, die grauste sich davor. ‚Puh, das war ja gefährlich, da konnte man ja sein Leben einbüßen!' Ihr machten deren Bedenken nichts aus: Munition – man wurde gut bezahlt, und man tat mit eigenen Kräften auch etwas dazu, daß der Krieg eher aufhörte. Dieser furchtbare Krieg!

Heut konnte Gertrud nicht nach der Stadt zur Arbeit fahren, mit erschrockenen Augen hatte sie in ihren leeren Schrank gesehen: Nicht *ein* Krümchen war mehr darin. Die Richter lag noch zu Bett: Die wollte also wirklich nicht mehr? So mußte sie selber zur Gemeinde gehen, sich etwas holen. Der Alte saß stumpfsinnig auf dem Stuhl vor seiner Tür, dahin schlorrte er von selber. Das böse Wetter hatte nachgelassen, eine noch schier warme Sonne war vorgekrochen, Gertrud ließ das Kind bei dem Alten zurück; sie würde ja bald wiederkommen.

Aber nun stand sie und stand. Vor ihr schon eine lange Reihe von Menschen, hinter ihr ebenso viele. Es gab heute Eier, Heringe, Grieß, allerlei, darum das Gedränge. Und doch war niemand zufrieden.

„Det bißchen! Dafor so lange stehn!" machte eine geringschätzig, die eben, ihr Körbchen gefüllt, sich zum Abgehen durchdrängte.

„Sind ooch wieder Maden in'n Jrieß?" fragte jemand.

„Na, denn ha'm wer ja ooch jleich Fleisch, bei die fleischlosen Zeiten", sagte eine höhnische Stimme.

Es waren nur wenige, die darüber lachten; bloß ein paar

Halbwüchsige fanden es witzig, stießen sich an und kicherten. In dumpfem Schweigen wartete die Menge.

Frau von Voigt war voll beschäftigt, sie teilte aus, gab auch hier und da ein freundliches Wort. Aber ihre Hände waren unruhig; der feste klare Blick ihrer Augen hatte heute etwas Unstetes. Es waren nur wenig Heringe da; und die Leute waren ganz wild danach. Wenn diese Tonne zu Ende war, gab es keine mehr. Man mußte ihnen etwas anderes zum Ersatz dafür verabfolgen. Aber was? Nichts anderes würde das für sie ausgleichen. Sie überlegte. Merkwürdig, daß sie heute ein so unsicheres Gefühl hatte!

Die Leute drängten gegen die trennende Schranke.

„Bitte, zurücktreten! Immer der Reihe nach!"

Aber da war kein Hören. Als ob sich das Gerücht schon verbreitet hätte, es sind nicht genug Heringe da, so drängte jetzt jeder nach vorn.

Gertrud wollte nicht drängen, aber sie mußte, ohne den eigenen Willen; von hinten wurde sie gestoßen, gedrückt, immer weiter vor, sie wurde gepreßt, daß ihr der Atem ausging, sie steckte mittendrin in einem Knäuel. Angstschweiß brach ihr aus. Wenn sie sich doch hätte setzen können, nur einen Augenblick! Es begann ihr schwindelig zu werden, die Köpfe vor ihr wurden zu erdrückenden Riesenhäuptern – heraus, wieder heraus! Sie wollte gern weg, zurücktreten, aber sie war eingekeilt in der furchtbaren Masse. Angstvoll riß sie die Augen auf. Da neigte sich ein Gesicht gegen sie, ein gütiges Gesicht – wo hatte sie das doch schon gesehen?!

„Ist Ihnen nicht wohl?"

„Platz, lassen Sie die hier doch mal raus – 'n Momang – die wird's ja schlecht!"

Der furchtbare Druck lockerte sich etwas, eine Gasse tat sich auf vor Gertrud. Luft, mehr Luft. Das fühlte sie noch.

Als sie wieder zu sich kam, saß sie auf einem Stuhl am geöffneten Fenster. Noch konnte sie nicht klar sehen, noch nicht recht denken, aber sie hörte wieder: „Hunger hat se!" Nun fühlte sie auf einmal das krampfige Hungergefühl, die entsetzliche Leere. Gestern abend nichts gegessen, heute morgen nichts gegessen. Es war nichts zu essen dagewesen. Ihre Lippen waren weiß wie Schnee. Ja, Hunger hatten sie alle. Ein dumpfes Murmeln erhob sich.

Die feinen Damen, die hatten's gut, die nahmen sich hier im geheimen, was sie brauchten: Eier, Grieß, Heringe und wer weiß was noch. Darum verkauften sie ja auch hier bloß. Die standen nicht stundenlang wie ein armes Weib, dem es auf den Nägeln brennt. „Und jetzt soll doch einer so viel Recht haben wie der andere – endlich mal!"

„Das hat er auch!" Die Augen der Generalin blitzten. „Wir nehmen uns nichts im geheimen. Das ist ja alles Unsinn, was ihr da redet. Wir haben's jetzt auch knapp. Aber wir sind vernünftig. Wir machen uns klar, daß es nicht anders sein kann. Unsere Braven draußen, sollen die hungern? Da hungere ich lieber. Für die muß zuerst gesorgt werden!"

Das Murren schwieg. Keine sagte mehr ein Wort. Aber Hermine von Voigt glaubte doch zu hören: Hunger, Hunger! Wie ein Schrei stieg es zum Himmel auf. Sollte die ganze Welt verhungern? Gab es denn nirgendwo einen Fleck Erde mehr, wo des Lebens Fülle floß?

Sie fühlte eine steigende Angst. Und auch sie hatte plötzlich im Magen ein seltsames Gefühl; ihr wurde ganz schwach. Die auf sie zueilenden Gesichter erschienen ihr mit einemmal drohend... ein gutes Tier, ein geduldiges Tier – aber wenn es nun nicht mehr will?!

„Heringe, wir wollen ooch Heringe! Die ersten haben welche jekriegt, wir wollen ooch welche!"

Heringe, Heringe – du lieber Gott! Es überkam Hermine von Voigt, daß sie hätte laut weinen mögen. Wer hatte sonst ein paar Heringe – armselige Fische – groß geachtet?! In ihrer Stimme bebte Mitleid: „Wenn ich sie euch geben könnte, ich gäbe sie euch ja so gern!"

„Quatsch!" Es klang grob. „Das können Sie jut sagen, *Sie* haben satt."

Ans Fenster wurde gepocht. Draußen standen auch noch welche. Sie wollten herein. „Heringe, Heringe! Wir wollen Heringe!"

Unmündige Kinder, unerzogene Kinder! Sie schreien und toben, wenn man ihnen nicht den Willen tun kann. Die Generalin raffte sich auf; das war ja längst nicht so schlimm, wie es Lärm machte. Ihre Stimme klang hell: „Was fällt euch denn ein? Wenn's euch nicht ansteht, so schließen wir hier den Verkauf. Ich bitte jetzt den Raum zu verlassen. Ob wieder aufgemacht wird, das wird sich finden. Das hängt ganz allein von euch ab, wie ihr euch benehmt. Für heute ist Schluß."

Einige fingen an zu bitten: „Ach, wir stehen doch schon so lange. Wir haben ja kein Wort gesagt."

„Dann tretet heran. Eine nach der andern."

Unter den ersten, die an die Schranke traten, war Gertrud Hieselhahn.

Es blieben nun noch eine ganze Menge: Was sollte man denn machen? Woanders war's auch nicht besser, stehen und warten mußte man überall. Und man zahlte hier wenigstens nicht so unverschämte Preise.

Als Gertrud die Ausweiskarte hinhielt, sah Frau von Voigt ihr teilnehmend in das blasse Gesicht: Das war ja die, die vorhin ohnmächtig geworden war. „Geht's Ihnen nun besser?"

Gertrud nickte: „Danke." Sie war noch schwach, sie konnte kaum stehen, aber eine lebhafte Empfindung, die sie durchpulste, jagte ihr wieder das Blut wärmer durch den Körper. Es war doch zu blödsinnig von den Leuten, hier aufzubegehren! Sie taten sich selber den größten Tort an. Auch sie kam sich töricht und dumm vor: Hatte sie denn vor kurzem nicht ganz ähnlich gedacht? Beschämt senkte sie den Kopf: Was nützte es jetzt, aufzubegehren? Sie seufzte tief: „Stillhalten, das müssen wir!"

Frau von Voigt lächelte: Das war doch eine, die Einsicht hatte! Es tat ihr wohl. Und nun glaubte sie dies feine Gesicht, dessen ernste Züge so deutlich von Erschöpfung und Entbehrung redeten, wiederzuerkennen. „Haben wir uns nicht schon einmal gesprochen in der Eisenbahn?"

Gertrud wurde rot. Es stieg ihr plötzlich ein Gedanke zu Kopf; er machte sie schwindeln. Heiß wallte es ihr zum Herzen: Die, ja die hatte ihr damals so freundlich sich angeboten! Längst hätte sie einmal zu ihr hingehen können, sie war nicht gegangen. Aber wenn sie nun – nun –?! In einer hoffnungsvollen Aufwallung griff sie nach der Hand der Dame; sie fühlte den teilnahmsvollen Blick. Es ging wie Verständnis, wie Beruhigung, wie Trost von ihm aus.

Gertruds matte Augen erwiderten den Blick der Generalin, ihr müdes Herz schlug plötzlich belebter. So ging es nicht weiter; so ohne Vertrauen nicht. So feindselig, nur jeder für sich. Man mußte Vertrauen haben, der eine zum andern! Ihr war es, als könnte sie *der* Frau alles erzählen. Und als würde die ihr helfen.

Und sie selber kam nicht wie eine Bettlerin – oh nein, sie empfand es ganz klar jetzt: Die war nicht nur die vornehme Dame und sie die aus dem Volke, die war eine Frau, und sie war eine Frau, und sie mußten jetzt zusammengehen, sie beide. Es gab so viel Leid in diesen Tagen, wie konnte man es tragen? Nur wenn man es gemeinsam trug. Gemeinsame Sorge, gemeinsame Arbeit. Der Friede mußte erst drinnen kommen, dann kam er auch draußen.

17

Der alte Richter saß auf seinem Stuhl vor der Tür; es war eigentlich schon viel zu kalt, um draußen zu sitzen, aber seine Frau hatte ihn nicht hereingeholt, und so blieb er denn auf dem gewohnten Platz. Der Kleine, der nicht mehr wußte, wohin mit sich so allein, zupfte den Blöden. Der lallte ihm vor: „'ne Stulle, 'ne Stulle!" Das Kind lallte es nach. Die Novembersonne hatte keine Kraft mehr, die Erde war feucht. Das Kleidchen des Knaben hatte sich verschoben, er rutschte auf den Schenkeln. Die Krüger, die von ferne stand, sah das voller Schrecken. War es nicht unverantwortlich, wie die Hieselhahn das Kind verwahrloste? Gustav sein Kind! Wenn es sich nun erkältete?! Es wurde sicherlich krank, es konnte sterben. Eine Todesangst überkam sie: das liebe Kind! Geradeso hatte der Gustav auch ausgesehen: das Köpfchen rund, voll mit blonden Löckchen und die Augen – ach ja, seine Augen, die waren's! Wenn sie den Jungen bloß mal zu Hause hätte! Sie wollte ihn kleiden in Gustavs Sachen. Da hatte sie noch seine ersten Schuhe, kleine Lederschuhe mit roten Steppnähten, die würdem dem Jungchen jetzt passen.

Wenn sie den Kleinen bloß aufheben könnte von dem nassen Boden! Aber sie traute sich nicht näher heran. Letzthin war sie der Hieselhahn kaum entwischt. Die kam dazu, gerade noch, daß sie hatte wegspringen können. Sie war gelaufen. Ob die Hieselhahn sie da gesehen hatte? Die war jetzt

Kassiererin geworden, hier in der Verkaufsstelle der Gemeinde. Die Exzellenz hatte sie dazu gemacht; an der schien sie ja einen großen Rückhalt gefunden zu haben. Ganz unwürdig mußte das Mädchen doch wohl nicht sein, die Frau von Voigt würde sich ihrer sonst nicht annehmen. Und das tat sie. Frau Rossi hatte erst gestern davon erzählt, ganz zufällig, als sie herunter gekommen war, Schneeweißchen und Rosenrot ein paar Kohlblätter zu bringen. Der Krüger war es dabei wie ein Schreck in die Glieder gefahren: Ob die Hieselhahn sie wohl auch angeschwärzt hatte? Ausgeschwatzt, was zwischen ihnen beiden vorgekommen war? Das wäre unangenehm.

Jetzt war die Hieselhahn nicht mehr den ganzen Tag fort in Berlin, sie kam des Mittags nach Hause. Schade, gerade mittags war die Zeit, in der der alte Mann und das Kind noch draußen saßen! Es war ein neuer Schreck, der die Krüger befiel: Wenn nun erst Schnee kam? Das Wetter so kalt wurde, daß die nicht mehr draußen sein konnten? Dann sah sie das Kind nicht mehr. Tage, Wochen, Monate konnten vergehen, bis sie es wieder einmal zu sehen kriegte. Sie konnte hier stehen und lauern, so lange sie wollte, die Tür dort blieb geschlossen, die Fenster waren zugefroren, keiner konnte hereingucken und heraus. Oh, was waren es dann für finstere Tage! Ihr graute davor.

Und plötzlich kam ihr der Gedanke: Wenn sie der Hieselhahn Geld bieten würde, viel Geld, ob die ihr den Jungen dann wohl überließe? So genau die Krüger sonst war, hier gab's keine Grenze. Was sollte *ihr* denn das Geld? Sie sparte es doch nur für Gustav und – für den Kleinen da.

Es tat ihr in der Seele weh, ihn so ärmlich zu sehen. Und war das wohl eine Aufsicht für ihn, der blöde Alte? Zorn und Schmerz stritten in ihr. Zorn auf die Mutter: Was brauchte die immer wegzulaufen? Zorn auf sich selber: Das hätte sie so ganz anders haben können! Aber dann bedachte sie: Was sollte die Hieselhahn wohl machen? Verdienen mußte sie doch. Es war brav von ihr, daß sie so fleißig war. Die Krüger hatte sich immer erkundigt und gehört: Das Mädchen scheute vor keiner Arbeit zurück. Was der Gustav wohl sagen würde, daß seine Trude Strohsäcke genäht hatte? Etwas Erbärmliches. Sie war doch feiner, es mußte ihr schon sehr schlechtgehen, daß sie dazu gegriffen hatte. Es überkam die Krüger wie Achtung: Das wäre noch lange keine Schwiegertochter, deren man sich zu schämen brauchte. Gott sei Dank, daß sie nun eine Beschäftigung gefunden hatte, für die sie sich besser paßte!

Die Krüger nahm sich vor, wenn sie das nächste Mal mit ihrer Karte beim Gemeindeverkauf stand, die Kassiererin anzureden. Was war denn weiter dabei? Sie vergab sich dadurch nichts. ‚Fräulein Hieselhahn‘, würde sie sagen, ‚Fräulein Hieselhahn, das Jungchen ist so viel allein, es rutscht mit nackten Schenkeln auf der nassen Erde, fürchten Sie nicht, daß es sich erkälten könnte?‘ Dann würde sie doch mal hören, was die dazu sagte. Man konnte ja dann immer noch weiter sprechen: ‚Ich bin allein, habe Zeit, hab 'ne warme Stube, habe auch noch was zu essen, ich würde Ihnen gern den Jungen verwahren, so lange bis Sie . . .‘

Ein lauter Schrei des Kleinen schreckte sie auf. Es waren Kinder vorbeigekommen, „'ne Stulle – willste 'ne Stulle?" neckten sie. Sie zerrten den Blöden am Bart, und als er sich wehrte – sie zupften zu unsanft –, fiel er um mit seinem Stuhl. Aufkreischend stob nun die Bande von dannen, das Kind aber, als verstünde es das Leid solchen Alters, fing kläglich an zu schreien.

Da sprang die Krüger zu; so etwas konnte sie nicht länger mit ansehen. Ehe noch der Alte sich aufgekrabbelt hatte, und seine Frau ihm von drinnen zu Hilfe kam, hatte sie den Kleinen aufgerafft. Sie nahm ihn auf den Arm, sie preßte ihn an sich: Gustavs Kind! Hier war kein Platz für Gustavs Kind!

Sie rannte davon, als jage sie einer, immer das Kind fest an sich haltend und sein Weinen beschwichtigend mit Worten, deren Zärtlichkeit sie selber nicht ahnte. –

Als Gertrud heute nach Hause kam, war ihr Kleiner fort. War er weggelaufen? Sie fragte den alten Richter aus, aber der sah sie nur verständnislos an: „'ne Stulle!" Verzweifelt ließ Gertrud von ihm ab: Den zu fragen hatte ja keinen Zweck. Auch die Richter hatte nur ein Achselzucken: Was ging sie fremder Leute Kind an? Um ihre Söhne draußen kümmerte sich auch keiner. Lebten sie oder waren sie tot, niemand sagte es ihr. Alle Vorwürfe prallten ab; als Gertrud die Frau in ihrer Aufregung hart anfuhr, schlorrte sie ohne Erwiderung in ihre Küche und machte die Tür hinter sich zu. –

Während die Mutter verzweifelt den Knaben suchte, probierte die Krüger ihm Gustavs Schuhchen an. Die kleinen Füße waren ganz kalt, sie hatte ihm rasch warme Strümpfchen angezogen, nun klappte sie mit der Hand unter die Ledersöhlchen von Gustavs ersten Schuhen: „Die passen!"

Der Kleine war ganz zufrieden. Sie hatte ihn auf den Tisch gesetzt; sie selber kniete vor ihm am Boden. Er stieß sie mit strampelnden Beinchen vor die Brust und krähte dabei; er hatte gar keine Scheu. Ob das wohl daher kam, daß er es gewohnt war, immer bei Fremden zu sein, oder ob er es fühlte, daß sie seine Großmutter war? Wo sollte er das her wissen? Aber die Krüger war kindisch geworden. Sie krähte mit auf, wenn der Junge krähte, sie sprach ihm vor: „Großmutter. Na, sag's doch mal: Groß-mut-ter!" Sie lachte vor Entzücken, und dabei rieselten ihr Tränen über das verwitterte Gesicht. Gustav sein Junge! Was würde der Gustav sagen, wenn er seinen Jungen bei ihr fand?!

Die Kinderhände patschten ihr ins Gesicht, sie haschte nach ihnen. Lange war sie des entwöhnt, so zu spielen, aber sie lernte es bald. Ganz versunken war sie in dies Tändeln, da schellte auf einmal draußen die Klingel. Und nun nahten sich schwere Schritte der Stubentür.

Gertrud tappte durch den Flur, als hätte sie Bleigewichte an den Sohlen. Wenn sie den Kleinen hier nicht fand, dann – dann –! Trostlose Vermutungen waren ihr gekommen. Schon sah sie ihn draußen im Felde irren – da waren Tümpel, Lachen genug, die der Regen zurückgelassen hatte, tief genug, daß so ein kleiner Körper darin ertrinken konnte. Sie war hinausgelaufen, hatte gerufen, war wieder zurückgelaufen und hatte gerufen, hatte jeden Menschen gefragt, aber niemand konnte ihr Auskunft geben. Da war es plötzlich über sie gekommen: eine Erinnerung – hatte sie die Krüger nicht neulich hier herumstreichen sehen und lauern? Eine Gewißheit: Ja die, die hatte das Kind sich geholt! So eine Unverschämtheit!

Ohne anzuklopfen, riß sie die Stubentür auf. Mit drohenden Augen sah sie die Frau an.

Die Krüger blieb auf den Knien liegen; sie war wie gelähmt vor Schreck, sie konnte nicht aufstehen: die Hieselhahn! Die kam ihn nun holen! Aber zugleich setzte sie sich innerlich zur Wehr: ihres Sohnes Kind! Das gab sie jetzt nicht mehr her.

Der Kleine hatte aufgejubelt, als er die Mutter sah, dann aber kratzte er mit seinen kleinen scharfen Nägeln an den roten Steppnähten der neuen Schuhe; er war vollauf beschäftigt damit.

Gertrud war ohne Wort auf den Tisch zugegangen.

Jetzt, jetzt würde die Hieselhahn das Kind aufheben, es mit sich fortnehmen! Nein, das durfte nicht sein, nein! Die Krüger sprang auf: „Lassen Sie mir den Jungen!" Geld zu bieten, daran dachte sie jetzt nicht mehr; sie hätte es nicht gewagt – der da nicht –, aber es lag eine Bitte, ein Flehen in ihrer Stimme, ein Sehnen: „Lassen Sie ihn mir!"

Die Mutter schüttelte den Kopf. „Gustav sein Junge – ich bin doch die Nächste dazu!"

Ein bitteres Lächeln zog Gertruds Mundwinkel herab – aha, jetzt könnte es der wohl passen! „Nein!" sagte sie hart. Und ohne sich daran zu kehren, langte sie nach dem Kind.

Aber das war nicht so leicht, die Krüger faßte nach dem kleinen Röckchen, hielt es fest. „Lassen Sie mir's, lassen Sie mir's", stammelte sie, von der plötzlichen Angst des Verlierens ergriffen. „Gustav sein Kind – meinem Gustav sein Kind!"

„*Mein* Kind!" sagte die andere. Und dann maß sie mit einem langen Blick seine Mutter. Es lag vieles in diesem Blick: Haß, Anklage, Verachtung, Drohung und Leid. „Als ich gebeten habe, hab' ich auch umsonst gebeten. Nein, ich denke gar nicht dran. Der Junge gehört mir, mir ganz allein. Ich hab' ihn geboren, ich hab' ihn aufgezogen – hat mir 'n anderer was zugegeben?" Ihre Lippen kräuselten sich: „*Sie* nicht!"

Zitternd schwieg die Krüger: Ja die, die hatte recht mit dem, was sie da sagte! Es stürzte sich plötzlich über sie her mit dem Gefühl eines riesigen Schuldbewußtseins. „Sie haben recht", sagte sie atemlos; es verschlug ihr förmlich die Luft, sie konnte kaum reden. „Ich seh's ein, es war unrecht von mir. Schlecht. Gott, Gott", schrie sie plötzlich laut auf und erhob die Hände, „ich hab' schwer gebüßt. Mein Unrecht gebüßt, hundertmal, tausendmal. Haben Sie doch 'n Einsehen – ich bin ja *so* allein!"

„Ich bin auch allein." Gertrud senkte den Kopf; sie konnte

seine Mutter nicht mehr *so* ansehen, nicht mehr so mit Haß.

„Er soll's so gut bei mir haben, wie der Gustav – ach, besser noch!" Die alte Frau machte sich förmlich klein. „Sie sollen's nie bereuen, wenn Sie mir den Jungen hergeben. Sie werden ja sehen, wie er's hat – Sie können kommen, alle Tage, Sie werden zufrieden sein. Und wenn ich sterbe: alles, alles für ihn. Und wenn der Gustav wiederkommt, dann – dann –" Die Krüger wurde ganz verwirrt, der Blick des Mädchens ruhte fest auf ihr.

„Dann geben Sie mir wieder den Laufpaß", sagte die Hieselhahn. „Mir und dem Kind. Der Junge *ist* mein und bleibt mein. Komm!" Sie nahm den Knaben auf den Arm, er schmiegte sich an ihren Hals. Sie wollte zur Tür.

Aber die Krüger vertrat ihr den Weg. „Wenn der Gustav kommt, dann – ich schwöre es Ihnen – dann –"

„Was dann?!" Gertrud zögerte noch einen Augenblick. Seine Mutter hielt sie am Kleide fest.

„Dann soll er Sie heiraten!"

„Er heiratet mich nicht." Gertrud schüttelte traurig den Kopf – ach, die glaubte noch immer, er wäre am Leben?! Mitleid überkam sie: Wie war das möglich, nach so langer Zeit! Die hatte gut versprechen; er kam nicht wieder. Doch fand sie den Ton einer herben Antwort nicht. Zögernd, leise sagte sie: „Daß Sie noch hoffen! Ich hoffe nicht mehr."

„Doch – hoffen, hoffen!" Es schlug rot in der Krüger bleiches Gesicht, ihr glanzloser Blick belebte sich. Als striche eine barmherzige Hand über ihr Gesicht, so glätteten sich alle Runzeln. „Ich hoffe noch immer. Ich wer' nie aufhören zu hoffen. Hoffen Sie auch!" Sie legte Gertrud die Hand auf den Arm. Es klang überredend: „Er kommt wieder, der Gustav, Sie können ganz ruhig sein – er kommt!" Sie hatte die Stimme hoch erhoben.

Als rede eine Wahnsinnige, so starrte Gertrud sie an. War die alte Frau bei sich? Ihr wurde ganz bange. Aber dann überwand es auch sie: Sie wehrte sich gegen den Aberwitz, und doch kam sie nicht davon los. Wenn das wirklich wahr wäre! Wenn seine Mutter recht hätte, und er lebte noch –?! Sie neigte sich gegen die Frau, ihr zweifelndes Gefühl schien Hoffnung, Nahrung zu saugen aus jenem festwurzelnden Glauben. „Wenn ich's genau wüßte", sagte sie zögernd.

Das Kind lastete auf ihrem Arm, sie setzte es wieder nieder auf den Tisch.

„Und der Tod wird nicht mehr sein, noch Leid, noch Geschrei, noch Schmerz wird sein; denn das erste ist vergangen. So steht's geschrieben", sagte die Krüger feierlich. „Mein Gustav ist nicht begraben. Ich weiß von keinem Tod." Sie legte ihre Hand auf das Köpfchen seines Kindes. „Er lebt – für mich und für Sie!"

18

Einige waren vors Rathaus gezogen: Heringe, Heringe! Warum hatte der Bürgermeister nicht genug Heringe angeschafft?! Mit Stöcken und Schirmen war gefuchtelt worden, halbwüchsige Bengels hatten gepfiffen – Männer waren ja kaum dabei – die Weiber hatten, was sie gerade in der Hand trugen, in die Luft gereckt: Körbe, Muffen, Markttaschen. Es waren auch Rufe erklungen, drohende, verwünschende Rufe; aber sie waren vereinzelt geblieben.

Gott sei Dank! Hermine von Voigt sagte es sich mit einem Aufatmen. Das deutsche Volk war doch immer noch ein Volk, das von Glauben und Treue nicht abließ, wenn es auch einmal murrte. Murren – lieber Gott – das mußte man verstehen und verzeihen! In anderen Ländern würden sie toben.

Als ihr im Verkaufsraum die Masse der Unzufriedenen wie eine Welle entgegengeschäumt war, da war ihr zum erstenmal eine Ahnung gekommen von der Gewalt des Volkes. Wenn das erst anstürmt, aufgepeitscht, die Schranken niederreißt, dann hilft kein ‚Ich bitte' mehr und kein befehlendes ‚Zurück!' Und die Braven draußen? In jedem Brief rühmte ihr Mann den Geist der Truppen. Wenn die Weiber nur nicht klagen wollten in ihren Briefen! Das verdarb den Männern draußen die Laune und nahm ihnen den Mut. Verdenken konnte man es ohnehin keinem, daß er den Krieg satt hatte, *diesen* Krieg.

Schwere Gedanken, ein drohendes Heer, stürmten auf die einsame Frau ein. Sie fühlte es in sich aufsteigen wie heißes Gebet: daß sie doch alle, alle bedenken möchten, um was es sich handelte! Was war dem Volk Deutschland? War es ihm nur der Boden, auf dem es wohnte, der Acker, der es bisher ernährt hatte? War es ihm nicht die Quelle alles Daseins, nicht die tiefste Liebe seines Herzens, nicht die Mutter, deren Leben zu erhalten, das treue Kind sich selber zum Opfer bringt?

Die erregte Frau hob die Arme auf. Die sonst Beherrschte war heute nur Gefühl. Vom Himmel hätte sie etwas herunterreißen mögen: das, was jetzt allen nottat. Ratlos sah sie umher: ach, ein Ende, ein Ende! Aber wie?! Noch war kein Ende zu sehen. Angst erhob sich in ihr und durchrüttelte sie: Ein Jammer, ein nicht zu ertragendes Leid, wenn man nicht durchhalten würde! Wenn um ein paar Hände voll Schreier – Unzufriedene gibt es zu jeder Zeit, wird es ewig geben – Deutschland fallen müßte. Nein, das könnte sie nicht überleben!

Die sonst so Ruhige durchmaß mit großen Schritten das Zimmer, es peitschte sie hin und her. Leidenschaftliche Gefühle durchtobten sie. Aber stärker als all die lauten Stimmen, als Zweifel, Zorn, Angst und Anklage, tönte die zarte Stimme des Mitleids. Das flüsterte ihr in die Ohren: ‚Hast du die vergrämten, blassen Gesichter gesehen? Diese Frauen, die dürftige Kinder zu Hause haben? Diese Leute, die nicht lernten, sich zu beherrschen wie du, deren manche nicht die Bildung besitzen, nicht den geschulten Verstand, um alles auch richtig aufzunehmen und zu verstehen. Diese Menschen, deren höchster Ehrgeiz es ist, sich einmal ein Dasein zu erringen, ohne tägliche Not, am Sonntag einen Spaziergang zu machen und zu guter Letzt im eigenen Bette zu sterben?'

Hermine von Voigt schreckte zusammen: Gellte da nicht ein Schrei? Ja, das war der Schrei, der selbst den Schlachtenlärm übertönt! Immer lauter, immer gewaltiger wurde er, er schwoll an zur Donnerstimme des Orkans: dieser Schrei der ganzen Welt, die dem Untergang entgegengeht.

Untergang – Untergang –?! Ihre Gedanken jagten, sie wurde die Unruhe nicht mehr los. Sie war gepeinigt, ihr Ohr überreizt. In der Stille ihres Zimmers selbst glaubte sie etwas zu hören. Sie trat ans Fenster.

Aber ruhig lag die Straße unterm trüben Dezemberhimmel, lautlos fielen Schneeflocken wie weicher Flaum. Ein paar alte Frauen kehrten, ein paar Kinder fingen mit ausgestreckten Händen die Flocken auf. Das sah so friedlich aus, so zum Stillsitzen behaglich, zum Einschlafen ruhig. Aber über sie wollte keine Ruhe kommen. Vor ihre Augen traten die Gesichter, die sie ganz genau kannte, sah sie die doch fast täglich, wußte: das ist die, die den Mann draußen hat – die den Sohn – die hat fünf unmündige Kinder – jene sieben – die hier ist bescheiden – die da unbescheiden. Heute dünkten ihr dic bekannten Gesichter noch blasser, noch niedergedrückter, noch erbärmlicher als sonst. Klang da nicht Weinen?

‚Wieder ein Winter und noch kein Ende, der dritte Winter schon, den wir verbringen müssen mit Zittern und Zagen! Wiederum ein Weihnachten vor der Tür in trostloser Einsamkeit, ein Weihnachten, an dem unseren Kindern kein Lichterbaum brennt! Wir haben gehofft, Tage und Wochen und Monate – wir haben geweint, Tage und Wochen und Monate – was nun, was nun?!'

Ein Beben kam über die Frau: oh, die Armen, die Armen! Wer konnte ihnen helfen, sie all ihren Kummer vergessen machen? Den Frauen ihre Männer, den Kindern ihre Väter wiedergeben? Ach, Tote werden nicht mehr lebendig. Was an Blut geflossen ist, wäscht kein Regen mehr fort. Aber können Tränen nicht linder fließen, kann nicht, kommt die rechte Sonne, auch auf verödeter Flur noch eine Blume erblühen?

Mit suchenden Augen sah die Unruhvolle hinauf zum trüben Dezemberhimmel. Etwas ganz Großes, ganz Unerwartetes mußte kommen, etwas noch nicht Geahntes – ein Wunder! Dann, dann konnte es besser werden. ‚Friede auf Erden und den Menschen ein Wohlgefallen!' Die Zeit dazu wäre da.

Daß man doch jeden Tag so auf die Zeitung wartete mit Ungeduld! Die Generalin sah nach der Uhr: Noch war die Abendzeitung nicht da. Als ob so ein Stück Papier das bringen könnte, wonach die Seele verlangt! Man atmete freilich für Augenblicke freier, wenn man las, wie die Rumänen, am Argesul geschlagen, sich fluchtähnlich zurückgezogen hatten, wie es unaufhaltsam weiterging: Sinaia, Bukarest, Ploesti genommen. Das waren große Augenblicke. Aber doch nur Augenblicke. Der Krieg ging weiter, das Leid blieb dasselbe; es verschärfte sich noch mit jedem Tag, denn nicht mehr wurde es mit Geduld getragen. Wer hatte noch Geduld?!

Fühlte sie denn nicht selber eine fieberhafte Unruhe in sich? Sie durfte andre nicht mehr schelten.

Der Generalin kam der Gedanke, noch nach Berlin zu fahren. Sie hatte plötzlich das Verlangen aus der Stille hier, die sie sonst liebte, herauszukommen. Diese Stille war heute fürchterlich, quälte sie, kam ihr vor wie Todesschweigen. Zu tun hatte sie nichts in der Stadt, sie konnte sich aber zu tun machen, etwas besorgen, und wäre es nur, um einmal durch belebtere Straßen zu gehen, um im Gedränge gezwungen zu sein, auf Äußeres zu achten und nicht immer nach innen zu lauschen. Sie entschloß sich rasch. Sie hatte eine wahre Gier, zu vergessen, durch irgend etwas abgezogen zu werden von peinigenden Gedanken.

Als sie in den Zug stieg, fand sie sich plötzlich im selben Abteil mit ihrem Nachbarn. Es war der Geheimrat. Sie erkannte ihn im halben Lichte kaum. Der sonst so Geordnete, peinlich Saubere sah so zerstört aus. Den Überzieher hatte er schief zugeknöpft, das Halstuch hing ihm mit langen Enden. Er schien die Generalin nicht zu sehen. Dicht saß er neben seiner Frau; die hatte sich ganz in die Ecke gedrückt, er blickte sie unverwandt von der Seite an.

Ach, die armen Leute, die hatten Sorgen! Frau von Voigt wußte: Die Söhne hatten die schweren Tage der heftigen Kämpfe in Wolhynien und der ersten Offensive an der Somme glücklich überstanden, aber der Ältere war dann aus Rußland nach Rumänien gekommen, und da ging es so rasch immer voran, daß eine Nachricht ihn wohl nicht erreichte und die Eltern nichts von ihm hörten. Der Jüngere hatte am 14. November zuletzt geschrieben; am Pierre-Vast-Walde wurde damals gekämpft – schwer –, es konnte sein, daß er dabeigewesen. Hoffentlich hatten sie jetzt etwas gehört?! Zu fragen traute sich die Generalin nicht. Es schwebte etwas um diese beiden Leute, das sie beunruhigte – oder lag es vielleicht nur an ihrer eigenen Stimmung? Noch überlegte sie – grüßen mußte sie doch wenigstens –, da erkannte der alte Herr sie.

Der Geheimrat fuhr mechanisch nach dem Hut, und dann sah er sie an, so seltsam trüb und geistesabwesend, daß es sie mit banger Ahnung durchzuckte.

Die Frau nahm gar keine Notiz von ihr; den altmodischen Kapottehut wie immer ein wenig zu weit vorgerückt auf dem angeglätteten Scheitel, starrte sie vor sich hin. Reglos saß sie. Aber die Hände hielt sie nicht ruhig im Schoß, unablässig zupfte die Rechte an den Fingern der Linken: „Eins – zwei – drei." Murmelnd zählte die Geheimrätin. Und wieder: „Eins – zwei – drei."

„Laß doch, Mutterchen", sagte der Mann. Und dann bittend: „Liebe Anna!" Er legte seine Hand auf ihre Hände, hielt so die unruhigen Finger fest.

Was hatte die arme Frau nur? Die sah ja ganz verwirrt aus! Die Generalin fühlte ein plötzliches Entsetzen.

Der Geheimrat beugte sich zu ihr hinüber, er flüsterte ihr zu: „Wir hatten schlechte Nachrichten heute morgen – sie sind wohl beide tot."

„Um Gottes willen!"

Der Vater nickte, es arbeitete zuckend in seinem Gesicht. „Der Hauptmann schreibt mir's. Unser Wilhelm wird vermißt. Pierre-Vast-Wald – seit 15. November. Mein anderer ist am Argesul gefallen. Das kam zu gleicher Zeit. Es war zuviel für Anna."

„Eins – zwei – drei", murmelte die Geheimrätin.

„Drei Söhne! Vor einem Jahr den ältesten; jetzt zwei. Meine arme Anna!" Traurig schüttelte der Greis den Kopf.

Frau von Voigt griff nach seiner Hand, sie hätte laut herausweinen mögen: Das ist zuviel! Zuviel! Sie biß sich auf die

Lippen. Sagen konnte sie nichts, sie drückte nur diese arme Hand. Sie saßen sich stumm und bleich gegenüber, bis der Zug in Berlin einlief.

„Wohin wollen Sie? Kann ich Ihnen mit irgend etwas behilflich sein?"

„Wir wollen nach der Auskunftsstelle in der Kriegsakademie. Meine Söhne waren Offiziere – vielleicht daß dort doch Näheres bekannt ist. Sie wollte nicht ohne mich bleiben, durchaus mit mir gehen. Komm, liebe Anna!" Er faßte seine Frau unter den Arm. Die stand wie eine ganz Hilf- und Willenlose. Langsam schlorrend setzte sie die Füße.

Am Potsdamer Platz war ein großes Gedränge. Sie waren plötzlich in einer sich stauenden, aufgeregten Menschenmenge. Die Zeitungsverkäufer schrien und schwenkten ihre von der Druckerschwärze noch nicht getrockneten Extrablätter: „Friedensangebot der Mittelmächte!"

Was – was?! Hermine von Voigt glaubte zu träumen. Was schrien die Menschen: ‚Deutschlands Friedensangebot?'

Um sie her ein staunendes Atem-anhalten, dann leise, wie beginnende Flut, ein Murmeln, von Mann zu Mann, von Frau zu Frau. Ein Sich-an-starren, ein Stumm-mit-den-Augen-fragen: War's wirklich wahr, nicht bloß eine Sensationsnachricht? Nein, nein, da stand es ja zu lesen, amtlich beglaubigt, mit klaren Worten, aller Welt zur Kenntnis: ‚Deutschland macht ein Friedensangebot.'

Stand es so schlecht mit Deutschland, daß es Frieden machen mußte, um jeden Preis? Um Gottes willen! Die Generalin riß dem heisergeschrienen Zeitungsverkäufer das Blatt aus der Hand, ihre Blicke jagten über die Zeilen. Sie hatte den Arm der Geheimrätin fahrenlassen, mit beiden Händen hielt sie die Zeitung, die zitterte und knitterte, sie konnte die nicht ruhig halten. Sie wußte nicht, daß sie ganz laut las. Um sie drängten sich Menschen.

Heute vormittag zwölf Uhr war in Berlin, Wien, Sofia und Konstantinopel den Vertretern der neutralen Schutzmächte die Note zur Übermittlung an die kriegführenden Mächte der Gegenpartei überreicht worden:

Getragen von dem Bewußtsein ihrer militärischen und wirtschaftlichen Kraft und bereit, den ihnen aufgezwungenen Kampf nötigenfalls bis zum äußersten fortzusetzen, zugleich aber von dem Wunsche beseelt, weiteres Blutvergießen zu verhüten, schlagen die vier Verbündeten vor, alsbald in Friedensverhandlungen einzutreten.

Schlief sie und träumte einen glücklichen Traum? Hermine von Voigt faßte sich nach der Stirn, die Buchstaben tanzten ihr plötzlich vor den Augen, Himmel und Erde, der weite Platz und all die Menschen drehten sich um sie. Sie hatte das Gefühl einer gewaltigen Erschütterung und zugleich einer unbeschreiblichen Erlösung: Das war nicht der Notschrei eines Gemarterten, eines am Sieg Verzweifelnden, das war der vollbewußte, wohl überlegte Entschluß eines in seiner Kraft gefestigten, klar denkenden, trotz aller Widrigkeiten unaufhaltsam dem endlichen Siege Zuschreitenden.

Es war zu plötzlich gekommen. Aus der tiefsten Niedergeschlagenheit zu der höchsten Ermutigung – wer konnte so rasch mit?! Fassungslos starrte Hermine von Voigt auf die tanzenden Buchstaben. Und den Menschen um sie her ging es wie ihr; kein lauter Jubel, noch wagte sich keiner zu freuen. Nur wie ein Aufseufzen ging es durch die Menge, wie ein befreiendes Atemholen.

Was würden die Frauen sagen, all die armen Frauen, die Hunderte, die Tausende und Abertausende, die Mütter, die Gattinnen, die Bräute, die Schwestern, die Töchter? Hermine von Voigt überkam es auf einmal mit einer schier überwältigenden Hoffnungsseligkeit: Wäre es möglich, Friede? Oh, dann würde ein Lächeln die Gesichter erhellen, diese armen verdüsterten, betränten Gesichter!

„Nun gibt es Frieden", sagte ganz laut jemand neben ihr. Der alte Geheimrat sprach es. Er legte seinen Arm um die Schulter seiner teilnahmlos, mit starrem Blick dastehenden Frau. „Anna, hörst du? Liebe Anna, unser Kaiser macht Frieden!"

„Frieden", stammelte die Arme nach. Es waren nur die Laute, der Sinn noch nicht erfaßt. Dann aber, als sei ihr plötzlich mit diesem *einen* Wort die Besinnung zurückgekehrt, belebte sich ihr starrer Blick. Sie fragte: „Frieden?" Und dann stürzten ihr plötzlich die Tränen aus den Augen: „Meine Söhne! Oh, meine Söhne!"

Beide Hände um den Arm des Mannes faltend, hob die Mutter ihr leidverstörtes Antlitz auf zum Himmel. Und wiederholte: „Frieden!"